日本鉄道史像の多面的考察

宇田　正
畠山秀樹【編著】

日本経済評論社

はしがき

鉄道史文献の白眉とされる鉄道院編纂・刊『本邦鉄道の社会及経済に及ほせる影響』（本篇三巻・付図一巻）が刊行されたのは、一九一六年のことであった。それから一〇〇年の節目となる二〇一六年をまもなく迎えようとしている。同書が刊行された当時は、鉄道国有化に伴う全国的鉄道網の整備が完了し、また私有鉄道も東京・大阪の大都市圏を中心に顕著な発達を遂げていた。さらに、当時第一次世界大戦の渦中にあり、ヨーロッパでは未曾有の人的・物的惨禍が拡大しつつあったが、一方で日本資本主義は空前の大戦ブームを謳歌していた。同書は、繁栄のピーク期に、鉄道の発達と社会・経済との関係を歴史的パースペクティブから総合的・体系的に描出した大部の文献であった。

同書刊行から一〇〇年を経過した現在、鉄道をとりまく社会経済的状況は大きく変化した。モータリゼイションと国鉄分割・民営化の嵐の中で、鉄道路線の多くが消えていき、また経営危機にさらされている。それはまた、地方の過疎化と荒廃をまねいてきたのである。政府の短期的な視野のなかで、安易な政策が繰り返されてきた結果である。そうした状況に押し流されて、鉄道が果たしてきた歴史的役割も人々の意識のなかで正当に評価されなくなるおそれが生じている。

本書は、一九九八年度経営史学会関西部会大会で取り上げられた共通論題「わが国の鉄道事業と関連諸産業部門の経営史的展開」を出発点としている。共通論題における問題意識については「鉄道が国民経済に占める役割について積極的な再評価への動き」に留意しつつ、オルガナイザー（宇田正）の問題提起に沿って六人の報告が組織された。そのとき取り上げられた業種は、車両製造、建設土木請負、石炭流通、電力、金融・証券、水産物流通、以上であった。

その後、同大会で取り上げた共通論題に関わる各研究報告を共著論文集として一冊にとりまとめ刊行するという当初の計画が、内・外のいろいろな事情のために行き詰ってしまった。そこで編集当事者としては次善の策として、当初の大会共通論題の枠組みを修正して学際的に拡大し、あらたにわが国の社会経済史学界のいくつかの分野の主導的な専門研究者にお願いして参加していただき、ここに九名のメンバーの志を統合して遅ればせながらの再出発となった次第である。こうして陽の目を見た本書は、まさしく本邦鉄道史研究への多面的なアプローチを通じて斯学の新たな前途を拓こうというパイオニア的な試みにほかあるまい。前記の『本邦鉄道の社会及経済に及ほせる影響』を念頭に置きつつ、本書の刊行によって、そこにより新しい研究視角をいささかなりとも拡げることが出来れば幸いである。

二〇一二年一二月三〇日

畠山　秀樹

目次

第1章　日本鉄道会社の仙台停車場開設まで

——仙台区における町組の動き——

岩本 由輝

1　日本鉄道会社による東北地方への鉄道計画

日本鉄道会社の設立に関してはすでに多くの先行研究があるので、それに譲るとして、本稿では仙台停車場、すなわち仙台駅の位置決定にいたる経緯、とくに旧城下仙台の五五の町組の果たした役割に重点をおいてみていくこととする。

日本鉄道会社が発足するのは一八八一年一一月一一日に工部卿佐々木高行から「日本鉄道会社特許条約書」を下附されたときであったが、それまでに東京～青森間のルートについて二つの路線調査がなされていた。

一つは、一八七二年一一月に工部省准十等出仕小野友五郎が実施したもので、その測量図の仙台近傍についてみると、駅の位置は示されていないが、奥州街道沿いに名取郡長町（現・仙台市太白区長町）から旧城下仙台に入り、その東端を通って宮城郡七北田（現・仙台市泉区七北田）に抜け、再び奥州街道沿いに北上する形になっている（日本国有鉄道仙台駐在理事室編『ものがたり東北本線史』財団法人鉄道弘済会東北支部、一九七一年四月、六三頁所載の小野友五郎作製の測量図の写しの写真)。

もう一つは、一八八〇年一二月に開拓使傭ジョセフ・クロフォードが松本荘一郎とともに青森から東京に向けて踏査したものであるが、一八八一年一月一七日に提出された復命書によれば、仙台に関することとして、

南部区ハ盛岡ノ市街タル北上川ノ東、沃野ノ中央ニ位シ人烟稠密、商売繁昌ノ地ナリ、(略)盛岡ヲ過ル後、線路ハ其支川ノ合流口ヲ距ル遠カラサル処ニ於テ北上川ヲ踰ヘ同川ノ西岸ニ沿ヒ現在本道ノ東ヲ経過シ以テ高低頗ル険難ナル地ヲ避ケ遂ニ稍々南ニ折レ平原ヲ貫キ品井沼ノ近傍ニ至リ沼ノ西岸ヲ経テ直ニ仙台ニ達スルモノトス。此距離凡ソ百三英里ニシテ其三分ノ一ハ線路山陵ヲ経ルモ其他ハ原野ヲ通過スルモノナリ、仙台区ハ仙台ニ於テモ県庁ニ赴キ土木上、有用ナル材料及工銀ノ価格ニ付有益ナル報道ヲ得タリ、該地ハ鉄道線中、最大ノ都邑ニシテ人民殷富、土地肥沃ナルヲ以テ若シ廉価、迅速、且安全ナル運輸交通ノ路ニ由テ直ニ東京ト連絡スルヲ得セシメハ其利源ヲ開発シ其実力ヲ増進スル蓋シ測リ知ル可ラサルモノアラン、線路ハ仙台ヲ過ル後、阿武隈川ノ西岸ニ沿ヒ福島ノ近傍ニテ之ヲ踰ヘ夫ヨリ同川ノ東岸ニ沿ヒ白河ノ南ニ於テ同川ト那珂川ノ上流ノ中間ニアル山脈ヲ踰ヘ再ヒ平原ニ出ツ、仙台ヨリ白河ニ達スル間ヲ仙台区トス、其距離凡ソ百四英里半ニシテ其四分ノ一ハ山陵ヲ経ルモ其他ハ平原ヲ通過スルモノトス(野田正穂・原田勝正・青木栄一編『明治期鉄道史資料』第二集(1)『日本鉄道株式会社沿革史』第一篇、日本経済評論社、一九八〇年四月、四九~五一頁)。

という記述がある。

二つを実現された日本鉄道線と比較するとき、福島~仙台間に関しては阿武隈川西岸からかなり離れ、仙台~盛岡

間については品井沼東岸を通るようになったとはいえ、後者の方が前者よりも日本鉄道線に近いということができる。

なお、一八八一年八月一一日に農商務卿および工部卿から仮免許をえた日本鉄道会社は、八月二五日に発起人総会を開き、定款を決定するが、その第一条に、

本社ハ東京ヨリ青森迄鉄道ヲ建築シ運輸ノ業ヲ営ミ漸次政府ノ許可ヲ得テ其他ノ地方ヘモ敷及スルヲ目的トス、因テ東京ヨリ青森迄建築ノ資金ヲ募集シ其工事ヲ左ノ五区ニ分チ之ニ著手スヘシ

第一区　東京ヨリ高崎ヲ経テ前橋利根川手前迄

第二区　第一区線路中ヨリ阿久津ヲ経テ白河迄

第三区　白河ヨリ仙台迄

第四区　仙台ヨリ盛岡迄

第五区　盛岡ヨリ青森迄（同前、七三～七四頁）

とあるように、仙台をはさんで第三区と第四区が工区として設定されている。そして、一八八二年二月には「日本鉄道会社株金募集広告」が作製されるが、当時、仙台で発行されていた『陸羽日日新聞』に、その同年三月八日号以降、日本鉄道会社宮城事務所の名でしばしば掲載されている（仙台市史編さん委員会編『仙台市史』資料編五・近代現代Ⅰ・交通建設、仙台市、一九九九年三月、八二～八四頁）。

2　野蒜からの逆行線計画とその挫折

しかし、一八八二年になると、定款でいう第三区および第四区とは別に、第四区の途中から野蒜（現・宮城県東松島市）にいたる路線の建設が検討されることになる。当時、野蒜では一八七八年三月六日の内務卿大久保利通の建言をふまえた洋式築港の工事が行なわれ（『大久保利通文書』九、日本史籍協会、一九二九年六月、四五〜四六、五三頁）、一八八二年一〇月二〇日には第一期工事の竣功式が行なわれていたが、その少し前の一八八二年七月二〇日、「井上鉄道局長線路測量トシテ埼玉、栃木、福島、宮城ノ諸県ニ出張シ遂ニ野蒜ニ至ル」（前掲『日本鉄道株式会社沿革史』第一篇、一一二頁）という形で、鉄道局長井上勝が野蒜に来ていることが注目される。そして、九月二〇日、日本鉄道会社社長奈良原繁が皇居に伺候し、日本鉄道会社の実況を天皇に奏上しているが、そのなかで、「野蒜港ヨリ福島マテノ線路ヲ敷設シ沿道地方ノ物産ヲ該港ニ輻輳セシムルノ便ヲ開キ海運ニ藉リテ之ヲ東京其他ニ輸送スル必要必利ヲ感シ金融ノ機ヲ計リ其工事ニ着手スヘキヲ予定セシ事」（同前、一一七頁）が挙げられているのである。

これには定款の第二区の工事が地形などの関係で難航が予想されたということがからんでいる。そのことは、一八八二年一二月六日、鉄道局長井上勝が工部卿佐々木高行に提示した「第二区線路実査意見書」に、

福島ヨリ更ニ北進スルニ十二里ニシテ仙台ニ至レハ人口頗ル稠密、西北ハ山形、秋田、岩手等ノ数県ヲ控ヘ来往繁劇、物貨稍輻奏セリ、東北十里、野蒜港ニ出レハ海運ノ優アリテ南ハ東京ニ、北ハ青森ニ、遥ニ相連接ス、而シテ福島ヨリ此ニ至ルノ間、地形ハ艱渋ノ所ナキニ非ラサルモ自ラ毛野ノ類ト異リテ工業ハ稍〻施シ易ク利益ハ稍〻多カルヘシ、因テ思フニ夫ノ第二区ノ如キ今日施シ難ク保チ易カラサルノ線路ハ暫ク之ヲ後日ニ譲リ先ツ海運ノ便

ニ藉リテ線ヲ野蒜港ニ発シ逆行シテ仙台ヲ経、福島ニ達セハ距離ハ三十里余ナルモ甚タ多カラサルノ経費ヲ以テ出入相抵ルノ営業ヲ做シ得ヘキ線路ヲ造成シ且此挙ノ為ニ奥羽七県ノ利運ヲ開導シテ財源ヲ誘発シ其民心ヲ興起シテ進取ノ気ヲ奮振スルハ素ヨリ論ナク線路青森ニ向フノ結構、其勢先ツ成リ福島以北ノ運輸至便ヲ告クルハ跂シテ望ムヘキコトナリ、故ニ此開運ノ後ヲ待テ徐ロニ夫ノ二区ノ線ヲ起サハ前港後都相連接スルノ余沢ニヨリ其保存ノ道、自ラ立ツコトヲ得テ先後相拯ヒ援急宜キヲ適セン（同前、一二三〜一二四頁）。

と述べられているところに明らかである。要するに、野蒜から逆行して仙台・福島に向うという案である。野蒜港がそれだけ重視されていたことの現われともいえる。そして、同年一二月一日、工部卿から「野蒜港ヨリ仙台ヲ経テ福島マテノ線路測量ノ着手聞届其筋ヘモ達シ置キタル旨」（同上、一二〇頁）の通知が鉄道局に対してなされるが、宮城県にも、同日、工部卿から、

宮城県

先般日本鉄道会社創立許可相成候処、今回其県下野蒜ヨリ仙台ヲ経テ福島県下福島迄鉄道線路測量着手ノ儀、当省鉄道局長へ相達置候ニ付、同局官員派出夫々可及協議不都合無之様可取計、此旨相達候事

明治十五年十二月一日

工部卿　佐々木高行

（前掲『仙台市史』資料編5、八四頁）

という達が出されている。

しかし、測量が具体的に始められることにはならなかった。一八八三年六月には、「野蒜仙台等ノ測量モ区処ニ遑アラサルノミナラス局長ノ懇諭モ会社ハ之ヲ拒絶スルノ形迹アルヨリ彼レ会社ノ懇請セル外ハ総テ放擲ニ付」（前掲『日本鉄道株式会社沿革史』第一篇、二二三頁）するということがあったり、一八八四年二月には、日本鉄道会社は「野蒜、仙台ノ測量ハ追テ請願マテ猶予アランコトヲ開申」（同前、二二四頁）するという有様で、まったく進捗がみられなかった。そのうち、一八八四年九月一五日から一六日にかけて宮城県などを襲った猛烈な台風で第一期工事を終え、第二期工事にとりかかろうとしていた野蒜港は、その港湾機能を喪失させられてしまったのである。このあと、一一月一八日に「野蒜築港の中止」という新聞記事（『奥羽日日新聞』一八八四年一一月一八日号）が出るが、宮城県人の誰もが政府のやっている事業であるから、中止はあくまで一時的なもので、いずれ再開されると信じて疑わないところがあった。しかし、やがて現実は中止ではなく、廃止、すなわち廃港であったことを思い知らされることになる。

一八八五年七月一一日、鉄道局長井上勝が工部卿佐々木高行に提出した意見書では、「宮城沿海ヨリ起線シ仙台ニ出テ福島ニ逆行起工スルノ発議」（前掲『日本鉄道株式会社沿革史』第一篇、二二三頁）とあり、野蒜の文字がみられないことに注目すべきである。そこには、内務卿山縣有朋が、すでに同年六月二日に被災後の野蒜港の現状に関する調査報告書にもとづき作製して太政大臣三条実美に提出した「野蒜築港事業ノ件」において野蒜港は廃港という断を下していたという事実がかかわっていたのである（国立公文書館所蔵・「公文録」一八八五年七月内務省第一）。

野蒜港廃港の直接的な原因は台風による被災ではあったが、台風襲来以前の一八八四年一月一八日に宮城県庁から内務省にあてて出された一〇万五千坪にのぼる「野蒜市街地計画方之義ニ付伺」に、

兎角借地出願ノ者少ク、只今ニ至モ貸下ヲ允可セシ者漸ク七、八名ニシテ、其地積モ僅ニ千有余坪ニ不至、剰エ

従前許可ヲ得家屋建築セシモノノ内未ダ開業等不致内ニ既ニ売屋ヲ広告スル者及ヒ返地、其借地料ニ至テハ年賦ノ上納出願セシ者有之、寸進尺退ノ有様ヲ顕シ慨歎ノ至リニ不堪、如斯萎靡不振ノモノハ、方今米価金融閉塞等ノ為ナルヘシト雖モ而モ他ノ大ナル原因ナキニ非ス（宮城県立図書館蔵・宮城県庁文書）。

とあることからみて、築港の完成を踏まえて新たなる開発が意図されていたにせよ、地域の経済的進展や後背地との関連が顧慮されることの少なかった野蒜港の維持あるいは発展は台風による破壊がなくとも困難であったろう。結局のところ、築港工事の行なわれる過程での土木景気がもたらされただけであったことは現代の公共事業においてもしばしばみられるところであり、その先蹤の一つであったといえないこともない。日本鉄道会社が野蒜からの逆行線測量に着手することに尻込みしたのもゆえなしとしないところである。

3　仙台停車場の位置変更と町組の動き

その後、日本鉄道会社は定款でいう第三区白河〜福島間の測量を一八八六年五月二二日から開始し、六月二〇日までにそれを了え（前掲『日本鉄道株式会社沿革史』第一篇、二四九頁）、八月から白河〜郡山間の工事に着手している（前掲『ものがたり東北本線史』六五頁の表）。この間、野蒜から福島に向けての逆行線は、一八八五年一二月、「仙台線」と名前を変え、「宮城郡塩竃村ヨリ仙台区外ノ東ヲ経テ福島ニ至ル五十七哩六十八鎖間」として「線路測量ニ着手」し、一八八六年五月、「平面高低実測ヲ竣リ線路ヲ定ム」（前掲『日本鉄道株式会社沿革史』第一篇、二五〇頁）るにいたっている。当時、仙台は旧城下に区制を布き、仙台区となっていたが、その外側を通ることになったのである。それは市街地を通ることのさまざまな困難を配慮してのことであったが、停車場は、当然、市街地から離れたところに置かれることになる。そのことが明らかになった一八八六年三月、「仙台市区内ヲ通過スル中央線ノ議起リ更ニ六哩五十鎖間ヲ実測シ遂ニ中央線ニ決セリ」（同前、一二五〇頁）ということで、現在の仙台駅所在地に停車場ができることになったのである。なお、ここでいう「仙台線」が塩竈を起点に仙台を経て福島にいたるとしたのは、鉄道資材を塩竈に船で運び、それで定款の第三区および第四区の建設にあたろうとしたものであるが、この「仙台線」は工事終了後も永久線として残すということになっていたので、仙台停車場の位置決定は重要な意味を持つことになったのである（鉄道建設業協会編『日本鉄道請負業史』明治篇、鉄道建設業協会、一九六七年一二月、六三頁）。

一八八六年四月八日、宮城県令松平正直は、仙台区長小笠原幹の同席のもと、仙台区内の有力者を招き、

> 過日井上鉄道局長及奈良原殿出張セラレ、ステンシヨン置地、予メ薬師堂北裏ナルヨシ、同所へ設ケタランニハ、区内之人民不幸甚タ《(シ)》スカルヘシ、依テ考フレハ、東六番丁木道社ヨリ南ヲ以、ステンシヨンニ致サハ、是レ区内ノ幸福ナルヘシ
>
> 日本鉄道会社ニテハ薬師堂裏へ掛ル方ハ費額少数ナルノミナラズ、便利ナルコト大分アルヨシ、東六番丁ヘステンシヨンヲ設ケル時ハ、其入費六万円余モ要スヘシ、依テ東六番丁へ設ケントスルニハ、六万円ノ半額、則三万円ヲ区内ニテ鉄道会社へ寄附セザレハ、六番丁へ設ケルコト能ハズ
>
> 区内有志者ヲシテ三万円出金法方《(ママ)》如何
>
> （仙台市立博物館所蔵、小西儀助の伊藤清次郎宛書簡）

ということを申し渡している。要するに、日本鉄道会社は仙台「ステンシヨン」を宮城郡南目村（現・仙台市若林区南目）薬師堂北裏に置こうとしているが、これでは仙台区民にとって不便である。日本鉄道会社がここを選んだのは

結局経費が少なくてすむからであるが、仙台区民のためには仙台区東六番丁（現・仙台市青葉区中央一丁目）の木道社の南に置かれる方が好ましい。しかし、そうするには経費が六万円余も余計にかかるとのことであるが、その半額の三万円を寄附しなければ東六番丁にステンションを持ってくるわけにはいかない。その三万円を調達する方法があるか、考えてみろということである。そして、県令は工事には「来月十五日ヨリ着手スルヨシ」（同上）ということで急ぐ必要があるともいっている。なお、木道社というのは、一八八二年三月一〇日から一八八八年四月三〇日まで、仙台区東六番丁〜宮城郡蒲生村（現・仙台市宮城野区蒲生）間で、木製レールを鉄板で覆った木道に馬車や人車を走らせていた会社である（前掲『仙台市史』資料編5、五八〜五九頁）。

そこで、仙台区内では、まず区内の有力者二二名が連名で、県令あてに仙台停車場変更の請願書を出している。県令にいわれたことを県令あてに請願書として提出するというのも面白いが、実態は県令主導の市民運動ということであろうか。その文面は、

請願書

仙台区民有志惣代首藤陸三等以書付奉嘆願候、先頃当区福島間鉄道線路実現ノ為、井上鉄道局長官・奈良原日本鉄道会社長御同道ニテ御来県相成、右線路モ粗御確定ノ由承リ候間、定メテ線路ハ当区内市街ヲ通過シ、停車場ハ必ス市街中央便宜ノ場所ニ御取設相成候事ト存罷在候処、去ル八日閣下ハ当区内ノ有志ヲ県庁ヘ御召喚相成、鉄道局於テハ該停車場ハ区内中央ヲ距ル事三十余町宮城郡苦竹村陸軍練兵場近傍ヘ設置ノ事ニ粗内決サレシ由、其故ハ当区ハ土地高フシテ鉄道ヲ布設スルニ便ナラス、強テ布設セントスレハ別ニ巨万円ノ増資ヲ要シ経済上不引合ナル故、右様決定相成候趣、然ル時ハ当時ノ繁華ハ一朝ニ消滅シ、年月ヲ経過スル内ニハ名モナキ寒村古駅ト可相成、就テハ目今未タ停車場ノ工事ニ着手サレサル内、区民ヨリ該場処換ノ費用ヲ差出シ、市内便宜ノ場所ヘ設置方ノ儀

ヲ請願致候ヨリ外有之間敷、各々篤ト熟慮可致旨、御説諭有之候ニ付、私共始メテ停車場ハ市内ニ御布設無之事ヲ承知仕、一同驚愕落胆途方ニ呉レ申候、其後同志ノ者共屡会集仕、数度協議ヲ尽シ候末、区民銘々応分ノ金員ヲ醵出シ之ヲ以テ其筋ヘ嘆願致シ候事ニ相決シ、我々共日夜奔走区民ニ勧諭仕候得共、兼々閣下巨細御承知モ被為在候通リ、当区内ノ儀ハ元来資産宜敷者殊ノ外僅少ナル上、近年何方モ同様ノ不景気ニテ商工業至テ衰微仕リ、金融逼迫ノ折柄ナレハ該費用ヲ充分支弁致シ候程ノ金員ハ到底醵集難仕、百方周旋漸ク金三万円相纒リ候、仍テ右金員場処換費用ノ内ヘ差出候間、固ヨリ御不足ニハ可有之候得共、区民必至難渋ノ情実御憫諒被下、出格ノ御詮議ヲ以テ路線ヲ枉ケ、停車場ハ可成丈市街ノ中央ヘ接近致候場所ヘ御取設被下候様、閣下ヨリ其筋ヘ御申立相成度偏ニ奉懇願候、不足之金員ヲ以テ右様勝手ヶ間敷儀相願候ハ甚恐入候得共、此度醵集仕候三万円ノ儀ハ当区民ノ目下ノ難渋中如何ニモシテ鉄道ノ利益ヲ相受度存念ヨリ、食ヲ減シ衣ヲ薄シテ相整候モノニ御座候間、右ノ衷情ハ幾重ニモ御諒察被下度候、先般大政府ニ於テ東北鉄道架設ノ儀御計画有之候由伝承仕候、以来愈右布設相成候上ハ、是迄東北ノ僻地ニ住居罷在候私共モ早晩文明ノ御徳沢ニ相浴シ可申ト日夜楽ミ罷在候処、昨日ノ楽ハ今日ノ悲ト相変リ実以嘆敷奉存候、自然御内決通リ御実施相成候ニ於テハ。鉄道ハ毫モ区内ノ利益ト相成不申ノミナラス却テ非常ノ障害ト相成、追々停車場近傍ノ繁昌致候ニ随テ区内ハ漸々衰微仕、遂ニハ仙台藩祖伊達政宗以来三百年間一所ニ安堵致シ職業相営ミ活計相立罷在候壱万弐千戸六万余ノ人民ハ、概ネ職業相失ヒ四方ヘ離散致シ、従来東北地方第一ノ都会ト相唱候当区モ一変シテ寒村古駅トナリ、再変シテ平原荒墟トナリ、今日明治ノ昇平世界ニ不祥惨怛ナル悲況ヲ相現シ、　聖代ヲ汚シ可申ト誠ニ以テ奉恐入候、当区内ノ人民共過日停車場ヲ遠隔ノ地ニ御取設相成候由伝承仕候以来、此末如何可相成ヤト民心洶々トシテ日夜安堵不仕、東西ニ奔走仕居候姿ナレハ、若シ唯今ノ有様ニテ数十日ヲ経過相成候ハヽ、不景気上尚一層ノ甚シキヲ相加ヘ生計モ次第ニ困難ニ相陥リ可申、就テハ今後如何様之挙動ニ可及ヤモ難測、古今遠近ニ其類例モ多ク有之候儀ニ付、甚以心配罷在候、是畢竟固陋愚昧ノ所致ニ候得共、其情実篤ト御推察被成下候ハヽ、其内憫然ノ廉モ不尠儀ト奉存候、閣下何卒彼是ノ事情篤ト御賢察被下置、前述ノ三万円ヲ以テ停車場位置換ノ願意貫轍仕候様其筋ヘ御申立被下、他邦人民ハ鉄道架設ニ依リ莫大ノ利益ヲ得候今日、当区民ニ限リ鉄道布設ノ為メ破産流離ノ悲境ニ陥リ候様ノ儀無之、依然三百年ノ旧地ニ住居シテ六万ノ人民安穏ニ営業罷成候様、御尽力被下度偏ニ奉懇願候、若万一御採用無之候ハヽ、目下容易ナラサル場合座カラ危亡相待可申儀ニ無御座候間、御添翰相願、私共上京仕、身命ヲ犠牲ニシテ願意貫徹為致可申ト決心仕候、右両様何レニモ至急御指令被下度伏テ奉嘆願候、以上

明治十九年四月

宮城県仙台区東四番丁卅五番地平民　首藤陸三（印）
同　東壱番丁十一番地平民　村松亀一郎（印）
同　元柳町十三番地士族　岩崎総十郎（印）
同　東一番丁五十四番地士族　金須松三郎（印）
同　東二番丁五十一番地平民　田辺繁久（印）
同　東一番丁三十八番地平民　佐藤三之助（印）
同　大町二丁目十九番地平民　木村久兵衛（印）
同　東一番丁廿二番地士族　藤沢幾之輔（印）
同　大町四丁目四十一番地平民　八木久兵衛（印）
同　東二番丁五十九番地士族　遠藤庸治（印）
同　大町五丁目三十二番地平民　佐々木重兵衛（印）
同　南町四十九番地士族　虎岩省之（印）

同　東三番丁廿八番地士族　中島信成（印）
同　堤通七番地平民　沼沢与三郎（印）
同　新伝馬町三十七番地平民　谷井源兵衛（印）
同　大町四丁目四十番地平民　高橋甚之助（印）
同　大町四丁目三十六番地平民　高橋藤七（印）
同　北六番丁十七番地平民　本野小平（印）
同　国分町十三番地　小谷新右衛門総理代人平民
小谷清三郎（印）
同　大町三丁目廿七番地平民　松田新兵衛（印）
同　大町一丁目十四番地平民　藤崎三郎助（印）
同　大町二丁目二番地平民　佐藤助五郎（印）

宮城県令　松平正直殿

（同前、八四〜八七頁）

というものであった。また、四月二三日には、仙台区会議員一〇名が仙台区長小笠原幹にあて、仙台停車場変更の非常嘆願書を、

非常嘆願書

生等茲ニ起居ヲ忘レ他事ヲ顧ルニ暇アラサル者ハ、日本鉄道線路ノ仙台区外ヲ貫通スルニ依テ区民ノ幸ト不幸ト

ヲ来ス一点ニ外ナラサルナリ、夫レ鉄道社ニ於ケルヤ已ニ其区外ニ線路ヲ定メ、停車場ハ郊外東三十丁余ノ地ノ(三)設クルト、然ラハ吾仙台区内ハ百事弛廃シ将来幸福ヲ得ヘカラサルハ無論、現在ノ景状モ亦見ル能ハスシテ草菜ノ地ニ帰スヘキハ瞭然タリ、斯レ実ニ区内七万人ノ不祥此一挙ニ止マル所以ナリ、故ニ此患害ヲ除去スル道ヲ探究スルニ他ナシ、其工費応分ヲ醵集シ該社ニ饜カシメ、生等曽テ寝食ヲ安セス熱望セシ所ノ計画、則本区内ニ其線路ヲ迂回貫通セシメ便宜ノ地ヲトシ停車場ヲ設ケシメ、追テハ青森線路ト山形支線トヲ集合スルノ街衢トナスヘシ、而シテ目下区民七万ノ生魂ニ関ル苦害ヲ去リ、永ク満足ヲ得セシメントノ情意ニ止リ候条(カ)、仰キ冀ハクハ閣下ノ御高裁ヲ以テ区民ノ微衷其筋ヘ徹底致候様、百方御取計被成下度、生等不肖ト雖予テ代議ヲ辱カシムル職分アルヲ以テ、区民ノ内情ヲ発表シ、偏ニ奉懇願候也

明治十九年四月廿三日

仙台区会議員

辰谷恭之

小山友郷

福田豊三郎

丹野六兵衛

杉野目庄吉

佐藤高清

丹野清定

大崎梅吉

鈴木盛勝

田　手　利　作

仙台区長　小笠原　幹殿

（同前、八七〜八八頁）

という形で提出している。そして、これらを承けて四月二三日、県令松平正直は鉄道局長井上勝に仙台停車場変更の請願書を提出するが、ここではその草案を掲げることにする。その文面は、

仙台福島間鉄道線路之儀、過般御実現之上、略御確定之由、且其御摸様ハ仙台停車場ヲ宮城郡苦竹村陸軍練兵場近傍へ御取設ケ相成、其路線ハ全ク仙台市街ヲ経過セザル哉之趣ヲ伝承シ、別紙写之通路線変更停車場位置転換之儀、仙台区民有志総代ヨリ申出、且右ニ付臨時ニ要スル費額ノ幾分ヲ補フ為メ、金三万円ヲ醵集シ差出申度趣ニ御座候、該路線及停車場位置之儀ハ固ヨリ自然地形之便ヲ相シ、費用上其他経営ノ御都合ニ依リ御測定相成候儀ニモ有之候得者、容易ニ変更難相成ハ勿論ト存候得共、仙台区ノ中央ヲ距ルコト三十余町ノ地ニ停車場御取設相成候トキハ、旅客及貨物往来聚散モ全ク市街ノ外ニ帰シ、今日之繁華ハ後来翻テ衰微ノ状態ニ至リ、従来区内ニ住居致候多数ノ人民モ或ハ営業ノ目途ヲ失ヒ可申、之カ為メ市民頗ル憂慮シ、日夜奔走殆ント其堵ニ安セザルノ情況ニ相見へ、惣代人相立上京之上請願可致トノコトニ付、上京之儀ハ姑ク相控へ候様申聞ケ置候、畢竟大工事之経《ママ》画ニ対シ区々私情之便宜ヲ唱へ候様ニモ相聞へ候得共、区内壱万弐千有余戸之盛衰休戚ニモ関係致シ候程ノ儀ニテ、其苦慮スル処モ亦衷情ヨリ出テ実以憫諒スヘキ次第ニ付、格別ノ御詮議ヲ以テ区民ノ情《ママ》願御許容之上、其線路之儀ハ仙台市街ヲ経過シ、停車場位置モ随テ適応ノ地ニ御改定相成候様小官ニ於テ茂懇願仕候、因而別紙区民より来請願書写御手元迄差出候、猶就而ハ御内決之次第ハ何卒小官心得迄ニ御差示シ被下度奉願候、右申上度如此御座候、敬

具

十九年四月廿三日

松　平　正　直

井上鉄道局長殿

（同前、八八頁）

というものである。そして、このなかに出てくる「別紙区民より来請願書写」の原文が次の一八八六年五月一日付の「区民総代首藤陸三外五十四名」による県令あての「鉄道停車場位置換請願書」であろうが、その文面は、

（表紙）

「鉄道停車場位置換請願書

区民総代

首　藤　陸　三

外五十四名」

仙台区民総代首藤陸三外五十四名書面ヲ以テ奉歎願候、曩ニ日本鉄道会社ニ於テ当地方面ニ設置仕候停車場之儀、遠ク区外ニ決定ノ趣承知仕リ、斯クテハ至大ナル影響ヲ区民ニ与ヒ候儀ニ付、如何ニモシテ停車場ヲ区内ニ相設ケ区民ノ安全ヲ計ラン為メ有志ノ輩ハ奔走尽力若干ノ金円ヲ醵集シ、閣下ノ御執成ヲ以テ願意徹底仕候様、書面ヲ以テ奉歎願候趣、区民モ亦是非トモ区内ニ停車場ヲ相設ケ一同安心営生仕度存念ヨリ、先般来種々協議ヲ遂ケ候末、右請願ノ為メ区内各所ヨリ五十五名ノ総代委員ヲ選挙候処、乃チ私共右総代委員ニ選定罷成候ニ付、此ニ区民一同

ノ衷情ヲ代表シ、左ニ願意陳述仕候、当区ハ実ニ旧藩祖政宗築城以来幾ント三百年間奥羽ノ首邑タル位置ヲ相占メ、百般ノ事物毎ニ此地ニ於テ聚散仕候ヨリ、区民ハ為メニ其沢ヲ被リ、一同安心進テ将来ノ繁栄ヲ計ラント存居候処、今停車場ニシテ鉄道局御内決ノ如ク当区ヲ距ル三十余町ノ処ニ設置相成候ニ於テハ、繁華ノ中心忽チ其所ヲ転換仕候ノミナラス、区民ノ当惑如何バカリニ可有之哉、荒漠タル宮城野原ノ繁昌ニ赴キ候ト同時ニ当仙台区ハ全ク生色ヲ失ヒ老若四方ニ離散シ遂ニハ究濫ノ徒ヲ生シ、殆ント名状スベカラサル惨況ヲ現呈スルニ至ルハ必然ノ儀ト被存候、畢竟鉄道会社ニ於テ宮城野ニ停車場ヲ設候モ経費上止ムヲ得サル事実有之ヨリノ義トハ存候得共、是カ為メ数百年間安心生業仕来リ候六万有余ノ区民ヲシテ忽チ流離困弊ノ悲境ニ沈淪セシメ、其極終ニ　聖代ノ汚点ヲ作リ候ハ万々看過スルニ忍ヒサル儀ニ付、曩キニ有志者ノ奮テ若干ノ金円ヲ醵出シ、停車場所換ノ義出願仕候モ、全ク区民ヲシテ其業ニ安ンシ、益々繁昌ヲ計ラシメントノ旨意ニ有之、尤モ区民ニ取リ候テモ一同住ミ馴レシ区内ヲ棄テ該地ニ移転仕候儀ハ到底難成次第ニ御座候間、何卒有志者ノ心情及ヒ区民一同ノ内情御洞察ノ上、一旦御内決相成候停車場ノ位置区内ニ御引移シ相成、共々立行候様其筋へ御申立被成下度、万々一右願意御採用無之ニ於テハ座ナカラ一同ノ危亡相待チ可申秋ニ無御座候ニ付、如何ナル手順ヲ相尽シ候テモ一同身命ヲ犠牲ニ供シ願意貫徹可仕ト決心仕候間、右至急御指令被成下度此段奉歎願候、以上

明治十九年五月一日

宮城県仙台区常磐（盤）町組総代　虎岩省之（印）

同　河原町組総代　若生儀兵衛（印）

同　新弓ノ町組総代　鈴木吉兵衛（印）

同　南鍛冶町組総代　山崎覚七（印）

同　三百人町組総代　菅野善治（印）

同　成田町組総代　丹野久太郎（印）
同　荒町組総代　斎藤八十郎（印）
同　連坊小路総代　丹野益吉（印）
同　南町組総代　小西儀助（印）
同　新伝馬町組総代　佐々木喜平治（印）
同　名懸町組総代　庄司泉三郎（印）
同　二十人町組総代　野田与市（印）
同　舟丁組総代　藤田武治郎（印）
同　土樋組総代　生江元善（印）
同　来ヶ袋組総代　高成田行信（印）
同　片平丁組総代　小堤成義（印）
同　琵琶首町組総代　若生為治（印）
同　霊屋下組総代　鈴木卯之松（印）
同　川内中ノ瀬組総代　石川朝光（印）
同　亀岡町組総代　関美之（印）
同　立町組総代　三浦弥治平（印）
同　肴町組総代　田中健治（印）
同　北材木町組総代　高橋広治（印）
同　東一番丁組総代　白石文治（印）

同　東三番丁組総代　二宮尚輔（印）
同　東七番丁組総代　三品彦惣（印）
同　東八番丁組総代　鈴木平治（印）
同　二日町組総代　釜石丑五郎（印）
同　通町組総代　菅野栄七（印）
同　堤町組総代　武田喜規（印）
同　木町通組総代　永島東吾（印）
同　北一二三番丁西組総代　鈴木三之丞（印）
同　北四五六番丁組総代　小原長信（印）
同　北山町組総代　毛利清右衛門（印）
同　北七八番丁組総代　窪田範良（印）
同　新坂通組総代　斉藤永久（印）
同　中島丁組総代　藤沢景翼（印）
同　北壱番丁東組総代　遠藤盛之（印）
同　北二三四五六番丁東組総代　永野繁之進（印）
同　北二三四五六番丁中組総代　正木文吾（印）
同　元寺小路組総代　加藤瓢（印）
同　花京院通組総代　水科穆郎（印）
同　小田原東組総代　鈴木長之助（印）

同　鉄炮（砲）町組総代　宍戸保治（印）
同　小田原西組総代　鴫原善行（印）
同　宮町組総代　相沢儀兵衛（印）
同　本荒町組総代　佐藤文之進（印）
同　八幡町組総代　黒田徳至（印）
同　定禅寺通櫓丁組総代　国分　平（印）
同　元櫓丁組総代　草刈謙吉（印）
同　北目町組総代　大崎梅吉（印）
同　清水小路組総代　椿　孝之（印）
同　大町上組総代　佐藤助五郎（印）
同　東二番丁組并国分町組総代　田辺繁久（印）
同　東四五番丁組総代　首藤陸三（印）

宮城県令　松平正直殿

（同前、八八～九一頁）

というものである。この時点における仙台区内に五五の町組・丁組が存在することは重要である。近世仙台藩のもとでの城下町仙台の町割においては、侍の屋敷で構成される「丁」あるいは「小路」と、組士以下の足軽、小人・餌指、坊主、職人および商人の住む町屋のある「町」とが画然と区分され、両者は混在することはなく、「町」は屋敷のまとまり、あるいは特定の集団を意味したが、「丁」と「小路」はその道路の呼び名であって町共同体のようなまとまりとしての意味は持たなかった。そして、「町」については、二四の町人町があったが、これには町列と呼ばれる厳然たる序列があり、大町三、四、五丁目・肴町・南町・立町・柳町・荒町の六町は伊達氏とともに米沢（現・山形県米沢市）・岩出山（現・宮城県大崎市岩出山）・仙台と移ってきた特権商人の町で御譜代町と呼ばれ、このあとに国分町・本材木町・北材木町・北目町・二日町・上染師町・南染師町・田町・新伝馬町・穀町・南材木町・河原町・大町一、二丁目・上御宮町・下御宮町・亀岡町・支倉澱橋町・北鍛冶町・南鍛冶町がその順で続いていた。また、侍屋敷のある「丁」も川内・中島丁・片平丁など重臣の住むところと一般の侍の住む東一番丁〜東八番丁、北一番丁〜北八番丁との区別ははっきりしていた。また、足軽などの住む「町」は、内職などの関係から職人町的な様相を呈していたともいわれる。したがって、城下町仙台が全体として町共同体的なまとまりを持つことはなかった。ただ、二四の町人町に関していえば、それぞれの「町」において祭などのときに町衆的な存在をみることができたようである。しかし、そのような伝統をもつ「丁」や「町」が仙台区が成立したとき組み込まれた周辺部の「町」を含めて、仙台停車場の位置変更をめぐって五五の町組として一致した動きを示していることは瞠目すべきことである。しかも四月八日の県令の呼びかけを承けて、五月一日までに〝市民運動〟的な結集を行なうことができたのである。もちろん、一八七二年の大区小区制の施行にともない宮城県第一大区とされた旧城下町仙台では、旧編舍制の個所（武家の居住地域）は小一区から小五区に、旧市井（一般庶民の居住地域）は小六区と小七区にされ、固有名詞が否定されたこと、一八七八年の三新法施行により郡区町村編制法にもとづき、旧城下町仙台が仙台区となったとき、「町」名・「丁」名など固有名詞は復活されたが、市内を五部に分け、さらに各部四〜六の町場に分けたこと、そして、一八八二年に仙台区内の各「町」・「丁」に一四〇の「組合」（町組）を設けたこと、一八八六年にはそれを五六に改組するなどの動きがあり、その間に東一番丁や東二番丁など一般武家屋敷の空き地に町人が住むことで、かつては考えられなかった混住が進んだことがからんでいるといえよう。さきの一八七六年五月一日の請願書の町組の総代の数は五五とあるが、資料の後から二人目の町組総代の田辺繁久は東二番丁組と国分町組という直接隣接しない二つの町組の総代を兼ねているので、町組の数は五六であるにもかかわらず、総代は五五人となるのである。そして、このことは「町」に住むべきであった者と「丁」に住むべきであった者の混住が始まっていることを象徴しているといえよう。やがて東二番丁は、東一番丁と並んで一八八九年に市制を施行した仙台市の、いわゆる繁華街となっていくのである。しかし、こうして形成された町組は生産組織・労働組織を基盤とするものではなかったから、町共同体としての機能を有するものではなかった、このあと一八八九年四月一日の市制施行により仙台市が成立すると、その行政機構に組みこまれ、第二次世界大戦中の公会を経て、現代の町内会につながるものである。なお、これら請願書に署名した人物について、後出の寄付反対者を含めて略歴などを表1として掲げておく。

もちろん、仙台停車場の位置変更について賛成意見ばかりではなかった。当時、司法省法学校在学中の佐藤郁二郎は仙台区出身の東京在住者がつくる仙台義会を代表して有志の会を開き、

> 仙台停車場は将来の発展上宮城野原がよい。現在では東六番丁附近に置けば確に便利のようにみえるが、このため仙台の町は二分される。駅もやがては狭少となり移転を要することになる。三万円を出すくらいなら宮城野原から「軽便ノ交通機関ヲ設置」すればよい。その方が理想的な都市計画ができる。水道ガス道路など「文明ノ利器ノ応用思ノママ」であろう。（前掲『ものがたり東北本線史』八一頁）

という意見を述べている。また、位置変更に三万円を会社に寄付するのを不当とし、日本鉄道会社にその旨を照会をする者もいた。それは、

表1　仙台駅位置変更に関する請願書署名人物（略歴の判明する者のみ）

氏　名	生歿年	略　　歴
首藤陸三	1851～1924	1880宮城木道社出願人、東四五番丁総代、仙台区民総代、1878宮城県学務課長・宮城県師範学校長、衆議院議員6期・宮城県議4期
村松亀一郎	1853～1928	代言人、東北自由党・改進党、1884宮城県議・県会議長・仙台市議・市会議長、1892衆議院議員
岩崎総十郎	1860～1920	代言人、1888宮城県議・仙台市議、1912衆議院議員
金須松三郎	1843～1894	1878第七十七国立銀行設立に参画、1889仙台市参事会員、1890宮城県議、1890貴族院多額納税者議員
田辺繁久	？	東二番丁組・国分町組総代
佐藤三之助	1839～1910	1877奥羽日々新聞社長、1889仙台市議、1891仙台商業会議所常置議員
木村久兵衛	1823～1907	1844呉服太物商「木久」開業、1885第七十七国立銀行監査役
藤沢幾之輔	1859～1940	代言人、1888宮城県議・仙台市議、宮城県議会議長、1892衆議院議員・商工大臣・衆議院議長、1931貴族院議員
八木久兵衛	1849～1923	小間物商「紅久」4代目、1897仙台市議・1898七十七銀行監査役、1904宮城貯蓄銀行頭取、1905仙台商業会議所頭取、1911七十七銀行頭取、1918貴族院多額納税者議員
遠藤庸治	1849～1918	代言人、1882宮城県議・議長、1889初代仙台市長、1898宮城県農工銀行頭取、1903衆議院議員、1910第5代仙台市長
佐々木重兵衛	1823～1895	味噌醤油醸造業「佐々重」4代目、仙台市議、仙台商業会議所議員
虎岩省之	？	常盤町組総代
中島信成	1851～1905	1878第七十七国立銀行発起人・取締役、仙台市議、宮城貯蓄銀行頭取、仙台商業会議所常議員
高橋藤七	1836～1913	和洋小間物卸商、1890芭蕉の辻勧工場設立、仙台小間物商組合長
小谷新右衛門	？	近江商人・薬種商
松田新兵衛	1857～1924	呉服太物商「松新」、1891仙台商業会議所議員、仙台電燈株式会社取締役、宮城商業銀行監査役
藤崎三郎助	1868～1926	藤崎呉服店4代目、1888仙台呉服太物商業組合総代、塩水港精糖株式会社設立、1918東京動産火災株式会社設立、1897藤崎呉服店東一番丁進出
佐藤助五郎	1866～1896	佐助呉服店4代目、大町上組総代、1881商業講習所入学、1888アメリカイーストマン大学入学、1892仙台銀行設立・頭取、1893仙台貯蓄銀行設立・頭取、1894仙台電燈株式会社設立・社長、1896シカゴ万博への出品で失敗・自殺
大崎梅吉	？	仙台区議、北目町組総代
国分平	1804～1899	儒学者、仙台藩校養賢堂指南役、定禅寺通櫓丁組総代、1879宮城県議
（仙台区民による駅位置変更のための寄付金に反対する者）		
草刈親明	1856～1904	代言人、1894衆議院議員2期、1898群馬県知事
佐藤運宜	1855～1904	代言人、1886宮城県議、1895仙台市議、衆議院議員、仙台弁護士組合長

『仙台市史』第7巻（別編5）仙台市役所、1953年2月、『宮城県史』第29巻（人物史）、宮城県、1986年3月、『宮城県百科辞典』河北新報社、1992年4月および『宮城県姓氏家系大辞典』（角川日本姓氏歴史人物大辞典・4）角川書店、1994年7月より作製。

貴社敷設之銕道線路之義ニ付左ニ御照会仕候

一、当仙台区長ハ、宮城県下塩竈湾ヨリ福島県下ニ達スル線路中、宮城郡苦竹村南ノ目邨ヲ経而南小泉邨ニ至ル路線ヲ変更シ、当仙台区内ニ停車場ヲ置カントシ、当区会ノ評決ヲ経、貴社ニ対シ区費ヨリ金三万円ヲ寄附ヲ以テ其請願ヲナスヘシトノコトハ明治十九年六月五日仙甲第四十二号乃至第四拾五号ノ報告ヲ以而承知仕候処、右者甚タ不当ノ事ト確信仕候、其故ハ抑モ鉄道ナルモノハ其性質上租税ヲ以テ経営スヘキモノニ之レナキコトハ素より論ナキ処ニ御座候、且ツ此事ハ貴社ニ於而既ニ御許容相成候トキハ、私共区民ニ非常ノ影響之レアリ候ニ付、御照会仕候間、果シテ御許容相成候哉否ヤ、至急御回答被成下度、若シ御許容相成候ハ、、私共ハ区民ノ輿論ニ従ヒ其取消ノ詞《(ママ)》訟ヲ提起スヘキ心得ニ有之候条、此段共為念申添候也

明治十九年六月二十四日

宮城県陸前国仙台区袋町壱番地士族　草刈　親明

同区新伝馬町五拾九番地　佐藤　運宜

同区木町通り拾八番地　三宅　種信

大《(ママ)》日本銕道会社御中

追而御回答私ニ充而郵便切手相添候也

（前掲『仙台市史』資料編5、九一頁）

というものであった。これによれば、仙台区長が、一八九六年六月五日、仙台停車場位置変更についての寄附金三万円を仙台区費から出費することに決していたことがわかるが、草刈はそれを不当といっているわけである。これに対し、六月三〇日、日本鉄道会社社長奈良原繁は、草刈らに対する返事の内容を、

御県下塩竈港ヨリ南小泉村ニ至ル線路ヲ変更シ、仙台区内江停車場設置之義ニ付、草刈親明外両名ヨリ別紙写之通申越候、然ルニ新線路布設之事ハ都テ鉄道局江御依頼仕置候儀ニ付、右照会之如キ事実者於弊社相分リ不申候旨回答およひ置候、右者予メ御承知迄ニ御通報申上置候間、可然御了承被成下度候也

明治十九年六月三十日

日本鉄道会社々長

奈良原　繁（印）

宮城県令　松平正直殿

（同前、九二頁）

という形で県令松平正直に伝えている。

さらにさきに三万円の寄附をもって仙台停車場移転の歎願書を県令あてに提出していた五五名の組総代たちは、仙台区が三万円を寄附することになったということを承け、歎願書の下戻を県令に対して願い出ているが、その文面は、

鉄道停車場ニ関スル願書御下戻之儀ニ付願

曩キニ仙台区各町組合ノ嘱托ニヨリ、私共五十五名連署ノ上、区民総代之名称ヲ以テ日本鉄道会社ノ予定セシ鉄道路線ヲ変更シ、停車場ヲ当区内ニ設置ノ儀、其筋ヘ御申立被成下度旨願出候処、右ハ過般閣下ノ御勧諭ニ基キ、当区内重立タル有志輩ヨリ若干万円ヲ醵出ノ上コレヲ鉄道会社ニ寄贈シ、仙台区内便宜ノ地ニ停車場設立之儀出願ノ趣ニ付、有志輩ノ義集金ヲ以テ設立ヲ翹望致候ハ、私共一同ニ於テモ寔ニ美挙ト信認候ニ付、直チニ起テ此挙ニ

賛成シ前陳ノ如ク出願候次第ニ有之、然ルニ該願書別ニ御指令不被成下候処、先般区会ニ於テ区費ヨリ金三万円三ヶ年間利付借入支弁シ、之ヲ以テ鉄道停車場位置替ノ儀其筋へ請求スヘキコトニ決議ノ旨、区内へ報告相成、就テハ区民有志義集金ハ遂ニ醵出ニハ不相及儀ニシテ願意ノ如クナラズ、然ルヲ何時迄区民総代ノ名称ヲ帯フルハ区民ノ幸望ニモ無之候得ハ、前日上呈候願書速ニ御下戻被成下度、此段速署ヲ以テ奉願候也

明治十九年七月十二日

（組総代五五名の氏名省略――引用者）

宮城県令　松平正直殿

（同前、九二〜九四頁）

図１　仙台駅位置変更のため鍋鉉状になった鉄道路線

（数字：駅の開業年月日）

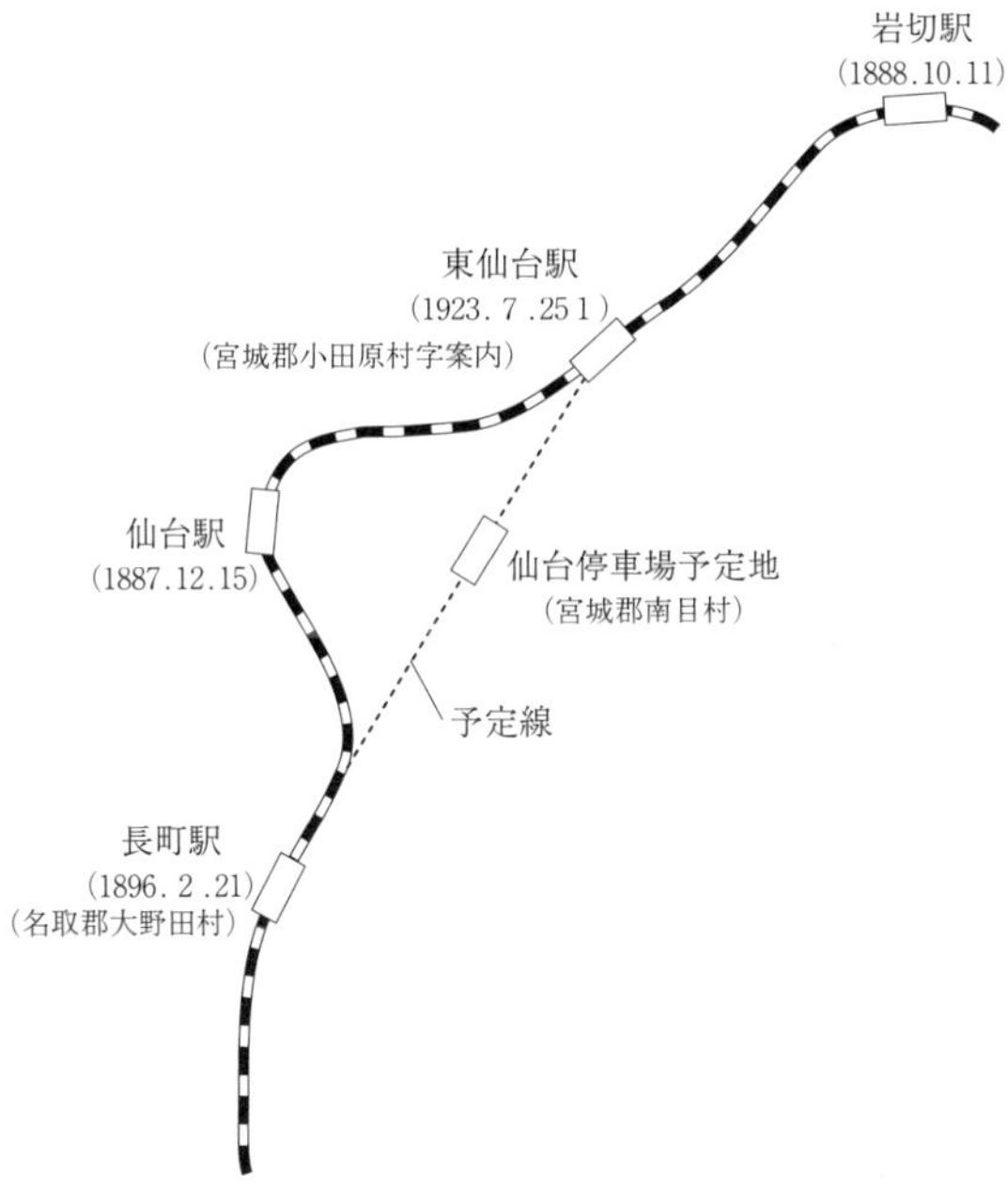

というものであった。

いずれにせよ、こうした一連の動きのなかで、仙台停車場の位置変更は実現し、一八九六年七月二二日付で出された、

銕道線路変更之義ニ付左案相伺候

土二七二九号

名取郡大野田村及宮城郡小田原村字案内銕道線路、曽テ御通知有之候処、這回甲第八十二号ヲ以テ変更之云々御照会之趣委曲了承夫々達方

図２　現在の仙台駅周辺の鉄道線路

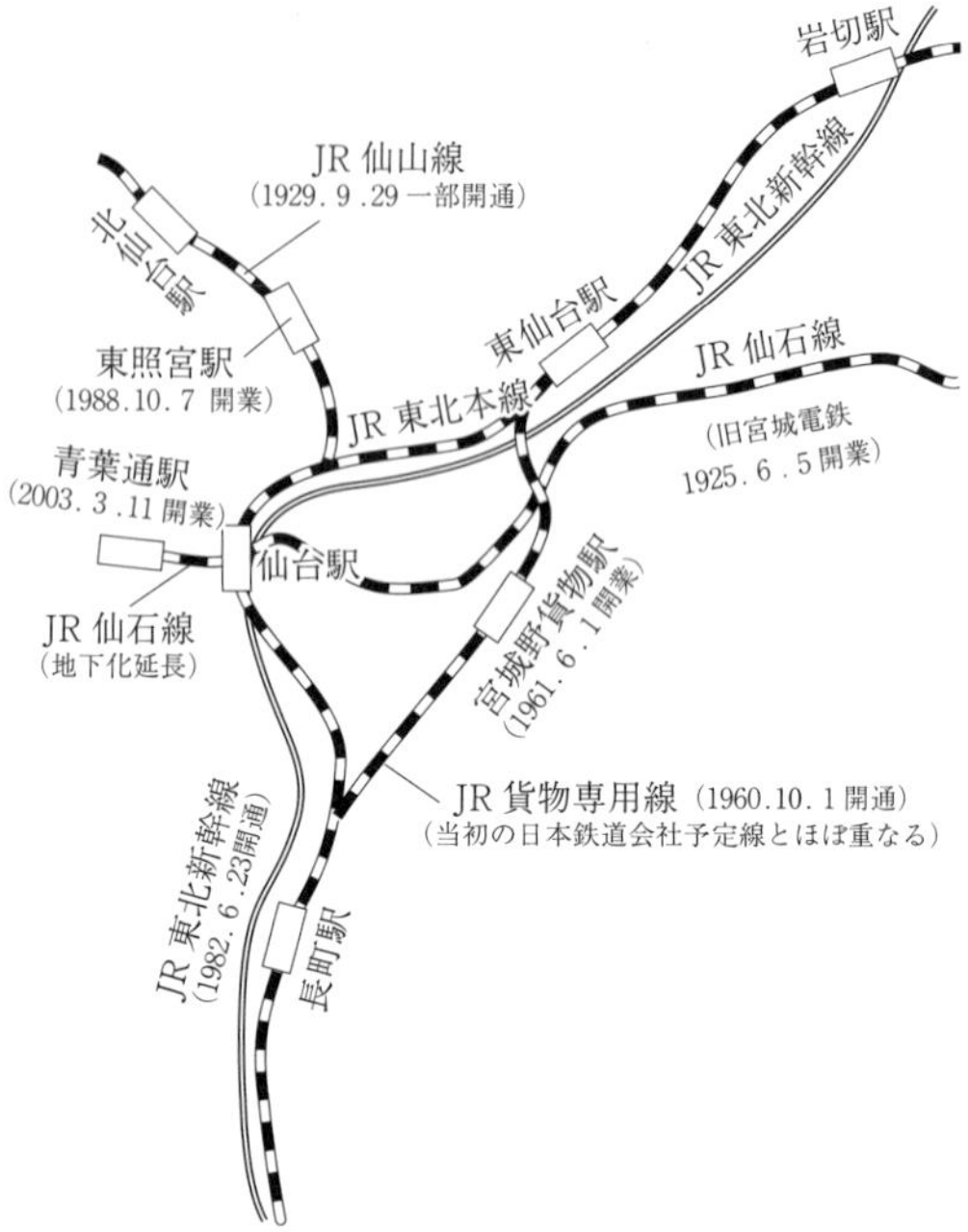

取計候条、現場御着手相成候モ差支筋無之此段
及御回答候也
　鉄道三等技師　増田礼作宛
土二七九二号
　　　　　　　　　　　　宮城郡
其郡小田原村字案内鉄道線路、曽テ相示置候
処別紙図面之通候（ママ）詮議之次第有之変更候条、
潰地調訂正可致旨該村へ相達ヘシ
土二七九三号
　　　　　　　　　　　　名取郡
其郡大野田村地内鉄道線路、曽テ「以下前同文」
（同前、九四頁）

という書類によって名取郡大野田村（現・仙台市太白区大野田）から宮城郡小田原村字案内（現・同市宮城野区小鶴）に直行することになっていたのを仙台区東六番丁（現・同市青葉区中央一丁目）に迂回し、そこに仙台停車場（現・仙台駅）が設置されることになったのである（図１）。このため現在でもＪＲ東北本線は長町駅を出てから仙台駅を経て東仙台駅にいたるまで、不自然に鍋鉉状になった線路を走っているのであるが、一八九七年一二月一五日、すでに開通していた郡山のさきに「本宮、二本松、松川、福島、桑折、白石、大河原、岩沼、増田、仙台、塩竈ノ十一駅ヲ開設シ郡山、仙台間及仙台、塩竈間ノ運輸ヲ開始」（前掲『日本鉄道株式会社沿革史』第一篇、二九二頁）したのである。ただし、この塩竈駅は現ＪＲ東北本線の塩釜駅とはまったく別のものである。また図2にみるごとく現在の東北新幹線も仙台駅に入るとき鍋弦状になることを余儀なくされている。

おわりに

このあと、日本鉄道会社は定款でいう第四区、すなわち仙台〜盛岡間および第五区、すなわち盛岡〜青森間の工事に入るわけであるが、一八八八年四月九日、仙台〜塩竈間の途中の岩切から盛岡に向けて工事を進めることが鉄道局より認められている（同前、三〇三頁）。ちなみに岩切駅の開設は一八八八年一〇月一一日であった。そして、一八九〇年四月一六日、「松島、小牛田、瀬峰、石越、花泉、一ノ関ノ六駅ヲ開設シ岩切、一ノ関間ノ運輸ヲ開始ス」（同前、三五二頁）るのであるが、この松島駅はすでに廃止された、いわゆる山線のそれであり、いわゆる海線に設けられた現在の松島駅（旧・新松島駅）とは異なる。

日本鉄道会社は、一八九三年七月一日、商法施行にともない、日本鉄道株式会社となる。一八九八年八月二三日、日本鉄道株式会社の磐城線が田端〜岩沼間で全通し、仙台に乗り入れる。そして、一九〇六年三月三一日、鉄道国有法が公布され、同法にもとづき同年一一月一日に日本鉄道株式会社所属鉄道が買収されたとき、上野〜青森間を日本線、磐城線を海岸線、岩切〜塩竈間を日本塩竈線と改称する（前掲『仙台市史』資料編5、五五頁）。そして、一九〇八年一二月五日に設置された鉄道院のもとで、東北本線（上野〜青森間）、常磐線（日暮里〜岩沼間）、塩竈線（岩切〜塩竈間）という名称が定まる（同前、九五頁）。

第二次世界大戦中の一九四四年一一月一五日、輸送力増強のため東北本線岩切〜品井沼間に陸前山王経由の、いわゆる海線が開通し、従来の利府経由は、いわゆる山線と呼ばれるようになったが、このときから塩竈線の起点は、いわゆる海線の陸前山王となる（前掲『ものがたり東北本線史』五二三頁）。

一九五六年七月九日には塩竈線は塩釜線と改称し、旅客取扱を廃止して貨物線となる（前掲『仙台市史』資料編5、五七頁）。また、一九六〇年一〇月一日、長町～東仙台間に仙台駅を経由しない貨物専用線が開通し、一九六一年六月一日には途中に宮城野貨物駅と、そこから仙台中央卸売市場への引込線が分岐して仙台市場駅が設けられているが、図2にみるように、このルートは、日本鉄道会社に最初に設定されたコースにほぼ重なるものである（前掲『ものがたり東北本線史』六七三頁）。さらに、一九六二年六月三〇日には、いわゆる山線が廃止され、翌七月一日に海線の陸前山王～新松島間に塩釜駅が設けられ、同時に新松島駅が松島駅と改称されているが、このとき貨物線である塩釜線の塩釜駅は塩釜港駅に改められている（同前、六九五～七〇一頁）。

最後に、旧塩竈線である貨物線の塩釜線はＪＲの成立後も存続し、廃止されたのは一九九七年四月一日のことである（前掲『仙台市史』資料編5、五七頁）。

第2章　鉄道敷設法の成立過程についての一考察

青木 栄一

一八九二（明治二五）年法律第四号として公布された鉄道敷設法は、それまで長期的な建設計画を欠いていた日本の幹線鉄道網のあり方ないし将来像を描き、これを鉄道官僚の恣意的な裁量から帝国議会のコントロールのもとに移したという意味で、鉄道史上革期的な法律であった。これについては、すでに早い時期に原田勝正[1]による今では古典的な研究があり、また、最近では松下孝昭[2]による極めて浩瀚、かつ具体的な論考が公刊されている。

本論文では、井上勝による建議「鉄道政略ニ関スル議」の提案から鉄道敷設法の成立にいたる過程において、日本の幹線鉄道網計画がいかなる考え方にもとづいて、拡大されていったのかを考察してみたい。

1　「鉄道政略ニ関スル議」の提案とその背景

一八八九（明治二二）年七月一日、東海道線のなかで最後まで未完成のまま残されていた馬場（現・膳所）～米原～長浜間、および深谷～米原間（長浜～深谷間の付け替え）が開通し、ここに東海道線新橋～神戸間が全通した。京浜間鉄道の開業した一八七二（明治五）年から数えて一七年を要したことになるが、東京と京阪神地方を鉄道によって結ぶという明治政府の夢はここにひとまず実現した。当時の東海道線は、新橋～神戸間の本線に加えて、大船～横須賀間、大府～武豊間、米原～敦賀間、その他の貨物支線を含むものであった。

このほかに、官設鉄道としては、高崎～直江津間の建設が進められており、碓氷峠の険に阻まれてルートの選択の難航していた横川～軽井沢間を除いて開業していた。

私設鉄道に目を転ずると、日本鉄道は上野から北に向かって仙台、塩釜に達しており、大宮～前橋間と品川～赤羽間を含めた路線を開業していた。さらに多くの局地的・短距離の鉄道としては、水戸鉄道（小山～水戸間）、両毛鉄道（小山～桐生間）、甲武鉄道（新宿～立川間）、大阪鉄道（湊町～柏原間）、阪堺鉄道（難波～堺間）、山陽鉄道（兵庫～姫路間）、讃岐鉄道（丸亀～琴平間）、伊予鉄道（外側～三津浜間）、幌内鉄道（手宮～幌内間ほか）がすでに開業し、九州では九州鉄道が建設中であったが、開業にはいたっていなかった。

すなわち、一八八九年七月一日現在では、官設鉄道五五一マイル二七チェーン（八八七・一キロ）、私設鉄道五〇三マイル六三チェーン（八一〇・六キロ）、合計一〇五五マイル一〇チェーン（一六九七・七キロ）が開業していたことになる。(3) そして同年七月一〇日、全国の鉄道関係者約一〇〇名は、名古屋で開かれた「鉄道一千哩祝賀会」に参集し、日本の鉄道の急速な拡大を祝ったのであった。(4)

しかし、このような鉄道網の拡大が行われたにもかかわらず、政府は鉄道網の将来像について確たる方針を定めてはいなかった。また、鉄道網の拡大はこれに先立つ二、三年間にとくに顕著であり、一八八七年一月一日現在では、官設鉄道二〇〇マイル五七チェーン（三二一・九キロ）、私設鉄道二鉄道一六六マイル二一チェーン（二六七・五キロ）、計三六六マイル七八チェーン（五九〇・五キロ）であったから、わずか二年半の間に官鉄で約二・七倍、私鉄で約三・〇倍という急成長を記録したことになる。さらに一年九カ月後の一八九一年三月末日現在の鉄道延長をみると、官鉄は五五一マイル二三チェーン（八八七・〇キロ、一八八九年七月との差五チェーンは、長浜〜深谷間の改測による変更である）で変わらなかったが、私鉄は八八九マイル一〇チェーン（一四三〇・五キロ）と、一八八九年七月の数値の一・八倍に急増している(5)。後世に第一次私鉄熱といわれる時期であった。このような時期に、鉄道局長官井上勝の「鉄道政略ニ関スル議」が建議された。

「鉄道政略ニ関スル議」は一八九一（明治二四）年七月、内閣総理大臣あてに出された長大な建議書であるが(6)、要約すれば次の二点を主張している。第一は日本の幹線鉄道網の将来像を定め、政府はそのための長期計画を樹立して、着実に建設を行うための法律、およびその資金を得るための公債発行の法律が必要であること、第二は幹線鉄道網の一環となる私設鉄道を政府が買収することであった。

このなかで井上は、「第一期ニ起工スヘキ分」、すなわち直ちに着工を必要とする鉄道として、「八王子甲府線」「三原馬関線」「佐賀佐世保線」「敦賀富山線」「福島青森線」「直江津新発田線」の六線を挙げた。いずれも当時開業ないし建設中の路線に接続する幹線鉄道であった。日本の幹線鉄道網建設の最初の系統的な計画の提示といえるものであった。

2　鉄道公債法案の性格

政府は井上の建議にもとづいて、鉄道公債法案と私設鉄道買収法案を一八九一（明治二四）年一二月、第二帝国議会に提出した。前者は前記の六線建設のための公債発行法案であり、後者はすべての公共用鉄道の国有化を目的としたものであった。衆議院では、後者は否決され、前者は議決にいたらないうちに衆議院が解散されてしまった(7)。

翌一八九二（明治二五）年五月、改選された第三帝国議会において、政府は前記二法案を再度提出した。しかし、三つの衆議院議員グループからもそれぞれ別途に「鉄道拡張法案」ないし「鉄道敷設法案」が提出された。このことは鉄道建設に対する地域社会側からの要求が高まり、それぞれの地域選出の議員を通じて、鉄道建設の要求運動が進められていたことを意味する。(8) これらの議員立法案は政府提出の鉄道公債法案の拡大版であったために、これらを折衷総合化することになり、紆余曲折はあったが、翌六月、鉄道敷設法(明治二五年法律第四号)が成立した。また、私設鉄道買収法案は否決されて、不成立に終わった。

鉄道公債法案の帝国議会への提出に始まり、鉄道敷設法として成立するまでの経過は、当時の地域社会が近い将来の鉄道建設をどのように待望していたかを示していたと同時に、陸軍がこの法案を積極的に支援していたことが大きな特徴であった。以下、帝国議会衆議院・貴族院の議事録によって、その審議経過の概要をたどってみることとする。(9)

鉄道公債法案は、全四条より成り、一八九二(明治二五)年度より九年間に合計三六〇〇万円余の公債(年利五%)を募集して、次の路線を建設することにしている(第一条、年利のみ第二条)。

神奈川県八王子ヨリ山梨県甲府ニ至ル鉄道
広島県三原ヨリ山口県下ノ関ニ至ル鉄道
佐賀県佐賀ヨリ長崎県佐世保ニ至ル鉄道
日本鉄道会社鉄道白河仙台間線路ヨリ山形県山形秋田県秋田ヲ経テ青森県青森ニ至ル鉄道
官設鉄道敦賀線路ヨリ福井県福井石川県金沢ヲ経テ富山県富山ニ至ル鉄道
新潟県直江津ヨリ新発田ニ至ル鉄道及本線ヨリ分岐シテ新潟若クハ其近傍ニ至ル鉄道
既成官私設鉄道ニ要スル軍用停車場及其接続支線

その内容を井上の「鉄道政略ニ関スル議」と比較すると、計画路線についてはまったく同じであった。所要資金が三五〇〇万円より一〇〇万円増加して三六〇〇万円となって、公債利率が新たに定められ、計画期間が七年から九年に延長されたという違いがあるが、本質的な変更はなかったと解すべきであろう。この法案の必要性について、政府は次のように述べていた(10)。

鉄道公債法案理由書

鉄道ハ全国ノ経済社会ノ進運及政治軍事等ト重大ノ関係ヲ有シ、富国ノ用具タルコト弁明ヲ俟タスシテ一般ノ是認スル所ナリ。然レトモ富国ノ用具タル鉄道本来ノ効用ハ線路全国ニ普及シ、幹支相連絡スルノ後初メテ之カ完全ヲ見ルヲ得ヘシ。本邦現在ノ鉄道ハ啻ニ枢要ノ地ニ普及セサル而已ナラス、短距離ノ線路各所ニ孤立シ嘗テ連絡統一スル所ナシ。随テ未タ鉄道ノ効用ヲ全クスルノ域ニ達セス、之ヲ今日ノ儘ニ放棄シ更ニ其延長普及ヲ計ラサルトキハ、実ニ国力ノ発達ヲ阻滞シ、経済上軍事上亦頗ル不利益ナル所アルヲ認ム。依テ茲ニ鉄道普及ノ計画ヲ起シ、年ヲ期シテ布設工事ヲ竣功セシメントス。

本邦ノ現況ニ就キ全国枢要ノ地ニ鉄道ヲ付設シ、各線ノ連絡ヲ全クセントスルニハ、延長大約五千二百哩ノ線路ナカルヘカラス。但既成官私設鉄道及目下布設中ノ線路ハ合計千六百余哩ナルヲ以テ、之ヲ控除スレハ、今後布設ヲ要スル線路ハ大約三千六百哩ナリ。

三千六百哩ノ鉄道ヲ布設スルハ一大事業ニシテ、之ヲ完成スルニハ概計殆ト弐億千六百万円ヲ要ス。加之其線路ノ大半ハ資本ニ対シテ直接ノ収益ヲ得ルコト頗ル寡額ナルヘク、即収益ヨリモ寧ロ経済上軍事上等公共ノ利益ヲ主眼トスルヲ以テ、之ヲ私設会社ノ経営ニ放任スルトキハ竟ニ成功ノ期ナカルヘシ。蓋シ公共ノ利益ヲ主眼トスル鉄道ハ経営ノ目的ト竝行スヘカラサルモノナルカ故ニ、一私人若クハ一会社ヲシテ之ヲ建設維持セシメントスルハ事実上決シテ行ハレサルモノトス。若シ然ラスシテ営利ヲ目的トスル私設会社ニ其経営ヲ委ヌルトキハ、或ル地方ニ在テハ稍鉄道ノ便ヲ得セシムルコトアルモ、他ノ地方ニ向テハ絶テ鉄道ヲ布設セス、随テ線路ノ首尾環聯幹支接続ヲ望ムコトヲ得ス。殊ニ幾多ノ私設会社孤立シテ各〻短線ノ鉄道ヲ経営スル如キハ建設費営業費共ニ長大ノ線路ニ比シテ多額ヲ要シ、其放下シタル資本ニ対シテ相当ノ利益ヲ収ムルコトヲ得ス。之ニ反シテ長大ナル線路ヲ一手ニテ管理シ、其営業ヲ統一スルトキハ、経営上総テ供給流用ノ便ヲ得テ、甲乙線ノ余裕ハ丙丁線ノ欠損ヲ補ヒ、以テ鉄道ノ普及ヲ完成スルコトヲ得ヘシ。

且夫レ鉄道ハ郵便電信ノ二業ニ於ル如ク、元来公共ノ用ニ供スヘキモノナレハ、収益ノ多カランヨリモ寧ロ公共ノ利益ヲ計ラサルヘカラス。既ニ公共ノ用ニ供シ、公共ノ利益ヲ計ルヘキモノタル以上ハ其建設管理挙ケテ国家ノ事業ト為スヲ当然トス。依テ自今本邦ノ鉄道ニシテ旅客貨物ヲ運搬スルモノハ総テ国家之ヲ建設経理スル設立物トナサントス。

此理由ニ依リ前記三千六百哩ノ鉄道ハ総テ国費ヲ以テ布設スルノ方針ヲ取ラントス。然レトモ其工事固ヨリ容易ナラスシテ、且巨額ノ経費ヲ要スルヲ以テ、時日ト経費トノ許ス範囲内ニ於テ其大成ヲ期セサルヘカラス。即其工事ヲ数期ニ分チ、追次布設ニ着手セントス。依テ茲ニ先ツ第一期ニ起工スヘキ線路ヲ挙ケンニ左ノ如シ。（句読点著者）

この理由書に述べられていることは、(1)全国的に枢要の地を連絡する鉄道網を建設する必要がある、(2)その鉄道網の建設・経営は個々に分立する私鉄に委ねるべきではなく、統一した鉄道網として国有鉄道とすべきである、(3)必要な鉄道網は計画を定めて逐次建設するべきである、などである。

この後を受けて、第一条に掲げられた六線（合計七九九マイル）の特徴と距離、建設予算を列挙する。八王子甲府線、三原馬関線、佐賀佐世保線については、経済的な理由とともに、軍事上緊要な路線であることが述べられていた。

とくに八王子甲府線は「東京名古屋間ヲ聯絡スヘキ軍事上最緊要ナル中央鉄道ノ一部」と位置づけられた。また、軍隊輸送専用駅について次のように説明された。

前記各線ヲ布設スルノ外、軍事上既成鉄道ノ利用ヲ可成完全ナラシムルカ為メ、東京、大阪、名古屋、仙台等ノ如キ師団所在地若クハ其他分営所在地ニ於テ軍用停車場ヲ設備シ、且ツ本線ニ接続スル支線ヲ布設シ或ハ在来ノ停車場ヲ取拡ケ、以テ軍隊輸送ノ便ニ供セントス。現ニ新橋停車場ノ如キ単ニ普通ノ旅客貨物積卸ニ対スル便利ヲ謀リ設備シタルモノナレハ、多数ノ軍隊輸送ヲ要スル場合ニハ大ニ不便ヲ感ス故ニ東京近郊適当ノ地ニアル停車場ヲ拡張シテ軍事普通兼用ノモノトシ、或ハ別ニ軍事専用ノ停車場ヲ設備セントス。是等ノ工事ハ第一期ノ線路布設ト同時ニ施行スルノ見込ヲ以テ其工事ヲ概計スルニ凡四拾万五千円ヲ要ス。

以上ノ鉄道ハ経済上軍事上一日モ速ニ布設ヲ要スルモノニシテ、従来既ニ其計画ヲ起シ、一部ハ既ニ実測ヲ終ヘ、又ハ技師ヲシテ実地ニ踏査セシメタルモノナリ。故ニ第一期ノ工事トシテ明治二十五年度ヨリ九箇年間ニ竣功セシメントス。（後略）

さらに、縦貫幹線鉄道はあらかじめ複線用地を確保する必要性にも触れられる。

前記新設線路ノ内、八王子甲府間即中央線、福島青森線、三原馬関線ハ所謂縦貫幹線ニシテ、軍事上最重要ナルモノナルヲ以テ、単線ニテハ十分ニ其目的ヲ達スヘカラス。然レトモ当初ヨリ複線ヲ布設セムトスレハ多額ノ資金ヲ要シ、経済上又必スシモ得策ナリトセス。依テ此三線ノ敷地ハ初メヨリ複線ノ見込ヲ以テ之ヲ買収シ、隧道橋梁等ノ如キモ他日複線布設ノ時ヲ待テ別ニ築設スルニ困難ナルモノハ豫メ複線布設ノ計画ヲ以テ施工シ置カントス。

（後略）（句読点著者）

鉄道公債法案の提出理由を要約すると、次のようになる。

(1)将来の建設が必要とされる約三六〇〇マイル中、最も緊急に必要な約九〇〇マイルを第一期線として九年間で完成させる。その財源は公債に求める。

(2)個々に孤立した短小路線としてではなく、全国的に結ばれたネットワークとして機能する鉄道網をつくる。

(3)鉄道は郵便、電信と同じ公共性を持つ財であるから、国家自らが一元的に建設、経営すべきである。したがって民間にこの事業を認めるべきではない（私設鉄道買収法案提案の理由）。

(4)鉄道の軍事的意義を重視する。

鉄道公債法案の提案理由には、鉄道の「軍事上」の意義がいたるところに述べられていて、法案の趣旨説明においても、陸軍大臣が当時の鉄道庁を管轄する主務大臣たる内務大臣と共同で行っていたし、政府委員の一人として陸軍次官が出席していた。陸軍当局がこの法案を強くバックアップしていたことがわかる。では、鉄道の「軍事上」の意義とは具体的に何を意味するのかというと、第二回帝国議会において、内務大臣品川弥二郎に続いて趣旨説明に立った陸軍大臣高島鞆之助の発言をみると極めて明瞭である。高島は、鉄道が軍隊の移動に大きな効果を発揮するとし、次のような路線が必要であるとする(11)。

此鉄道ヲ国防上ノ要求ニ充タシメマスルニハ、第一青森ヨリ馬関ニ至ルマテノ、我本州ヲ縦貫スルモノヲ完成シナケレハナリマセヌ。第二ニハ此縦貫鉄道ヨリ衛戍地要塞地軍港其他緊要ナル市府港湾ニ通スル数多ノ分岐鉄道ヲ布設スルノ必要ヲ生シマス。又此鉄道ハ海上ヨリ敵ニ破壊セラル、事ヲ避ケル為ニ、成ルベク海岸ヨリ離隔シテ、其主要ナル停車場ハ、軍隊ノ出入ノ集合乗車下車ニ便利ナラシメル如ク、構造シナケレハナリマセヌ。又縦貫鉄道ノ如キ運搬ノ効程ヲ増大ナラシメル為ニ、複線トナスコトヲ要シマスガ、此等ハ最モ軍用ニ適応スベキモノ、目的ノ大要デアリマス。

この主張も先に参謀本部が著した『鉄道論』の主張をそのまま繰り返しているものである。同じ趣旨の主張は、衆議院鉄道買収法案審査特別委員会においても、政府委員として説明に立った陸軍次官岡沢精の発言にも見られる(12)。

要するに、当時の陸軍の主張する「軍事上」の要件となるキーワードは、本州縦貫鉄道、陸海軍の基地・駐屯地の鉄道による連絡、海岸よりの隔離、軍用停車場、複線であった。とくに海岸よりできるだけ離れたルートを選択することが、「軍事上」の最大要件であると、陸軍部内においても、帝国議会議員においても理解されていたようである。

しかし、だからといって、この法案が陸軍のイニシアチブによって生まれたということはできないであろう。法案はあくまで、井上勝の「鉄道政略ニ関スル議」を直接の出発点としている。井上はもともと陸軍が『鉄道論』で展開した海岸線よりの隔離論などはあまり問題にしていない。本州縦貫鉄道といいながら、本州があたかも山も谷もない平板な島であるかのような議論をする陸軍の幼稚な論旨には、鉄道専門家としての井上が承服できるわけはない。井上がここで「軍事上」の意義を力説したのは、彼自身の鉄道政策を進めるために、陸軍の支援が必要と判断したからである。また、陸軍もこの機会を捉えて、『鉄道論』で展開した主張を法案に反映させようと努力したと理解するのが妥当なところであろう。

3　実業協会調査案にみる予定線

鉄道公債法案の審議は、第三回帝国議会の審査特別委員会に付託されたが、それぞれ別個に帝国議会に提出された三つの議員提案、すなわち佐藤里治の「鉄道拡張法案」、植木志澄・伊藤大八・塩田奥造の「鉄道敷設法案」、河島淳・田中源太郎の「鉄道拡張法案」も同じ委員会に付託された結果、同委員会はこれらを折衷、総合して、新たに鉄道敷設法案を立案して、衆議院本会議に提案した。(13)

この三つの議員提出法案の内容は、議会議事録にも記載されていないが、将来建設すべき鉄道路線を記載し、予算や建設手続きを定めるものであった。かつそこに盛り込まれた予定鉄道線路の規模は政府提出の鉄道公債法案を上回るものであったと推定される。この種の議員提出法案が三件も出されたことは、全国の地域社会が自らの地域に鉄道を早期に導入したいという要求が強かったことを意味している。なお、この種の法案提出は、すでに前年の第二回帝国議会においても見られ、佐藤里治・河島醇を含む一四名の共同提案に成る「鉄道拡張法案」があった。(14)

ここで参考になるのは、審査委員会の冒頭に委員長佐藤里治が提示した、実業協会調査という鉄道予定線のリストを含む報告である。佐藤の説明に、「私共ガ一昨年（明治二三年――引用者）来実業協会ト云フモノヲ組立テマシテ、鉄道ニ関スル材料ヲ調ベタモノガアリマス」(15)とあるように、鉄道建設推進のための調査団体であった。

この調査報告は、「是迄出来上リマシタ線路ノ哩数、ソレカラ此大蔵省ノ公債の有様カラ此償還シタ手続、或ハ此順序ニ依レバドノ位ノ公債ヲ募レルカ、又余額ノ事柄、ソレカラ又矢張リ一昨日（五月一四日の特別委員会――引用者）岡沢委員ノ説明ニアル参謀本部ノ意見抔ヲ取纏メテ調ベタモノ」(16)と説明されている。ここでは公債関連の部分を除き、将来必要とされている路線の部分を引用する。(17)

鉄道問題に関する材料調査報告

全国鉄道ノ完成ヲ期スルニハ将来ニ於テ敷設スヘキ線路及其哩数、実験上予算シ得ヘキ工費ノ概要ヲ知ルヲ以テ最緊要ナリト認メ、先ツ当局者タル鉄道庁ノ意見ヲ問ヒタルニ、同庁ハ全国地図上ニ線路ヲ画シ、既成線未成線及将来着手スヘキ部分ニ付テハ緩急ノ見込ヲ立テ之ヲ図面ニ示セリ。其要左ノ如シ。

一　全国路線

内

既成線路　千六百五十九哩半

内訳

官設　五百五十一哩

日本鉄道会社線路　五百九十九哩半

九州山陽外八会社線路　五百九哩

未成線路

内訳

山陽会社線ノ内　百五十一哩半

九州会社線ノ内　百三十四哩餘

大阪会社線ノ内　五哩九

関西会社線ノ内　二十二哩五十五

北海道炭礦線ノ内　百三十四哩

筑豊興業会社線ノ内　三十四哩
豊州会社線　四十四哩
甲信会社線　七十哩
総武会社線　三十九哩
参宮会社線　二十二哩
碓氷峠線　七哩
以上ハ敷設中又ハ私設ヲ許可シテ未タ敷設セサルモノ
合計六百六十三哩餘
福島青森間　三百十四哩
新庄酒田間　三十二哩
米沢新発田直江津間　百六十七哩
新津新潟間　十四哩
富山敦賀間　百二十六哩
敦賀京都間　百四十一哩
津幡七尾間　三十四哩
宮津小月間　三百六十二哩
以上緊急敷設ヲ要スルモノ
合計七百十九哩
盛岡宮古間　六十六哩

黒沢尻横手間	三十八哩
新庄小牛田間	五十哩
郡山市川間	二百二十哩
佐倉銚子間	五十哩
八王子甲府間	五十六哩
長野松本間	三十九哩
塩尻岐阜間	百二十哩
奈良稲荷間	二十三哩
奈良柘植間	三十哩
山田鳥羽間	九哩
境下津井間	九十六哩
広島浜田間	五十九哩
徳島丸亀間	五十五哩
琴平須崎間	九十哩
多度津三津浜間	九十一哩
松山宇和島間	六十五哩
四日市宮崎間	百七十四哩
宮崎鹿児島間	六十七哩
大分熊本間	八十一哩

八代鹿児島間　　　　　九十六哩

以上将来敷設ノ見込ヲ以テ調査スヘキモノ

合計千五百七十五哩

既成鉄道ニ対スル工費ノ総額及各路線ノ工費概要左表ノ如シ

既成官私設鉄道千六百二十九哩半

此工費七千百三十八万八千三十五円

内訳

官設鉄道線路五百五十一哩

工費凡金三千二百七十四万五千九百円

日本鉄道会社線路五百九十九哩半

工費凡金千八百万円

九州山陽外八会社線路五百九哩

工費金二千二十一万七千百六十五円

阪堺鉄道会社線路六哩

工費金三十五万七千八百円

伊豫鉄道会社線路四哩

工費金五万七千百七十円

鉄道庁ハ前記各未成線路ニ対スル起功ノ順序ニ付テハ左ノ意見ヲ有スト云ヘリ

先ツ各線路ニ就テ事業ノ緩急ヲ量リ其緊急ナリト認ムルモノヲ撰ミ、第一期敷設線路ヲ定メ、年限ヲ立テ、年限内成功ノ目的ヲ以テ着手スルコト。而シテ毎一年凡哩数百哩ヲ竣功シ、其工費ハ凡五百万円ヲ支出スルヲ以テ度トスヘク、第二期以下皆之ト同一ノ計画ニ依リ漸次完成ヲ謀ラントス。従来ノ実験ニ依ルニ鉄道一哩工費凡五万円ト予算シテ大過不及ナカルヘク、土地ノ険夷山川ノ形状等ニ由リ工事ニ難易アルハ勿論ナレトモ全国各地ヲ通シテ此概算ニ依ルヲ得ヘシ。即一百哩ニシテ五百万円ヲ要スルノ見込ナリ。又同庁今日ノ官制及規模ニシテハ一ヶ年ノ事業トシテ新線路百哩ヲ起工シ竣功スルヲ以テ適度トスルヲ以テナリ。

鉄道拡張ノ問題ニ関シテハ第一ニ経済社会ノ現今及将来ヲ考量シ財源ヲ求ムルノ方法ヲ講究セサルヘカラス。蓋我国目下ノ財政ニ於テハ鉄道敷設ノ如キ事業ノ原資ヲ租税ニ取ルコトハ到底望ム可キニアラス。然ラハ中山道鉄道公債募集ノ前例ニ由リ新ニ公債ヲ募集スルノ外又他策ナカル可キヲ信スルカ、故ニ更ニ国債局ニ就キ国債ニ関スル現況ヲ調査シタルニ別表ノ如キ結果ヲ得タリ（別表参観は省略――引用者）

別表ニ依レハ明治十九年一月勅令第六十六号ヲ以テ整理公債条例ヲ発行シ、一億七千五百万円ヲ限リ、六分以上ノ高利公債ヲ引換フルコトニ着手シ、以来本年迄五年間ニ引換ヘタル公債ノ総額ハ凡一億二百万円トス。是ヨリ先キ明治十一年中ヨリ政府ハ公債元利ノ償還ニ充ツヘキ毎年ノ定額ヲ二千万円トシテ今日ニ至リ之ヲ据置ケリ。而シテ十九年以来本年迄高利公債ヲ償還シタル為メ利朱ノ差額ニ於テ右ノ定額内ニアリテ凡七百五十万円ノ剰余ヲ生シ、此剰余額ハ之ヲ元金ニ償還スルコトヲ得タリ。之ニ依リテ之を看レハ将来各種高利公債償還期限中前記定額以内ニ於テ剰余金ヲ生スヘキハ勿論、其金額モ亦予算スルコトヲ得ヘシ。

而シテ此公債償還定額内ヨリ生スル剰余ハ移シテ以テ鉄道敷設ノ工費ニ充ツルヲ望ムヘク、即此剰余額ハ一方ニ於テ旧公債ヲ償還シ、更ニ一方ニ於テ新ニ鉄道公債トシテ之ヲ募集スルノ方法ヲ取ルコトヲ得ヘシ。

我国現今ノ通貨ハ概一億三千五百万円ニシテ決シテ欠乏セルニアラス、世上ノ不景気ヲ唱フルモノハ他ニ其原因アリ、兎ニ角今日ノ経済社会ニ於テ毎年五百万円内外ノ公債ヲ募集スルハ敢テ難シトスルニ足ラス。況ンヤ国庫ハ年々二千万円ノ公債元利ヲ償還スルアルオヤ。

又外資導入即外債募集ノ説ヲナスモノアレトモ外債ノ償還ハ金貨ヲ以テセサルヲ得ス。又償還期限ヲ伸縮スル能ハス、加フルニ利子ノ昂低ニ由リ借換ヲナスノ便利ヲ得ス。我国未タ内債募集ノ見込アル間ハ可及外債ヲ起スコトヲ避ケサル可カラス云々。

将来敷設ヲ要スヘキ鉄道線路ニ関シテ軍事上ノ関係頗ル大ナルヲ以テ陸軍参謀本部ニ到リ同部ノ意見ヲ聴クニ同部ニ於テハ軍事鉄道拡張ノ最大急務ナルヲ主張シ、既成鉄道中海岸ヲ通過スルノ線路ハ軍事上毫モ効用ヲナスモノニアラスト極論シ、遂ニ中央縦貫線ノ必要ヲ説キ、而シテ我国ノ軍事鉄道ハ可及海岸ヨリ離隔セシメサルヘカラストノ定議ニ拠リ左ノ如ク線路ノ位置ヲ選定セリ。

既成線路中海岸ヨリ離隔セシムル為メ新路線ヲ必要トスルモノ

一 青森ヨリ弘前ヲ過キ一ノ戸ニ出ツルモノ

一 宮城県小牛田ヨリ白石ニ出ツルモノ

一 東海道中東京名古屋間ハ信州上田ヨリ松本ヲ過キ洗馬ニ出テ福島津川ヲ経テ名古屋ニ達シ、或ハ洗馬ヨリ飯田足助ヲ経テ名古屋ニ至ルヘシ

一 大阪姫路間ノ海岸鉄道不通ノ時ニ当リ交通ノ確実ヲ保スル為メ京都園部笹山高岡姫路間ニ副線ヲ敷設スルコト

一 姫路以西広島迄ハ山陽鉄道線ニ依ルモ広島以西ハ海岸ヲ避クル為メ廿日市、津田、六日市、柿木、津和野、山口、上郷岩永伊佐吉田内田日小野ヲ経テ下ノ関ニ至ルコト

以上ハ縦貫線中必要ナル新線路ニシテ此地一方ノ地点ニ軍隊ヲ集合スル為メ、及各師団各自其管区ヲ防禦スル為

メ此幹線ヨリ分岐シテ数多ノ支線ヲ敷設シ、以テ衛戍地要塞軍港其他緊要ナル市府港湾ト連絡セシムル為メ左ノ新線路ヲ敷設スルヲ要スト云ヘリ。

第一師管

一　東京船橋千葉木更津間

二　八王子甲府或ハ洗馬上諏訪蔦木韮崎甲府間

三　甲府鰍沢下山南部岩淵間

第二師管

四　本宮若松間或ハ白川若松間

五　若松坂下野沢津川新発田間

第三師管

六　岐阜関金山下呂小坂高山古川町八尾井波福光金沢間或ハ岐阜八幡大鷲一色鳩谷小白川二叉上辰金沢間

第四師管

七　八木五条粉川和歌山間（大阪八木間）

八　京都園部松山山家舞鶴間

第五師管

九　今治西条川ノ江丸亀高松間

十　川ノ江山城谷蓮火山田高知間

第六師管

十一　黒崎直方飯塚内野原田間（門司黒崎間）

十二　久留米福島山鹿植木熊本間（原田久留米間）
十三　熊本松橋小川宮路神瀬人吉加久藤栗野加治木鹿児島間
右ノ外軍事鉄道ノ性質ニ於テ其構造法傾斜速力発車ノ度数停車場ノ規模等ニ就キ改良ヲ要スルノ点少ナカラス
現在ノ鉄道ハ戦時ニ際シ如何程ノ運搬力ヲ有スルヤノ問題ニ付調査シタルニ左ノ結果ヲ得タリ
野戦一師団（兵員凡壱万九千四百五十四人馬匹六千二百五十五頭士方人軍器一式）ヲ仙台ヨリ東京へ輸送スルニ凡七日間ヲ要ス。此輸送車数千七百二十軸ニシテ二時間ニ一列車ヲ発スルモノトシ一昼夜十二列車、但一列車ハ平地三十軸ヲ繋クルヲ得ルト雖モ奥羽線中黒磯白川間急峻ナル傾斜アルヲ以テ一列車二十輛ヲ以テ一列車ト看做ス
速力ハ平均一時間二十哩以上ニシテ平坦地ハ三十哩ノ運行ヲ為スヘシ
東京仙台間ノ一往復時間ハ三十時間ヲ要ス
（別表省略）

「鉄道問題ニ関スル材料調査報告」ではまず必要とする線路を、既設線、建設中ないし計画中の未成線、緊急に敷設が必要な線、将来の予定線に分類して列挙され、これらの線が国内で募集する公債を財源として建設できることを主張する。次いで陸軍が主張している線区を挙げるが、その大部分はかねてから陸軍が主張してきた海岸から離れたルートであった。また、各師管ごとに列挙された「新路線」は、参謀本部が作成した「鉄道の軍事に関する定議」(18)（一八八七年の「鉄道改正建議案」と同じ内容ではないかと推定）で挙げられた路線とまったく同じものであった。
「鉄道問題ニ関スル材料調査報告」に掲げられた予定線路を図1に示した。この大部分が第三回帝国議会で通過成立する鉄道敷設法案などの有力な典拠になったと考えられるが、かなり異なる点もある。例えば、鉄道公債法案に明記されていた奥羽線に相当する路線がなく、山陰線がほぼ海岸沿いに緊急必要路線として数えられている。また、軍

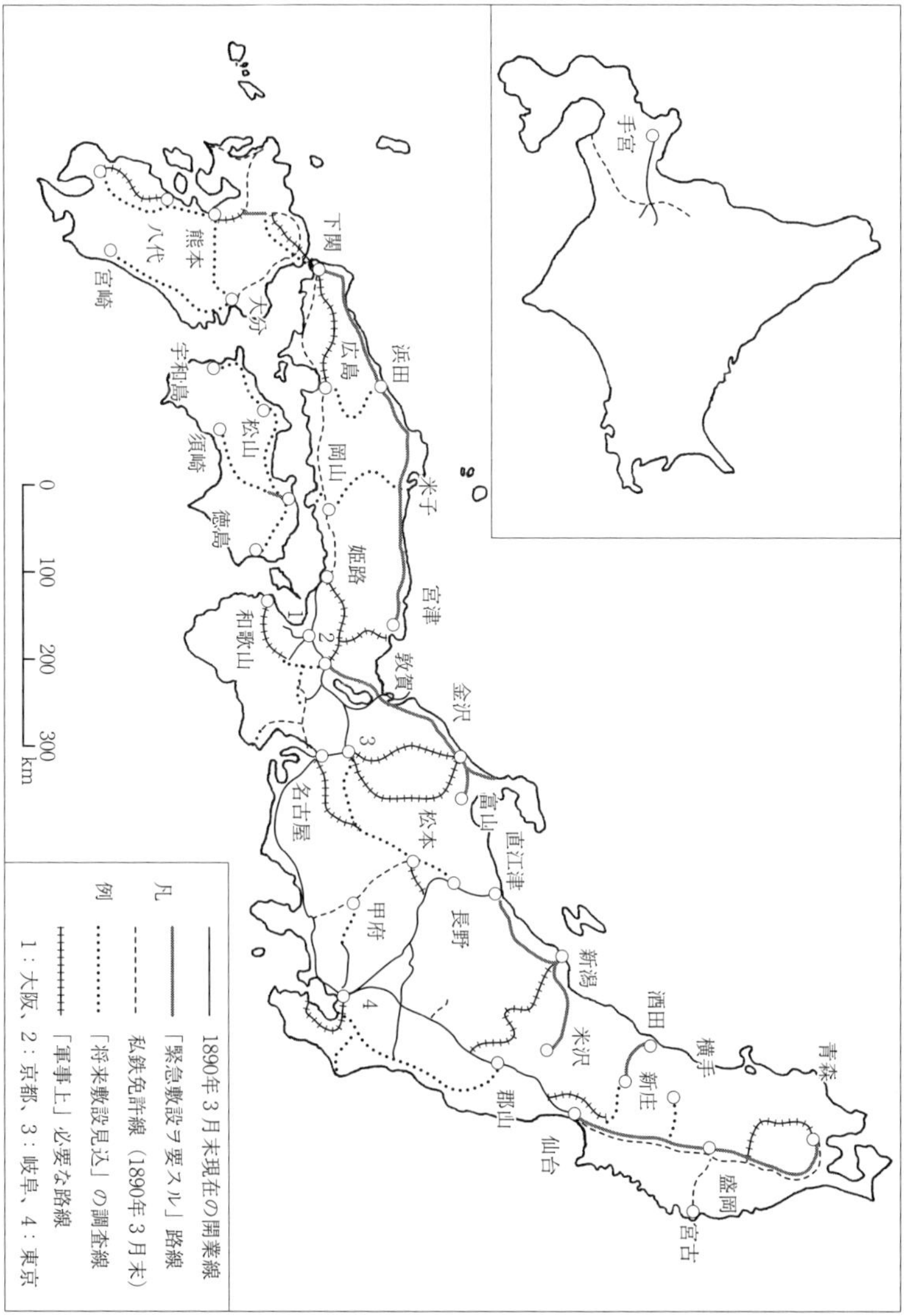

図1　実業協会案による鉄道網計画

作図：青木栄一

事上必要な路線として、内陸部深く入った路線も見られるが、その多くは鉄道敷設法においては消えている。北海道についてはまったく触れていない。

4　鉄道敷設法案審査の過程と「軍事上」の意義

鉄道公債法案では、直ちに建設にかかるべき第一期線は六線を指定しただけであったが、審査特別委員会で立案された鉄道敷設法案では第一期線を大幅に増やすとともに、第一期線以外の予定線も明記された。さらに私設鉄道買収法案を否決する立場を踏まえて、予定線でも私鉄としての建設を可能とした。

審査特別委員会は、一八九二（明治二五）年五月一四日と一六日の両日にわたって質問を行い、五月二四、二六、二七日にわたる審議で立案された鉄道敷設法案が六月二日、四日の二日間にわたってなされ、逐条審議で若干の修正を加えたのち、六月六日の衆議院本会議において賛成多数で可決された。

鉄道敷設法案の衆議院本会議における審議の記録を読むと、とくに調査をしたわけでもなく、「凡ソ此辺ニ鉄道ヲ布設シタラ出来ルデアラウト云フ考デ以テ定メタ所ノ法案デ」「左様ニ未ダ十分ナ信用ヲ置クニ至ラナイ所ノ鉄道」を議会で決議してよいのか、という慎重論もあったが[19]、大勢は賛成であり、むしろ、具体的な予定線を修正、追加する提案が相次いだ。

これは各議員がそれぞれの選挙区に含まれる地域社会に有利なルートを法案に書き入れようとする行動と考えてよかろう。そして現実に直ちに建設に取り掛かるべき第一期鉄道を定めた第七条に近畿地方の三路線を加えるという修正案が賛成多数で追加され、また、予定線を定めた第二条から北海道の路線は全部削除となった。その理由は予定線を確定することは時期尚早というにあった。北海道の鉄道については、一八九六（明治二九）年にいたって、北海道鉄道敷設法として公布されることになる。

これにかかわる衆議院議員関直彦の質問の一部を掲げる。

「本員ハ此鉄道公債法案審査特別委員会ノ報告ニ対シマシテ、少々修正ヲ加ヘタイノデゴザイマス、或ハ之ヲ山口君ニ言ハセタナラバ、地方的分ケ取リトデモ申シマセウカ、ナレドモ本員ハ決シテ左様ナル考ヨリ此大問題ヲ議スルモノデハゴザイマセヌト云フコトハ、満天下に誓ッテ我赤心ヲ表白シテ置キマス次第デゴザイマス、或ハ其地方ノ其人ヲ満足セシムルガタメニ、唯今ノヤウナ邪推的ノ論鋒ヲ向ケル方モアルカ知レマセヌガ、我委員並ニ本員ナドハ毛頭左様ナル考ヲ持ッテ国家ノ大事ヲ議スル考ハゴザイマセヌ、ト云フコトヲ呉レ〴〵モ申シテ置キマスル次第デゴザイマス、本員ガ茲ニ提出シマセウト存ジマスル線路ハ、即チ第二章第七条ノ中ニ三線路ヲ増加致シタイト云フ考デゴザイマス、ソレハ既ニ諸君ノ御手許ヘ印刷ニ致シマシテ、御廻シ申シテゴザリマスカラシテ、既ニ御承知デアラウト存ジマスルガ、式ノタメニ之ヲ述ベマスレバ、第一ニ近畿予定線ノ内京都府下京都市ヨリ舞鶴ニ至ル鉄道、若クハ兵庫県下土山ヨリ京都府下福知山ヲ経テ舞鶴ニ至ル鉄道ト云フ一線、ソレカラ第二線ハ近畿線ノ内大阪府下大阪市、若クハ奈良県下高田、若クハ八木ヨリ五条ヲ経テ和歌山県下和歌山ニ至ル鉄道、第三ニ山陰山陽連絡予定線ノ内兵庫県下姫路近傍ヨリ鳥取県下鳥取ヲ経テ境ニ至ル鉄道、又ハ岡山県下岡山ヨリ津山ヲ経テ鳥取県下境ニ至ル鉄道、若クハ岡山県下倉敷ヨリ鳥取県下境ニ至ル鉄道」ト此三線路ヲ増加スル積デゴザリマス、ナゼ此三線路ヲ第一期間ノ工事中ニ加ヘナケレバナラヌカト申シマスル理由ノ概略ヲゴク簡単ニ弁ジマスガ、本来此鉄道問題ノ起ル所以ト申シマスモノハ、最早喋々ノ弁ヲ要シマセヌ、即チ軍用上経済上ノ必要ヨリシテ出テ参リマスル、問題デゴザリマスルガ、此ニ第一線ノ舞鶴京都間若クハ兵庫県下ヨリ舞鶴ニ至ル鉄道ハ、即チ軍港ト定メラレマシタ舞鶴港ニ連絡ヲ通ジマスル軍用上最モ必要ナル鉄道デゴザリマス、ソレカラ又近畿線ノ中大阪市若クハ奈良県下ヨリ致シマシテ和歌山県下和歌山ニ至ル鉄道ハ、御承知ノ通紀淡海峡ノ砲台ヲ唯今建築中デアリマス、然シテ此砲台ヲ以テ内海ノ関門ヲ鎖スト云フ軍備上ノ設計デゴザリマス、此砲台ニ連絡スル所ノ鉄道線路ガゴザリマセヌナラバ、到底此砲台ノ用ヲ為スコトガ出来ナイト考ヘルノデゴザリマス、加之此和歌山ト申シマスル所ハ、一方ニハ和歌ノ浦ヲ受ケテ居リマシテ、紀淡海峡ヲ乗リ越スコト能ハザル時ハ、和歌ノ浦カラ上陸スルコトガ出来ルト云フ危険ナ場所デアリマス、故ニ和歌山城ハ今日マデモ陸軍省ノ保存城デアッテ、有事ノ日ニハ其用ニ充テルト云フ次第デアリマスカラ、ソレニ向ッテ線路ヲ通ズル事ハ軍用上最モ必要ナコト、考ヘマス、加之和歌山竝ニ舞鶴ト云フ土地ハ雙方共ニ随分繁華ナ土地デゴザリマシテ物産ノ運輸上人民ノ交通上カラシテ、最モ急ニ此鉄道線路ニモ通ジナケレバナラヌト云フ必要ヲ認メマシタル次第デゴザリマス、ソレカラ又此度此鉄道ノ全国ニ通ズル大計画ヲ致シマスルニ当リマシテ、或ハ北方ニモ鉄道ヲ貫通スル、或ハ中央ニモスルト云フ際ニ当ッテ、山陰道山陽道ノ間ニハ一本ノ確定線モゴザリマセヌ、兎ニ角山陰山陽道ノ間ニ何ゾ岡山カラナリ姫路カラナリ倉敷カラナリ、何レカラニ致シテマシテモ一線横断ト云フモノヲシマセナケレバ、鉄道ノ大計画ノ上カラ平均ヲ得ルト云フコトガ出来マセヌノデゴザリマス、ソレ故ニ此山陰山陽両道ノ間ニ連絡線路ヲ一線通ズルト云フコトハ最モ急務デアルト考ヘタ次第デゴザリマス、強チ此三線路ヲ私ガ此処ニ提出致シマシタル所以ハ、私ガ一箇ノ説ヲ以テ突然考ヘ出シテ諸君ノ清聴ヲ煩ス次第デハアリマセヌ、慎重ニ慎重ヲ加ヘマシテ、委員会ニ於キマシテハ諸案ヲ折衷致シマシテ拵ヘ上ゲマシタ、（後略）

関議員の主張は鉄道敷設法案第二条（予定線を列記）の近畿線および山陽山陰連絡線のうちから若干の字句を修正して、「京都府下京都ヨリ舞鶴ニ至ル鉄道若クハ兵庫県下土山ヨリ京都府下福知山ヲ経テ舞鶴ニ至ル鉄道」（舞鶴軍港予定地――一八八九年開庁を予定されたが、実際の開庁は一九〇一年となった――への連絡）、「大阪府下大阪若クハ奈良県下高田若クハ八木ヨリ五条ヲ経テ和歌山県下和歌山ニ至ル鉄道」（紀淡海峡防衛の要地としての和歌山への連絡）、「兵庫県下姫路近傍ヨリ鳥取県下鳥取ヲ経テ鳥取県下境ニ至ル鉄道若クハ岡山県下岡山ヨリ津山ヲ経テ鳥取県下境ニ至ル鉄道若クハ岡山県下倉敷ヨリ鳥取県下境ニ至ル鉄道」（山陰・山陽連絡線、山陰側は境港に集中している）を第七条（直ちに着工すべき第一期鉄道を列記）に追加・修正しようとしたもので、最終的には多数の賛成を得てこの修正案が可決された。舞鶴への鉄道と和歌山への鉄道の早期建設の理由付けは軍事上の理由を挙げている。

法案の審議の最中ですら、「軍事上」の必要性を掲げて「地方的分ケ取リ」が行われたのであるが、鉄道敷設法が公布されたのちにはこの傾向はさらに拡大することになる。

例えば、中央線は、「神奈川県下八王子若クハ静岡県下御殿場ヨリ山梨県下甲府及長野県下諏訪ヲ経テ伊那郡若クハ西筑摩郡ヨリ愛知県下名古屋ニ至ル鉄道」として、予定線および第一期線の筆頭に挙げられた。そしてそのことが明らかにされるや、関係地域から鉄道会議や帝国議会議員に対して、鉄道誘致の陳情書が殺到した。そのなかで必ずといってよいほど、「軍事上」の必要性が誘致理由の一つとして挙げられていた[20]。

例えば、「従八王子経伊那至名古屋　中央鉄道ノ必要」（一八九二年一二月）という陳情書では、この線が、

帝国ノ脊髄ヲ貫通スルモノニシテ一朝有事ノ日ニ際シ全国各師団ヲシテ神速ノ間ニ連絡セシメ以テ機ニ臨ミ変ニ応ゼシメント

する軍事上の利点が強調された。この文書は八王子起点案を主張するものであったが、御殿場起点案を否定する論拠の一つとして、

八王子線は所謂帝国の縦貫線ニシテ山間鉄道ナリトス、然レドモ御殿場線ハ海岸線ナルヲ以テ国防上御殿場線ノ不利ナル固ヨリ明ラカナリ（後略）

という一節も見られる。

「軍事上」不利だとされた御殿場案を主張するものもこれを意識して積極的に反論する。「第一期鉄道中央線ノ御殿場線ニ関スル意見書」（一八九二年一一月）では、

（前略）夫ノ国家ノ経済ト設計ノ至難ヲ不問ニ付シテ海岸線ノ一事ヲ以テ直チニ軍用ニ利ナシトスルハ抑モ軍備ノ何ガ為ニ起レルヤヲ顧ミザル者ト云フベシ

と反論している。

もとより、地域社会の住民にとって自分の地域を通過する鉄道が「軍事上」の役に立つかどうかなどということはどうでもよいことなのである。陳情書というものは、自分の主張に少しでも有利になるような理由は大小長短を問わず載せるのが「作文」の技術である。それにしても多くの陳情書が「軍事上の必要性＝鉄道のルートを海岸から離す」に触れているのは、参謀本部の『鉄道論』が全国の人々にいかに読まれていたかを示している。地域社会の人々は山間の名もない地域社会の開発というだけでは、鉄道誘致の理由付けとして弱いということを感じていた。ところが、陸軍が「本州内部ノ中央ヲ貫通スルノ鉄道」を主張したことは、鉄道建設の可能性から遠ざけられていた中央日本の多くの地域社会にとって、鉄道誘致運動に一つの大義名分を与えたことになった。これを利用しない手はないのである。このことは、日頃、陸軍の鉄道に関する意見を幼稚なものとして軽視していた鉄道局長官井上勝にとっても同じ

であって、「鉄道政略ニ関スル議」ではことさらに陸軍の主張を援用している。

要するに、井上勝も、地域社会の有力者たちも、自分たちの主張に都合のよいときにのみ、陸軍の言い分を引用しただけなのであって、それ以上の意味はなかったと見るべきなのであろう。

陸軍が主張したような、海岸部よりできるだけ鉄道線路を遠ざけるというはなはだ幼稚な論理が、この鉄道敷設法の制定時にはまだまだ主張されていたのであった。しかし、一八九〇年代後半になると、大沢界雄のように陸軍部内でも鉄道を専門に勉強する人物が現れ、組織としての鉄道大隊のような専門部隊を内部にかかえるようになると、鉄道の技術や運用の専門知識が高まって、幼稚な論理を信じる環境は崩壊してしまう。むしろ大沢界雄の主張するような鉄道国有論が陸軍部内でも台頭し、『鉄道論』のような非現実的な論理は消え去るほかはないのである。

衆議院で修正可決された鉄道敷設法は、貴族院に送られたが、とくにその審議を急いでほしいという次のような要請が内閣総理大臣名で出されていて、政府が法案の実現を急いでいたことがわかる[21]。

　　鉄道敷設法案
　右ハ緊急ノ事件ニ付至急議定相度此段及要求候也
　　明治二十五年六月六日
　　　　　　　　　　　内閣総理大臣伯爵　松方正義
　貴族院議長侯爵　蜂須賀茂韶殿

貴族院では六月七日、一一日、一三日の三日間にわたって審議の結果、鉄道建設の優先性に疑問を呈する意見、北海道の鉄道を除いたことの不完全性などを指摘する意見は出されたが[22]、結局、衆議院より送られた原案どおりに可決された。

こうして、鉄道敷設法は明治二五年法律第四号として、一八九二（明治二五）年六月一日に公布された。

5 鉄道敷設法の意義

鉄道敷設法は、日本の鉄道史の上で画期的な法律であったといえる。それは日本の幹線鉄道網の将来あるべき姿を示した点にあり、その後の鉄道建設政策を帝国議会のコントロールのもとに、長期計画の枠内に組み込んだことにある。鉄道敷設法には計画路線（「予定鉄道」）を第二条に、直ちに予算が付いて工事に着手できる路線（「第一期鉄道」）を第七条に示している。したがって新しい路線を追加したり、計画路線を第一期鉄道に昇格させたりする場合は法律改正を必要とすることになるので、政府はこれを鉄道会議に諮問し、鉄道会議の結論を原案として、議会の賛成を得なければならない。

鉄道会議は、鉄道庁やその他の関係官庁の高級官僚、陸海軍軍人、帝国議会議員などをメンバーとし（当初の鉄道会議規則による定員は、議長一名、議員二〇名、臨時議員若干名）、鉄道敷設法に関するほか、建設の予算、私鉄の買収方法、運転計画、運賃の決定など、広範な権限をもっていた。ここにおいて、政府や鉄道庁当局による恣意的な鉄道計画は事実上不可能になり、一定のルールのなかである程度まで「民意」を反映しながら鉄道計画が推進されるようになるのである。

しかし、鉄道敷設法は当初意図された私鉄国有化とはまったく逆の政策を示唆していた。同法には「私設鉄道ノ処分」という一章があり、政府が必要と認めたときは「会社ト協議ノ上価格ヲ予定シ」議会の協賛を得て買収できる（第一一条）としたが、買収価格の算定基準は示されていなかった。さらに「予定鉄道線路中未タ敷設ニ着手セサルモノニシテ若私設鉄道会社ヨリ敷設ノ許可ヲ願出ル者アルトキハ帝国議会ノ協賛ヲ経テ之ヲ許可スルコトアルヘシ」（第一四条）という条文もあって、これまで実質的に推進されてきた幹線鉄道網における官私鉄道並立政策をはっきりと追認する結果となった。

北海道における鉄道建設は、鉄道敷設法の適用外とされ、一八九六（明治二九）年五月、別に北海道鉄道敷設法（明治二九年法律第九三号）が公布された。

北海道鉄道敷設法にあっては、予定鉄道線路を第二条に示したが、鉄道敷設法にある第一期鉄道の指定はなく、政府が予定鉄道線路のなかから「其緩急ヲ判断」しながら、適時決定するようになっていた。

鉄道敷設法および北海道鉄道敷設法の公布当初に予定鉄道線路として第二条に掲げられた路線、およびその後の追加路線を図2に示す。後年の幹線鉄道網となるルートはほぼ網羅されているが、現在の羽越線、紀勢線、鹿児島線八代～川内～鹿児島間などは一八九二年の公布当初には予定線にはなっておらず、後年に追加されたものであった。また、一八九二年の時点で既開業鉄道と併せて対照すると、県庁所在地、市制施行都市、陸軍の師団・旅団司令部と連隊本部所在地、海軍の軍港（予定地を含む）はすべて経由地の地名として挙げられていた。このことは、鉄道敷設法が当時の日本における行政、経済、軍事各面での重要都市すべてを網羅し、総合的な視点に立って、幹線鉄道網として極めて常識的なルートが選択されたと考えることができる。軍事都市が網羅され、新発田（連隊所在地）や呉、佐世保、舞鶴（軍港）に至る鉄道がことさらに掲げられたことをもって、鉄道敷設法の軍事的意義だけを強調する向きもあるが、当初の予定線を地図上に描いてみれば、総合的な視点に立った常識的な路線選定と見るのが、ごく自然な見方といえよう。

宇田正さんは、日本の鉄道史研究の揺籃期であった一九六〇年代から、長年にわたって鉄道史の研究を続けてきた

図２　鉄道敷設法（1892年）第２条および北海道鉄道敷設法（1896年）による予定鉄道線

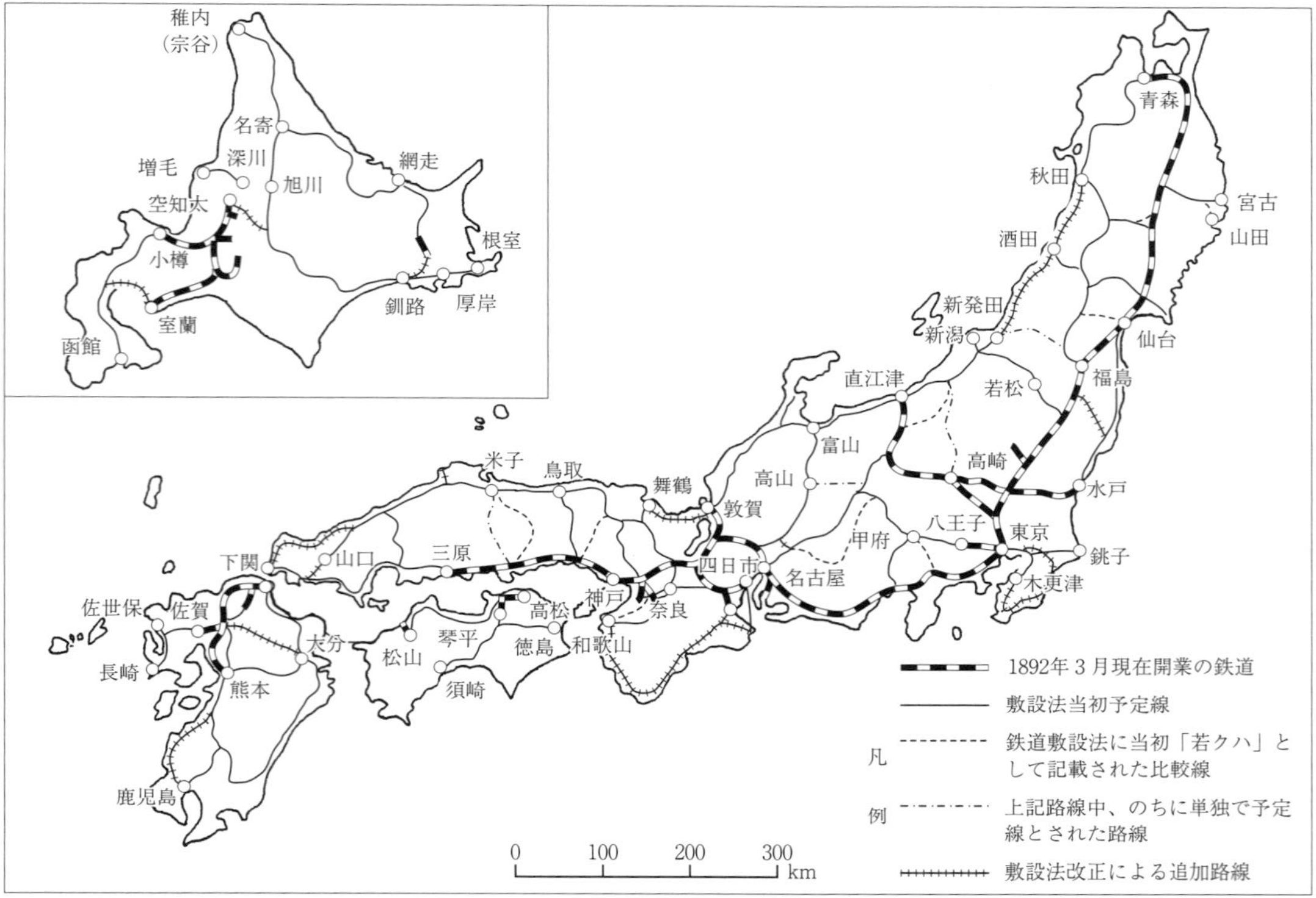

作図：青木栄一

この道の大先達であり、私にとっても最も古い同志の一人である。鉄道史学会の創立（一九八三年）に際しても発起人として彼とともに名前を連ねた。二〇〇六年三月、宇田さんの追手門学院大学定年退職に当たって、長年の友誼に感謝の意を込めて、この論文を彼に捧げる。

注

（1）原田勝正「鉄道敷設法制定の前提」『日本歴史』二〇八、一九六五年。

（2）松下孝昭『近代日本の鉄道政策　1890～1922年』日本経済評論社、二〇〇四年、および『鉄道建設と地方政治』日本経済評論社、二〇〇五年（シリーズ『近代日本の社会と交通』10）。

（3）開業鉄道の区間とマイル数は、『明治廿二年度鉄道局年報』所収「全国鉄道路線哩数表」から一八八九年七月一日～翌年三月三一日に開業の区間、マイル数を引いた数値である。

（4）『日本鉄道史　上篇』九七一～九七二頁。

（5）『明治廿三年度鉄道局年報』所収「全国鉄道路線哩数表」による。

（6）原文は『日本鉄道史　上篇』九一六～九四六頁所収。

（7）『日本鉄道史　上篇』九四九～九五二頁。

（8）『日本国有鉄道百年史　第三巻』一二～一五頁には、鉄道期成同盟会の活動が述べられている。

（9）『帝国議会衆議院議事速記録　3』（第二回議会、明治二四年）(A)、『同4』（第三回議会、明治二五年）(B)、『帝国議会貴族院議事速記録　4』（第三回議会、明治二五年）(C)、以上の復刻、東京大学出版会、一九九七年、および『帝国議会衆議院委員会議録　明治編（第一・二回議会、明治二三・二四年）(D)、『同明治編2』（第三・四回議会、明治二五年）(E)、以上の復刻、東京大学出版会、一九八五年。

（10）「第三回帝国議会衆議院議事速記録　第4号」（『官報』号外、明治二五年五月一二日、前掲注（9）文献(B)四〇～四一頁。おそらく第二回帝国議会への法案提出の際にも同一の理由書が付されていたと思われるが、文献(A)には法案の条文のみで、理由書の記載はない。

（11）「第二回帝国議会衆議院議事速記録　第16号」（『官報』号外、明治二四年一二月一八日、前掲注（9）文献Ⓐ二三四頁。
（12）「第三回帝国議会衆議院鉄道公債法案私設鉄道買収法案審査特別委員会速記録」（明治二五年五月一四日、前掲注（9）文献Ⓔ一六二頁。
（13）『日本鉄道史　上篇』九五一～九五二頁。
（14）「第二回帝国議会衆議院議事速記録　第16号」（『官報』号外、明治二四年一二月一八日、前掲注（9）文献Ⓐ二三三頁。
（15）「第三回帝国議会衆議院鉄道公債法案私設鉄道買収法案審査特別委員会速記録」（明治二五年五月一六日、前掲注（9）文献Ⓔ一六五頁。
（16）同前。
（17）同前、一六五～一六七頁。また同文が小谷松次郎（編・刊）『鉄道意見全集』一八九二年、二五～三八頁所収（明治期鉄道史資料第Ⅱ期第2集（19）、日本経済評論社、一九八八年復刻版）。
（18）同前、一～二五頁所収。
（19）「第三回帝国議会衆議院議事速記録　第17号」（『官報』号外、明治二五年六月三日、前掲注（9）文献Ⓑ三六八～三七〇頁。
（20）『従八王子経伊那至名古屋　中央鉄道ノ必要』（中央鉄道会、一八九二年）、および『第一期鉄道中央線ノ御殿場線ニ関スル意見書』（一八九二年）。翌年、和田傳太郎ほか編・刊『御殿場線、八王子線、岩淵線三選路ノ優劣意見書』として再編。いずれも交通博物館所蔵（明治期鉄道史資料第Ⅱ期第2集28（28）『地方鉄道意見集』日本経済評論社、一九八九年復刻にも収録）。
（21）「第三回帝国議会衆議院議事速記録　第19号」（『官報』号外、明治二五年六月五日、前掲注（9）文献Ⓑ四〇五～四二六頁。
（22）「第三回帝国議会貴族院議事速記録　第20号」前掲注（9）文献Ⓒ二六九頁。

第3章　明治中期・在阪私鉄による物流近代化としての過渡的水陸連絡輸送

――「私鉄王国大阪」イメージの正当な認識に向けて――

宇田　正

はじめに

かつて国鉄主導下に在った関東地方の鉄道交通圏における経営の官主民従モードとは対蹠的に、早くから私鉄主導で展開してきた関西地方の鉄道交通圏における有力私営電鉄グループの民営ならではの経営サービスの展開・充実ぶりから「私鉄王国大阪」というイメージが一般的に定着したのは、大正～昭和戦中期にかけてのことであった。

そうしたイメージは、昭和戦後に入ってからも、国内陸上交通市場へ本格的に参入してきた自動車＝道路交通や、新幹線を含む日本国有鉄道が「分割・民営化」された西日本旅客鉄道とのきびしい競争にさらされ、在阪私鉄企業が等しく苦しい経営状況に直面して合理化を迫られながらも、各社それぞれ大阪の伝統的な企業風土に根ざす民間活力を発揮して旅客本位の輸送サービスや施設の拡充路線を進めてきた戦後半世紀にわたる社業展開のなかに、その余勢を保ちつつ今に到っているといってよい。

ところで、当の「私鉄王国大阪」のイメージの主体たる「私鉄」とは、いわゆる在阪五大私営電鉄（阪神・阪急・京阪・南海・近鉄）を指すものと一般的に認識されているが、それだけでは近代大阪の一世紀を越える鉄道史について十分かつ正確に理解したことになるまい。

実は、大阪には、それらの私営電気鉄道グループに二〇年以上も先立って、有力な私営蒸気鉄道グループが開業していて、民営としては短年月ながら関西一円～大阪市内を営業圏として旅客輸送のみならず貨物輸送にも重点を置き、大阪市場での物資集散に大きな役割を果たすことで全国一の商工都市大阪の発展を支えていたのである。

本稿では、それら先行私鉄各社の開業事情と、社業経営の一展開たる大阪市中水路航運との水陸連絡輸送の事績に就いて明らかにすることで、既成の安直な「私鉄王国大阪」のイメージの修正を求めたいと思う。

1　大阪市場をめぐる内国航運体制近代化と河況問題

近世幕府の治下、摂州大坂の地が、全国的物流の面で「天下の台所」と謳われた時代、国内物資集散市場として繁栄を誇り、またみずから大都市消費市場として発展する勢いを維持できたのは、国内各地をネットする河海の水路航運の発達に恵まれていたからであった。すなわち、わが国土固有の山岳型・島嶼型の地相やモンスーン型の風土に制約されて、古来道路交通＝車両による陸上輸送が未発達であったのを埋め合わせるように、早くから全国的に沿岸航路や内陸水路が開拓され、国内物流の大半は水上輸送（舟運）の担うところとなり、とくに近世以来大坂がその要《かなめ》となって、全国最大の商工地として繁栄し近代に至ったのである。

その間、大坂の地と、国内ながら東北・西南・江戸など遠隔地を結んで海上の沿岸航路により物資輸送に当たったのが諸国廻船であり、また大坂周辺の五畿内・近国各地を結んで内陸河川航路により物資輸送を担ったのが各種の川船（京坂間の過書船・淀川荷船・伏見船、天道船、大和川筋の剣先船・柏原船など）であった。

ただし、それら諸国廻船や近国の川船のたぐいは、近世期において大坂市中水路（堀川）航行が法的に規制されており、市中に進入して市場河岸で直接物資の受渡をすることが禁じられていたため[1]、廻船では安治川筋の川口で、川船では大川筋の天満橋上手か京橋の下手の河港において、市中水路利用を公許されていた上荷船・茶船との物資の積替えを通じて間接的に市場河岸での取り引きをおこなう慣行になっていたのである。

こうした旧来の上荷船・茶船の市中航運独占は、幕末の政局下の株仲間制度の変転を経ながら明治維新以後も大阪府当局の航運自由化への取組みにもかかわらず、その実質的な解消には長年月を要した。

すなわち、明治五年の株仲間解散にともない「川船仲間に於ても、改めて何等独占的色彩を有せざる同業組合を組織[2]」した上で航運営業が自由化されることになり、また、大阪市中水路につながる淀川他各川筋およびその支川との間の自由な通船も許可された。しかし、当時はまだ維新後年月も浅く、大阪の町勢も政治変革のダメージから起ち直れず、水都の商工業も停滞しており市中航運も活気を失なっていて、わずかに旧幕期以来のキャリアをもつ上荷船・茶船が操業していたものと想像される。

それでも、明治一〇年代に入ると、西南戦争の軍需景気で大阪商工業も復活の緒に就いて、その後の松方デフレ政策下のきびしい合理化の嵐に堪えて生き残った大阪財界の復調モードを支える大阪市場での物流が急速に伸びてきた。その取扱貨物の量的増大・質的多様化・輸送スピードアップの社会的要請などにうながされ、明治一九年六月に大阪市中・東成西成二郡の川船業者一二〇〇余名が申し合わせて川船業組合の結成を大阪府知事に出願、翌二〇年八月に認可された。その内の上荷船・茶船のグループが、いわゆるコモン・キャリヤーとして大阪「市中其他の諸川及近海辺諸港を往復する貨物の運送[3]」を担うものとされ、それ以外のプライヴェイト・キャリヤーとして本業に付随する物資航送に専従する船も同組合に加入することとされた。

ところで、この川船業組合への加盟を拒否して旧来の天道船・剣先船など大阪府下・畿内河川を営業圏とする小廻船業者六〇余名が明治二一年一月に独自な組合の設立の認可を大阪府当局に出願したが、大阪府はあくまでも川船航運業一元化を意図して、組合規約の訂補を条件に調停を重ね、小廻船業者の組合加盟に漕ぎつけた。

こうして大阪市中・畿内一円の川船航運体制が整い、船舶に蒸気機関を備え付けるなど内陸水運の近代化が徐々に進められたが、その間に、たんに大阪市場につながるものにとどまらず、全国的レヴェルでの河況の悪化が進行しつつあり、現実の内陸河川航運の局面では全国的に困難な問題が浮上していた。

すなわち、わが国土をうるおす大量の水資源を安定的に供給できるようにキープするため旧幕時代は山林の保護管理が厳しかったが、明治期に入って、資本主義経済の進展にともない土木・建築用として木材の商品化が急速に増大した結果、山林が濫伐され水源林が荒廃の危機に直面する。大半が山岳性の日本の国土では、多雨季には大量の降水が「裸」になった山の斜面を急激に流れ落ち、谷を削りつつ押し流す土石で中・下流部の河底を浅く埋めるため、増水時には下流域の平野にしばしば洪水禍をもたらす。それを防ぐため下流域の住民は河川の堤防の盛土を高くしたが、その間にも流下してくる土石が河底を浅くするという悪循環のため、結果的に両岸の土地と河川の水面とに段差を生じることになる。こうして、水面が上昇した河川を通航する川船の接岸する河港において、陸地面との段差のため物資の積卸が円滑に行かず、河川航運業は成立しなくなるという状態に陥った。

さらに、河川航運の近代化施策として、政府当局は川筋の整理・新航路の開拓や接岸・荷役施設の改良整備工事を全国各地の河川筋において進めたほか、陸上の新交通システムとしての蒸気鉄道導入の成功にならい、船舶の推進動力として蒸気機関の普及に力を入れた。しかしながら、明治二〇年代、大阪東郊の寝屋川筋で、新たに投入された蒸気船の機械的な震動が大きく激しくて、旧態依然たる河港の接岸施設を破損したという事故もあり、こうした事態は全国各地で多発したことも充分ありえたと思われる。

2　鉄道（大運送）・市内航運（小運送）の水陸連絡関係の成立

その間、明治期も二〇年代なかばに入ってようやくわが国民経済も近代的進展への軌道に乗り、全国的に物流の動きが量的にも質的にも年々増強、活勢化しつつあるにもかかわらず、旧来の内陸河川航運体制は上に述べたようにそうした状況に主導的に対応する力を失いつつあった。

たまたま当時、あたかもそれと入れ替るように、国内各地で民間資本による鉄道起業ブームが起こり、河川の谷筋や堤防沿いにあらたに建設・延長された蒸気鉄道が、その流域一帯と都市集散市場とを結ぶ物流のネットワークをしだいに掌握・支配することとなる。その鉄道こそ、陸上交通部門で蒸気動力革命が生んだ交通近代化のリーダーとして明治新政府がいち早く導入したものであった。ただし、鉄道建設に不可欠な線路固定用の枕木の超大量の需要に向けて、全国各地でクリやカシの伐採を続けたことで、わが国土の保水・水源林としての山林を荒廃せしめ河況の悪化を招いて内陸河川航運が衰退する一因となったのは、まことに皮肉な結果と見ることもできよう。

わが国の国内交通近代化の一過程としての内陸河川航運と鉄道との関係については、すでに柳田国男がその著『明治大正史・世相篇』の中で新交通の一章を立てて、

（沿岸や湖上の舟運とは違って——引用者）川舟の交通ばかりは、汽車と拮抗して負けないといふ場合は一つも無かつた。河川の改修では水筋を整理してくれたが、堤防が高くなつて町と岸とが分れたものが多い。さうして片脇を鉄道が通るやうになると、町の形が先づ変つてしまつて、もう以前の働きは出来なくなるのである。(4)

と明快に総括している。

たしかに、わが国内の各地方史レヴェルで、明治・大正期の内陸交通近代化の展開を見渡すと、例えば岡山県下の津山〜岡山間における吉井川の高瀬舟水運と私設中国鉄道の事例に代表されるような船車の競合と盛衰モードが一般的であり、マクロ的な帰結としての鉄道の圧勝は柳田の述べたとおりであろう。

しかし、全国各地の在来内陸河川航運が、同じ地域交通において新規参入の鉄道と競合関係に立ったとき、すべて鉄道に取って替わられるという単純化されたシナリオだけでは、鉄道が河川航運システムに対してたんなる破壊者でしかないことを言外に認めたことに他ならない。何故なら、そうした一元的な論理は、物資の生産地・集散地・消費地相互間の移動の数量・価格の統計的動向にのみ関心を持ち、輸送経済の実質的展開を左右する具体的な物流システムには興味を覚えない精神の所産にすぎないからである。

ひとくちに「川舟」といってもその存在形態や構造・機能は現実には多種多様であって、「川舟と鉄道とはあい容れない」とするのは速断であろう。

実は、欧米先進諸国とちがい、わが国では一般に道路の近代的整備や自動車交通も未だしという明治中期〜大正期にあっては、国内各地の生産物資を、旧時代モードの非効率な内陸河川の「川舟」に取って替わった鉄道が、全国的集散・精製加工の場であり大消費市場でもある大都市の門戸（鉄道ターミナル駅）までは輸送したものの、そこから先、めざすその地域内の中央市場との間、さらにそこから同地域内の消費地や、国内各地への再分配に向けての発送駅に接続する河港までの間については、本来ならば地元の道路網を利用して貨物が運ばれるはずであった。

しかし既述したように、わが国の大都市内の近代的道路の開設・整備がはなはだしく遅れていたため、鉄道が都市の玄関口まで到達しても、やはり旧時代の内陸河川航運と同様に、あらためて都市ターミナル駅の最寄りの河港を介して市中水路網による小廻りの利く「川舟」との船車連絡に依存するという新たなシステムが成立したのである。そこに投入される小型貨物船のたぐいも近代的航運に対応すべく新造・装備改良が進んだのはいうまでもない。

いずれにせよ「川舟」つまり貨物の水上輸送プロセスが、近代以後の内陸河川において次第に鉄道に転移する間にも、全国的集散市場都市大阪では市内に掘りめぐらされた運河に臨む主要な河港で鉄道と直結する小運送という形で存続し、航運サーヴィスの増進に努めたといってよく、やがてのち昭和戦後になってわが国がモータリゼイション時代に突入するまでは大阪市内の運河の水面をおびただしい船影が埋めつくす盛況を呈したものであった。

以上の記述について、念のため近世以来の全国的物流の大半を担っていた大阪中心の水運についてそのシステムの基本的な仕組を、①国内生産地と全国的集散市場＝中核的大商業都市との間を結ぶ「大運送」および②上記大都市内に備わる集散・精製加工・消費の各拠点を結ぶ市中水路による「小運送」とのつながりの概略を示せば、図1のようになる。

図1　大阪を中心とした物流ルート略図

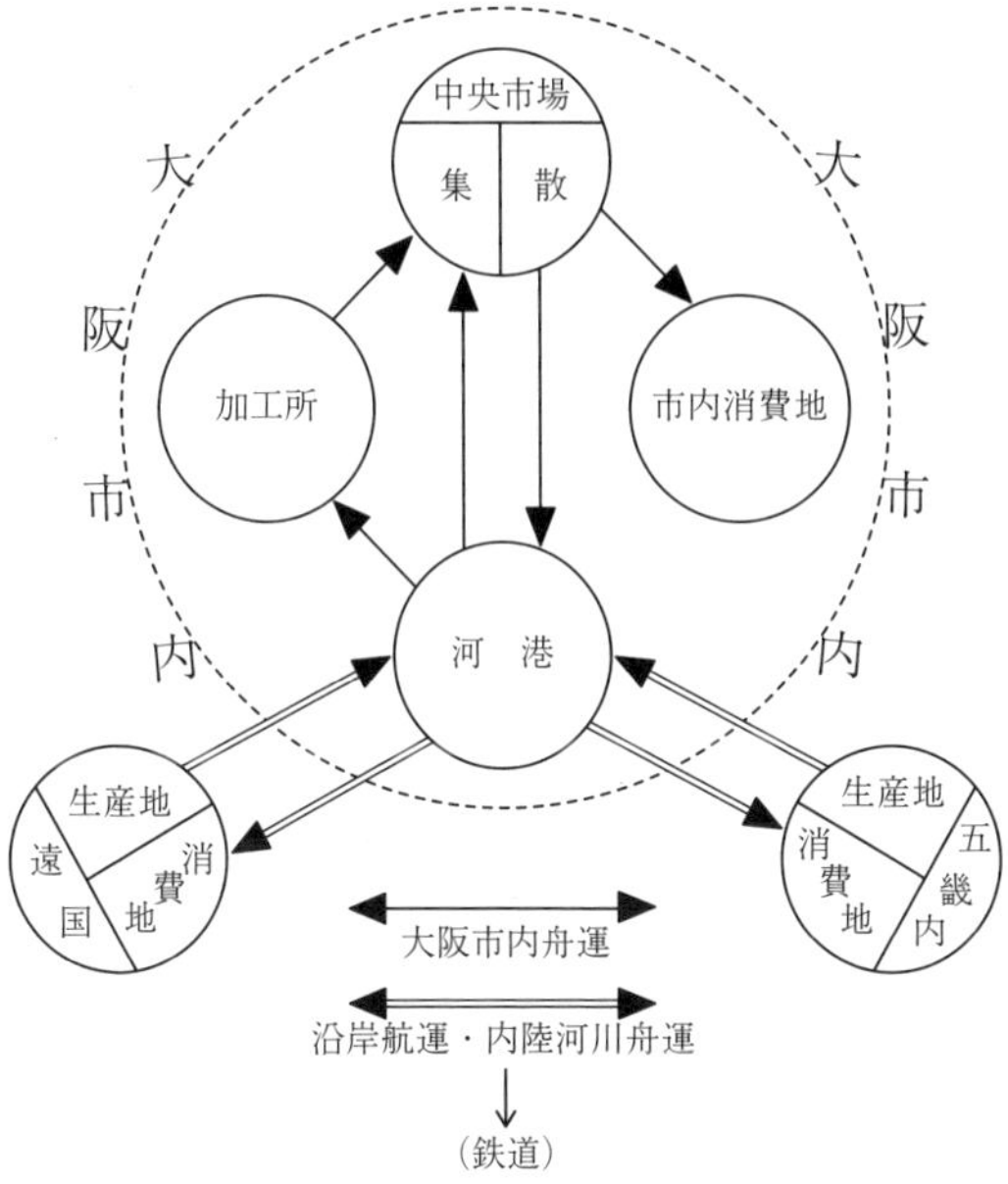

ところで、「大運送」について、この略図では、沿岸航路と内陸河川航路とが対等のイメージで示されているが、近世期から近代の前期にかけては、とくに日本海沿岸航運が全国物流経済に占める輸送高のシェアの大きさは、内陸河川航運の及ぶところではなかった。しかしながら、幕末開国から近代国家造りを急ぐわが国としては対外国際交流・海外貿易さらに自主独立のために外洋航運・海防体制の整備・強化が最重点戦略

となり、とくに東西に全国的政治・経済の中核都市を擁し、より大きく世界に開かれた太平洋側へと海上航運振興の力点がシフトするという時流の中で、かつての日本海側沿岸航運が全国的物流の「大運送」の主軸として担っていた役割はしだいに軽減していった。そして先述の内陸河川航運と同様にその役割はやがて沿海地帯を縫って建設が進む山陰本線・北陸本線・信越本線・羽越本線などの鉄道に取って替わられていく。

その一方、近世以来の内陸河川航運も、先述のような事情で近代に入って衰退に向かいつつ、明治期も二〇年代から三〇年代へと移る間に、国内社会の資本主義経済体制もようやく整備が進み、山陽・京阪神・中京・東海・京浜など各地の先進都市圏では年々都市化・工業化が進展するにともない、その中心都市とその周辺・後背地を含む市場圏内で、あるいはその市場圏の相互間を結んで多種・大量の物資輸送需要が、伸びつつあった。そして在来の内陸河川航運体制では、あらたに高まるそうした動きにもはや対処できなくなっていた。

その行き詰った内陸河川航運に肩代わりして、国内物流の「大運送」を担うべく鉄道の市場参入を促した社会的機運は、やはりわが国内産業経済の近代化の最前線となった大都市とその近郊経済圏が発展に向かう中で醸成されたものと言えよう。

本稿では、近代日本の物流革新へのそうしたうねりの中で、鉄道がおのずからその「大運送」の主役となると共に、とくに大阪市内では旧態依然たる市中道路網の未整備＝自動車交通の未実現という状況に対処すべく、かねてより大阪市中の「小運送」を担ってきた川舟と、市中水路上の河港を介しての水陸連絡輸送体制を確立することによって、全国的な物流経済の進展に過渡的ながら重要な役割を果たした興味深い事例について紹介したい。すなわち、現存するわが国最古の私鉄阪堺鉄道を先駆として、明治中期～後期にわたり私設大阪鉄道以下一連の在阪有力私鉄各社による、水都大阪ならではの船車連絡貨物輸送経営の展開事例に他ならない。

しかもそれらの企業活動が、政府や地元行政庁の意向によるものではなく、民間活力を蓄えた私設鉄道グループの自主的なものであった点に、いかにも大阪らしい民営主導型の企業風土をうかがうこともできよう。

3　水都大阪における私設鉄道の貨物輸送経営の展開

ここで、本稿の主題たる在阪の私設鉄道の経営事績に筆を進める前に、まずその先行事例として明治一〇年代末期に阪堺両地財界の有志企業家グループによって発起された阪堺鉄道について言及しておこう。

阪堺鉄道は、大阪湾岸に沿って南へ路線建設を進め、明治一八年五月に難波《なんば》～堺吾妻橋間に全通し開業を見たものである。

阪堺鉄道は、その沿線に住吉大社・天下茶屋公園・大浜公園など多くの参拝・遊覧対象に恵まれ、阪堺両地からの大勢の行楽客の便利な交通機関として盛業を見た。そのため会社としては自ら都市間連絡旅客鉄道を以て任じていた(5)が、その路線計画段階では大和川近辺で東方内陸部の大和地方に路線を伸ばし阪奈間の物資輸送に進出する動きを示したこともある(6)。何よりも同鉄道の大阪側ターミナル駅が置かれた難波の地が大阪市内の幹線水路たる道頓堀川や難波新川に近接し、堺や泉北・河南各地の農工産品の大阪市場への移出のための貨物車両を保有していたことからも、近世以来の大和川航運・泉州沿岸航運から鉄道輸送へのシフトという物流革新の戦略的発想をすぐれて早い時期に実現していたといってよい。

こうした純然たる民間資本から鉄道会社の設立許可出願を受けた政府には先例がなかったため、特例の個別的な「鉄道築造並営業許可」命令に依拠した鉄道であったが、その後これを契機としていわゆる「第一次鉄道起業ブーム」が起こり、同種の民間発起鉄道の出願が続出したので、政府はその規制・指導について法制化の必要をみとめ、明治二〇年五月「私設鉄道条例」を制定公布した。以後、本稿で採り上げる在阪の私有鉄道は、法制上「私設鉄道」とい

図２　道頓堀水系と連絡する鉄道ターミナル駅の位置

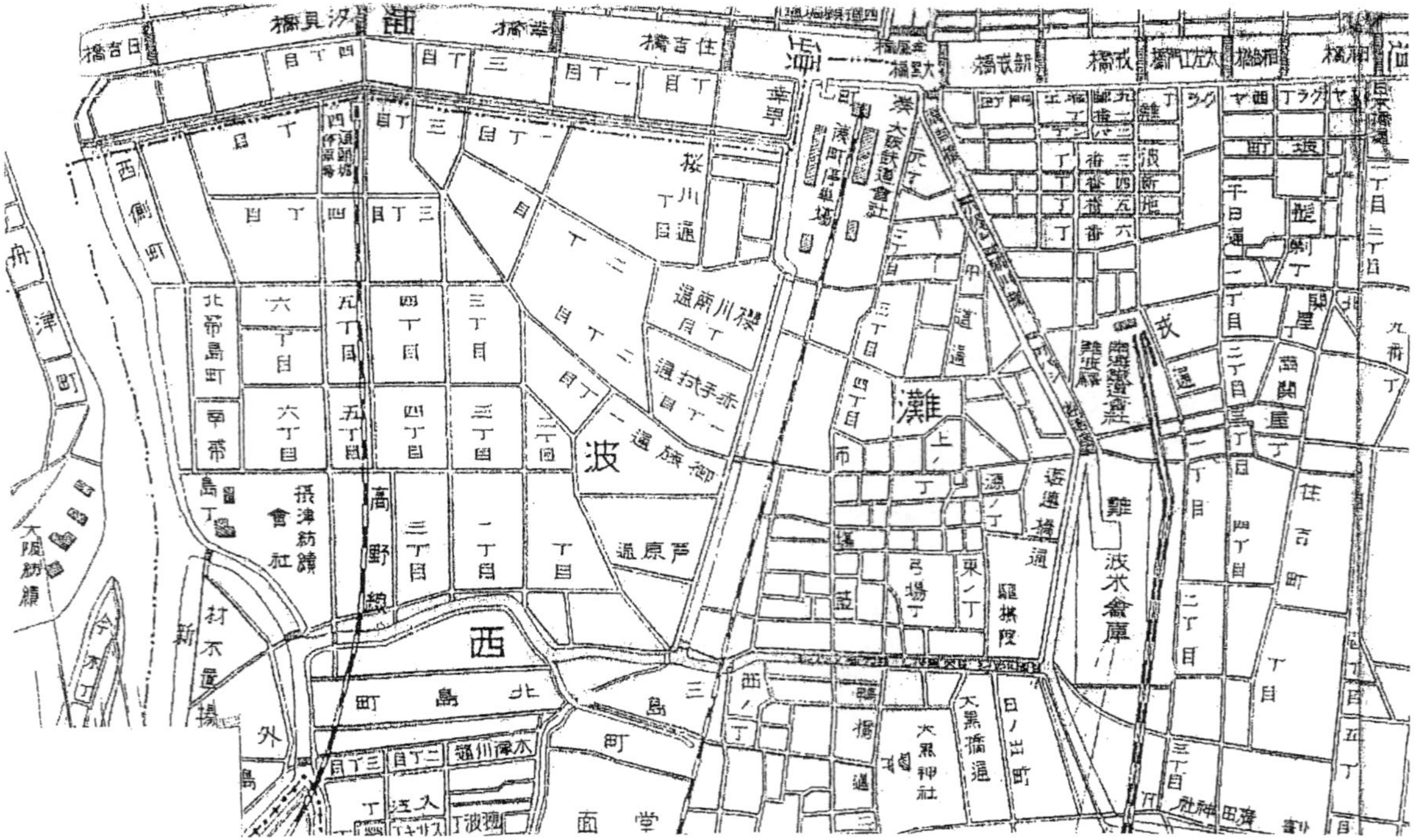

①高野鉄道
（のち南海鉄道高野線）

②大阪鉄道
（のち関西鉄道）

③阪堺鉄道
（のち南海鉄道本線）

◀大阪市内全圖（明治39年）

うことになった。

(1) 大阪鉄道

大阪鉄道は明治一〇年代中期、大阪府下および奈良県下の有力者たちが発起した幾つかの計画を一本化して政府に出願し、監督庁による修正を経て同二一年三月に免許されたもので、大阪と奈良方面を結ぶ目的で河内平野の東南部の大和川の峡谷伝いに生駒山地を南寄りに迂回するルートで路線建設が進められた。翌二二年五月に大阪の湊町～王寺～奈良間と王寺～高田～桜井間の全線を開業したことにより、大阪鉄道は初めて大阪～奈良間に、旧来の大和川水系の航運に取って替わって、湊町ターミナル駅に近接する河港を介して大阪市中航運に直接連絡する貨物輸送ルートを開設し、以後水都大阪の商工経済を支える近代的物流体制の一環を担うこととなった。同時に大阪鉄道は阪奈両地間の行楽や商用などの旅客輸送にも多大な役割を果たしたことはいうまでもない。しかしそれ以上に同鉄道が「僅々四五哩の小鉄道に於て二〇両の機関車と、一三六両の客車と一八三両の貨車を有し[7]」ていたという同社の社史の記述からその鉄道経営に占める貨物輸送の比重の大きさを推し測れよう。

さらに同社社史の付載統計表によって、その鉄道路線フル稼働期（明治二四～三二年度）における営業収入の動きをたどると、表1で示すとおり明治二四年度は旅客収入一四万円に対し貨物収入三・四万円で、以降両部門とも年々順調に金額を伸ばしている間に両部門の収入比率はほぼ四対一で推移している。そして同三二年度には旅客収入

表1　大阪鉄道のフル稼働年度別貨客運賃収入

（単位：円）

年　度	貨物運賃収入	旅客運賃収入
明治24	33,702.81	141,175.74
25	39,349.54	173,343.46
26	48,436.09	212,094.03
27	61,568.07	231,432.31
28	77,459.16	317,525.86
29	100,076.36	420,367.56
30	134,520.73	492,939.69
31	121,574.83	505,900.10
32	133,246.93	501,899.86
計	749,934.51	2,996,678.60

出典：『大阪鉄道略歴』。厘位四捨五入。

表2　大阪鉄道の市内・近郊駅別貨物出入荷量と連絡水路（明治30年度）

（単位：トン）

駅　名	貨物出荷量	貨物入荷量	水路名
湊　町	155,347	51,051	道頓堀川
平　野	7,046	20,645	平野川
八　尾	2,272	8,139	同
玉　造	1,423	2,485	
天　満	3,120	3,356	天満堀川

出典：『大阪府第20回農工商統計年報』。

五〇万円に対して貨物収入は一三万円となっていて、金額だけを比べると旅客収入は貨物収入の約四倍であり過去一〇年間でその比率はまったく変わっていないが、その一〇年を通じてのそれぞれの伸び率を見ると旅客収入の三・六倍に対し貨物収入は三・九倍と、僅かながら上回っている。当時の大阪市内の道路交通の前近代的レヴェルを考え合わせなくとも、この事実はやはり大阪鉄道と水都大阪をめぐる市中川船などの内外航運との船車連絡物流ルートの確立を裏書したものにほかなるまい。

なお大阪鉄道は、会社設立の免許に付帯する条件として、政府の鉄道網整備方針に従い官設鉄道大阪駅に接続するように同社の大阪側ターミナル駅を、湊町から北方へ移すように命じられた。しかし大阪鉄道側は市街地を縦断する鉄道用地の買収の困難さを楯に政府当局と交渉のすえ、湊町はそのまま大阪側ターミナル駅とし、同社路線上の天王寺から北東へ分岐し既成市街地を迂回して玉造・桜ノ宮を経て大阪に至る梅田線を建設して免許条件をクリアした。それにともない、同線上の玉造・天満両駅で最寄りの市中水路と結んで船車連絡の貨物輸送体制をより強化した。明治三〇年度の大阪鉄道による船車連絡貨物輸送の実態は表2のとおりである。

大阪鉄道はその後まもなく、東近畿方面から大阪都市圏へ進入してきたライヴァル企業たる関西《かんせい》鉄道により同三三年五月に合併されたが、あらためてその最重要な幹線区間を構成して大きな役割を果たすことになった。

(2)　浪速鉄道

大阪の東郊の農業地帯たる北河内を流れる寝屋川は淀川の支流として近世以来舟運が発達していた。その中流部に位置する慈眼寺（通称、野崎観音）の祭礼時には大坂方面からの大勢の参詣客を乗合船で運んだほか、沿岸農村部の農林産品や加工品を積んで大坂市場へ運ぶ荷船の往来が日常的に盛んであった。

そうした牧歌的な内陸河川航運体制が、近代に入って在来型の和船の船脚の遅さという壁にぶつかり、その原因が地元の広い平野を流れる寝屋川の緩慢な水流にあるとして、川筋の船主たちは和式の川船の蒸気船への切替に踏み切ったものの、機械化された船体の強力な動きが旧時代以来の簡便な接岸施設を損壊するという結果を招き、河川航運の近代化は進展を見るに至らなかった。

そこで、寝屋川筋の住民や生産物のより効率的な近郊輸送手段として、地元に広大な新田経営を展開する鴻池家など大阪の財界人や近在の大地主クラスの有力者たちが明治二〇年代の中頃に旧来の舟運に代わる私設鉄道としての浪速鉄道の設立を発起、免許出願をした。すなわち、寝屋川が淀川に合流する大阪天満橋の東寄りの片町に発して東に向かい寝屋川に沿って旧来の河港今福・住道を結び野崎を経て四条畷に至る浪速鉄道が明治二七年二月に設立免許をうけて建設工事に着手し、その翌二八年八月に全線開業を見た。

その後、会社の見込みどおり、旅客輸送は順調に伸びたが、貨物輸送の方は、主力を占めるべき農産品が旧来の長きにわたる川船利用の慣行にしばられて、早急には鉄道便への転移の動きを見せなかった。しかし、その一方、この鉄道で大阪市内へ直結することになった隣接の城東地区に中小工業が進出、定着するにつれて工業資材や製品・機械類の鉄道輸送がしだいに増加するようになり、その間に鉄道による貨物輸送のメリットが一般社会に周知されるようになってこの沿線農村部でも鉄道便による農産品輸送が当り前となった。

浪速鉄道の大阪側ターミナル駅片町は、寝屋川が淀川と合流する手前の河岸に臨み、隣接する河港で連絡する市中水運によってすぐ近くの天満青物市場をはじめ市域内外の物流拠点とつながっていた。ところが、皮肉にも、浪速鉄道の物流上のロケーションの良さも一つの要因となって、その開業後年数も経たぬ明治三〇年二月に、早々とこれまた大阪進入を工作する関西鉄道に合併されてしまったのである。

(3) 関西《せい》鉄道(8)

関西鉄道は、元々官設東海道鉄道ルートからはずされた東海の要港市四日市を擁する三重県、琵琶湖上航運を過渡的に代用ルートとして鉄道官設を後廻しにされた湖東地方に事業基盤をもつ滋賀県の有力者グループが、まず京都～名古屋間を本来の東海道に沿って結ぶため京都府の有力者グループに呼びかけ、併せて本線の途中から分岐して西方に路線を延長し奈良・大阪に至る計画を以て私設鉄道の設立を発起、明治二〇年三月末に免許出願したものである。しかし、その計画内容が、関西鉄道よりも二カ月早く出願した先述の大阪鉄道のそれと重複するという理由で監督庁の諭示により両者の営業圏を東西に「分界」する形で再出願し免許され、関西鉄道は同二三年一二月に四日市～柘《つ》植《げ》～草津間に開業を見たが、それは以後十年余にわたるライヴァル会社大阪鉄道の企業地盤大阪へのアグレッシヴな進入工作の始まりにほかならなかった。

やがてその後まもなく、わが国内社会経済の進展が、とくに大阪近郊交通圏における私設鉄道の起業や参入を促すようになり、ようやく関西鉄道は宿願となった大阪進入に向けて柘植以西の路線建設をさしあたり京都府下の加茂まで達成し、そこから南へ分岐して全国的観光地奈良への延長を図ると同時に、加茂以西大阪までの区間についてはすぐれて戦略的な経営工作を重ねて、先発同業の大阪鉄道のそれとは重複しない独自な鉄道ルートを確保したのであった。その経緯を詳しく述べると、関西鉄道の大阪進出の目的の一半は、先行の大阪鉄道と重複しないルートを選んで、旧来の内陸河川航運に取って替わって全国的物資集散市場大阪と伊賀・大和・河北を結ぶ鉄道輸送体制を確立することであった。その第一着手として自社線柘植から伊賀上野を経て南山城の木津川の谷伝いに路線延長を進めた。加茂の西方木津で、その先の生駒山地に阻まれて北折する木津川に沿い京阪奈丘陵の東側を進み、田辺の先でようやく低くなったその北寄りを西へ迂回して寝屋川筋に入って北河内の四条畷に至る区間は、私設城河鉄道の未着工の免許線の敷設権を買収して加茂～木津～四条畷間に新路線を建設した。さらに、四条畷から大阪までは既設の浪速鉄道を合併し、とくに同線上の放出《はなてん》以西、片町ターミナル駅までの区間を貨物輸送専用路線として重点的に整備し、片町の河港を介して大阪市中水運との船車連絡体制を自社のものとした。

同時に、関西鉄道はより大きな社業展開を企図して、放出から西北に分岐して淀川左岸の河港網島まで新路線を建設しそこに本格的な大阪ターミナル駅を開設、東方名古屋側の路線建設と併せて、明治三一年一一月、名阪直結の一大幹線私鉄として全線開業の日を迎えたのである。こうして、関西鉄道が自他ともに許す名阪間直結の一大私鉄幹線の大阪側ターミナル駅を設置した網島の地は、大阪市内の中央部をほぼ東西に貫流する淀川（大川）の河港に臨み、明治三〇年代に入ってからは大阪市内巡航船など船車連絡による貨客輸送の一拠点として賑わい、当時一般利用客に「関鉄浜」[9]の名で親しまれていたと言う。ところで、関西鉄道が、大阪進入を達成して実質的にライヴァルとなった大阪鉄道の存在を逆に利用して自社線列車の官設鉄道梅田までの乗入れを企図しいち早くアグレッシヴな経営戦略を進めていくなかで、そのために必要な企業的体力を増強・維持すべき収益施設として元浪速鉄道から引き継いだ片町駅での船車連絡による貨物輸送体制は関西鉄道の下で貨物専用線として整備・強化がなされたものの、表３に見られるとおり大阪鉄道の湊町における実績を数値上で比較しても、その劣勢はおおうべくもなかった。

時あたかも明治三〇年代に入って、わが国内産業経済の年々着実な進展が全国屈指の商工業地大阪市での貨物集散量の増大をもたらすなかで、関西鉄道としても、自社の貨物輸送施設の現有輸送力では近い将来にも伸びが予測される輸送需要への対処が困難となりつつあった。しかも、貨物だけではなく旅客輸送の面でも、大阪市内から奈良方面への参詣・行楽客

表３　関西鉄道・大阪鉄道の各大阪ターミナル駅の貨物取扱量（指数）（明治30年度）

（単位：トン）

駅　名	貨物出荷量	貨物入荷量
片　町	15,580（100）	3,318（100）
湊　町	155,347（990）	51,052（1500）

出典：『大阪府第20回農工商統計年報』。

表4　関西鉄道の貨客運輸収入の長期的推移

（単位：円）

営業年度	客車収入	貨車収入	計
明治33年下期	767,245	248,933	1,016,178
同　40年上期	1,762,504	487,926	2,250,430

出典：関西鉄道営業報告。

の誘致をめぐって大阪鉄道との間にくり拡げられる過当なサーヴィス競争への世間の批判の声が高まり、在阪の有力新聞紙上では早くも関西・大阪両鉄道の合併が取沙汰されるに至った。

その間、大阪鉄道のそれと較べてよりアグレッシヴな関西鉄道の経営首脳陣は水面下で大阪鉄道と交渉し買収工作を進めて明治三三年五月に大阪鉄道を吸収合併し、ここに関西鉄道は同社創業以来の素志たる名古屋・大阪両大都市の快速直結を旗印に、大阪中心の近畿圏鉄道網の掌握を実現したのである。

この合併を機に、関西鉄道は、先発企業だけに大阪物流市場での船車連絡のロケーションや沿線後背地の地域経済の面でより有利な路線であった元大阪鉄道の湊町～奈良間を、大阪都市・近郊圏における自社路線網の最重点化区間と位置づけ、それを既設の加茂以東の東方路線と一本に繋いで名古屋～大阪（湊町）間を自社の幹線とした。

同時に、その後の社業経営の主要な柱となるべき貨物輸送の一環としての大阪市中水運との連絡体制については、同社は大阪側ターミナル駅となった湊町駅を引き続きその最寄りに流れている道頓堀川・西横堀川・難波新川などの荷積卸場と直結する形で貨物取扱機能を拡充強化した。併せて、元大阪鉄道から関西鉄道の所有に帰した梅田線（のち城東線）の玉造・天満の各駅でも、最寄りの天満堀川などの航運と連絡して船車連絡貨物輸送が営まれた。こうして大阪鉄道を合併したことにより関西鉄道の保有するローリング・ストックは、蒸気機関車六九両、客車三九九両、貨車六八三両という構成[10]となり、同社の経営路線における貨物輸送の比重の大きさを如実に示している。

その間の関西鉄道の輸送経営の新たな展開として、大阪鉄道を合併した明治三三年度末には、早くも「従来網島片町両駅ニ発着セシ旅客貨物ノ漸次湊町ニ変移スル[11]」という動きが始まり、とりわけ貨物営業の面で「旧大鉄合併ノ為メ長距離貨物ノ増大」[12]という傾向が明らかになった。

さらに、関西鉄道の新しい本線たる大阪湊町・名古屋間がフル稼働に入った同三三年度下期から七年後の同四〇年度上期末までの間に、同社の貨物輸送収入額はほぼ倍増に近い伸びを示したのである[13](表4)。

ただし、その間の同社の鉄道事業総収入額に占める貨物輸送収入額の比率は、二四パーセントから二一パーセントに僅かながら減少していることは、やがて来たるべきわが国内の陸運市場の構造変動、すなわち自動車の新規参入による道路輸送時代の到来を予兆したものといえよう[14]。

その後明治三〇年代も後半に入ってなお、関西鉄道の社業拡大戦略志向はとどまる所を知らぬように、同三七年七月に紀和鉄道、同年一二月には南和鉄道、さらに同三八年二月には奈良鉄道を続けざまに吸収合併したことで、同社は京都・奈良・和歌山と連なる大阪経済圏の後背部を縫って東・南近畿にわたる広汎な鉄道支配を実現した。

そうした社勢増強の流れに乗って、ほぼ同じ時期に関西鉄道が大阪・名古屋の二大都市間の貨客輸送をめぐって官設東海道鉄道との間で長きにわたり過当なサーヴィス競争をくり拡げたことは、官営事業と互角にわたり合った民営事業の力量を世に広く示すものとなった。同時に、その舞台裏では、そこまで力量を身に付けた関西鉄道の外部経営効果として、とりわけ貨物輸送の面で「水都」大阪に集散された鉄道貨物の動きとその働きが、当時「産業革命」期にあった近畿圏、さらには中京圏の商工界の発展に大きく寄与したことはうたがいない。

(4) 高野鉄道[15]

高野鉄道は、当初堺市を大阪市と並立する地域政治経済の中心としてその市勢を振興するねらいで、堺をその後背地たる南河内・泉州内陸部さらには紀北橋本とを結ぶ堺橋《かいきょう》鉄道として、堺地元や以南各地域の有力者グループによって明治二六年に発起された。

すなわち、大阪府下南部を流れる石川・大和川沿岸流域はもとより、和歌山県下紀ノ川の河港たる橋本を通じて紀北・南大和およびその上流吉野川流域までも含めて、近代化途上とはいえ在来の非効率な内陸河川航運に取って替わるより短距離の鉄道ルートによって、広大な南近畿各地の農工林産品の大都市市場への移出の拡大と促進に寄与することが期待されたのであった。

しかし堺橋鉄道としては、その設立手続過程で、都市側ターミナルたる堺市が地域中核市場としての集散機能に限界があるとされたため、迂余曲折のすえやはり物流上より有利な条件を備えた大阪市内への直接進入ルートを選好し、大阪市中水路の幹線西道頓堀川の南岸をめざすことになる。

同時に、全国的に著名な仏教の聖地高野山への近代的アクセスとしてのイメージを掲げて地元大阪市民の参拝客を誘致し旅客輸送を社業経営の主な柱とする体制造りをめざして社名を高野鉄道とあらため、明治三一年一月から同三三年九月にかけて大阪の道頓堀（のち汐見橋）～堺大小路～河内長野間が開業を見た。その後、同鉄道が本稿の主題に関わる船車連絡貨物輸送の一方の拠点たる和歌山県橋本まで開業したのは、その後身である高野登山鉄道（明治四〇年一一月に譲渡される）時代の大正四年三月である。

要するに、大阪市～南近畿内陸農林業地帯間の物産流通に当たり、同社が旧来の吉野川～紀ノ川～和歌山港～泉州沿岸という大迂回舟運ルートの、ほぼ中間点に位置する紀北橋本の河港で鉄道との積替えをするという短絡ルートの実現によって、大阪側ターミナルに近接する西道頓堀川との船車連絡の位置関係とあい俟って、大きな便益をもたらしたのは言うまでもない。その位置関係についても、一般に知られているのと違って、高野鉄道時代の明治三六年当時の刊行と推定される木版刷の「大阪名所案内」図幅の上では、東寄りの道頓堀川が西横堀川と合流する地点で西道頓川と呼び名が変わる付近の左岸からさらに西方へ分岐して本流と並行する形で木津川運河に通じる別の堀川が流れていて、その左岸にほとんど接触して高野鉄道の大阪ターミナル駅が位置するように描かれているということである。[16] つまり高野鉄道の大阪ターミナル駅では、西道頓堀川の本流の河港よりも近い位置で船車連絡が実施されていたことになる。

さらにまた、その後流布された大阪市街地図の上で同鉄道の大阪ターミナル以南近郊に通じる市中水路幹線の木津川運河の河港との船車連絡施設のロケーションを見ると、道頓堀（のち汐見橋）駅から南へまっすぐ伸びるレールは次の芦原町駅を過ぎてからやがて西南方向へゆっくりカーヴして十三間堀川を鉄橋で越えた西側、つまり木津川運河左岸の船溜に隣接する地点（浪速区津守町北寄り）に設けられた木津川駅に到着する。そのあとレールはふたたびゆるいカーヴで東に向かい、木津川左岸から離れて東南方の次駅岸ノ里に至るわけで、その区間に描かれた同鉄道の軌跡の、木津川運河筋への明らかに意図的な大迂回による接近こそ、当時は一般的に盛行を見た水運連絡による鉄道貨物経営路線の一端をうかがわせるものといえよう。(17)

ちなみに、明治三〇年代末期における高野鉄道の保有するローリング・ストックは、蒸気機関車五両・客車五〇両に対し貨車は三四両であって、営業収入の面から見ても同鉄道の経営構造は明らかに「客主貨従」のイメージを濃くしつつあったのである。

(5) 摂津鉄道（阪鶴鉄道(18)）

大阪府の最北部能勢・丹波山間より発して北摂平野西部を北から南へ貫流して大阪湾に注ぐ猪名川は、古来流域の農山村地帯の農林産品や、池田・伊丹の有名酒造地向けの原料米および市場向けの清酒の輸送を担って河川航運の発達を見ていた。しかし、明治時代に入って次第に国内経済の近代化が進展するとともに米・酒などの大量貨物の輸送需要が増大したため、在地の有力酒造家の間に、従来の河川航運よりも効率の良い輸送手段を求める動きが高まった。そこで発起人たちは、川辺馬車鉄道の名称で会社を設立し、猪名川流域の尼崎～伊丹～池田間、さらに伊丹から西方へ分岐して武庫川流域に進入し三田《さんだ》までの区間に馬車鉄道の敷設を監督庁に出願し、明治二一年一一月に特許を受けて路線敷設を着工、同二四年七月から九月にかけて尼崎〜長洲〜伊丹間を開業した。当初計画した全線ではなく、実質的には猪名川の下流の一区間が実現したにすぎなかったが、地元の陸上輸送近代化のニーズに応えたらしく開業後日を逐うて貨客が増加したため、馬匹動力では生理的・コスト的に対応の限界が露呈してきたのである。

そこで会社としては、経営合理化になじまない役畜利用動力を蒸気機関動力に切り替える一方、未経験の新動力の導入に当たり慎重を期して、あえて狭い二呎六吋軌幅の軽便鉄道風のスタイルを採り、新たに摂津鉄道の社名で明治二五年六月に私設鉄道条例により免許を出願した。

監督庁は、この出願に対し、同年一二月も押し詰って摂津鉄道に将来の三呎六吋軌幅への改築を条件に免許を与えた。そこで同社は、本格的に猪名川筋・武庫川筋の河川航運に代わって鉄道による近代的貨客輸送サーヴィスの拡大強化をめざして翌二六年に入り既成線尼崎〜伊丹間を改築、伊丹〜池田間に新線を建設して同年一二月に全線開業を見たのである。これによって摂津鉄道は、その路線の南側ターミナル尼崎駅に近接する尼崎港口の船車連絡輸送施設を介して、尼崎市域の東寄りに隣接する大阪市のより大きな物資集散センターにつながる湾岸航運と直結することとなった。同時にまた同鉄道にとって、尼崎港口から同市内各地に拡がる市中水路（運河）を介しての地元物流との関わりも大きかったものと見てよい。

そうした中で、摂津鉄道沿線の主邑伊丹・池田の両地が近世以来全国有数の酒造地であり、地元の酒造資本家グループの人々が進んで同鉄道の発起人や株主となり、経営陣に加わって社業の興起や推進に当たっていたことから、やはり酒造の原料米や醸造酒の大量輸送の利便化や効率化に経営の重点が置かれていたことは想像に難くない。とくに原料米の移入については、近世期以来主たる供給地の一つであった同じ北摂平野の東部の茨木方面から茨木川〜安威川〜淀川〜神崎川というルートで尼崎に入り、さらに猪名川水系を経て伊丹・池田に達する河川航運に拠っていたのが、明治二四年九月以後、尼崎から伊丹までは半近代化した陸上輸送機関たる川辺馬車鉄道に拠って、さらに同二七年以後は蒸気動力による近代陸上輸送機関たる摂津鉄道によって伊丹を経て池田までの茨木米の船車連絡輸送が実現したのであった。

しかしながら、その後摂津鉄道が猪名川筋つまり沿線地元の酒造業界のための貨物輸送サーヴィスを重点化し経営を緊縮・堅持していく方策を採り、武庫川筋への進出路線を断念したかに見えるのは、たまたま時期を同じくして、同じ地域に競合する形で参入する計画を進めていた同業阪鶴鉄道の陽動をつよく意識したからではあるまいか。ちなみに、明治二八年度の摂津鉄道の保有ローリング・ストックは、蒸気機関車四両・客車二〇両・貨車二〇両であった(19)。

その摂津鉄道を合併した阪鶴鉄道は、前者とは全く異なる起業目的と、より長大な路線計画を以て、大阪財界の有力者グループにより明治二六年八月に監督庁に免許出願したものである。その起業目的の第一は、旧来の日本海沿岸西廻海運ルートの西方大迂回のロスを避けて、その途中の舞鶴港と大阪とを直接鉄道で結ぶという全国的物流の合理化と、第二に、年々高まる北辺の大国ロシアの軍事的南下の脅威に備え有事の際の軍事輸送ルートとしての整備とにあった。ただし、その計画路線上の一区間（神崎・伊丹・池田・三田）が先発同業の摂津鉄道のそれと重複するため、これを買収合併することを条件に同年一〇月に免許を受けた阪鶴鉄道は、他社の路線計画とも調整のうえ神崎～池田～福知山間の建設・経営を同二九年四月に免許され、それにともない同三〇年二月に元摂津鉄道の事業を継続して進めていくことになったのである。

その後阪鶴鉄道は北近畿内陸山間部の鉄道建設の難工事に長年月を要し、ようやく明治三七年一一月に福知山まで開通し、それと併行して進めていた同社の最終目標たる日本海岸舞鶴までの進出工作も結局官設鉄道舞鶴線（福知山～綾部～新舞鶴間）の借受・代行営業という形で一応の実現を見た。

そこでようやくその間久しく棚上げになっていた元摂津鉄道の長洲～尼崎間の船車連絡輸送路線について、阪鶴鉄道は同年八月にその改築整備に着工し、翌三八年七月に完工した。

表5　関西圏私設鉄道のローリングストック

鉄道会社名	機関車	客車	貨車	備　考
浪速	4	24	15	明治30年度。関西鉄道に併合。
大阪	20	115	183	同　32年度。同上
紀和	8	37	52	同　36年度。同上
南和	5	28	111	同上　同上
奈良	12	91	106	同　38年度。同上
関西	58	266	672	同　30年度。上記5社併合直前の推算値。
同	107	561	1,139	同　39年度。
阪鶴	17	44	255	同上
	(4)	(21)	(74)	(　) 内は官設鉄道より借入分。
高野	5	50	34	同上
西成	4	23	227	同　36年度。

出典：鉄道省編『日本鉄道史・中篇』より。

しかし、すでに阪鶴鉄道としては、かつて摂津鉄道を買収合併した明治三一年六月に、神崎～塚口間の線路改築を行い、官設東海道本線との直接乗入れが可能となっていた。それ以後は阪鶴鉄道の貨物便はその大部分が神崎駅を通して官設鉄道との相互間で取り扱われることとなり、阪鶴鉄道に関わる貨物の取扱量もその流通範囲も、同鉄道の陰陽連絡線としての役割の増強とともに拡大の一途を辿ったといえよう。明治三九年二月現在の同鉄道の保有車両の数字（表5）からも、それは推測に難くない[20]。

ただし、その統計数字の中にきわめて僅かな比率ながらも含まれているはずの尼崎～長洲（神崎）間のいわゆる尼崎港線による船車連絡貨物輸送の事績こそ、かつての摂津鉄道の遺産としての阪神間ローカル物流の現実的な一展開にほかならず、本稿の主題に即した史実としてここに記載しておく。

4　埋もれた明治在阪私設鉄道の軌跡

前節でとり上げた私設鉄道各社は、いずれも明治中期に前後して大阪市を中核とする交通・物流市場圏において、とくに貨物輸送の面で在来の河川航運に代わって大阪市内に進入し、市中水路の河港に近接してターミナル駅を設置し船車連絡体制を実現したことで物流近代化を促進し、近代大阪の産業・経済・市民生活の拡充発展に大きく寄与したのであった。しかしながら、その後まもなくそうした活動ぶりは、大阪市民の心象や記憶から消えてしまうことになる。そうした結果を招いた原因の一つは、明治三九年から同四〇年にかけて全国的規模で断行された有力私設鉄道一七会社の国有化にほかならない。

本稿でとり上げた会社については、さきに大阪鉄道・浪速鉄道を合併した関西鉄道は明治四〇年一〇月一日、同じく摂津鉄道を合併した阪鶴鉄道は同年八月一日にそれぞれ国有化されたが、高野鉄道が同年一一月一五日に事業を譲渡した高野登山鉄道は国有化の対象とされずに私設鉄道として存続したのであった。

ところで、この鉄道国有化以後、私鉄業界に残った上記の高野鉄道の一社を除いて、かつて近代大阪の市勢の発展を支えて来た大阪鉄道・浪速鉄道・関西鉄道・摂津鉄道・阪鶴鉄道各社の社名やその活動の記憶がいつしか地元大阪市民の大部分にとって忘れられた存在となって久しいのには以下述べるようないくつかの理由が挙げられよう。その一つは、それらの鉄道各社の実質的な活動年数が大阪鉄道八年余、浪速鉄道一年半、関西鉄道約九年、摂津鉄道約三年、阪鶴鉄道約三年と、いずれも一〇年に満たぬ短期間の過渡的な存在でしかなかったこと、いま一つは、国有化にともない元各社の路線が地域内連絡の域を超え全国規模の国有鉄道路線網上の一環に組み込まれてしまったため相対的に矮小化された印象を与えた上に、国鉄路線としての呼称も、元関西鉄道では関西本線・城東線・片町線・桜井線・和歌山線・奈良線・草津線、阪鶴鉄道では福知山線と改まり旧会社のイメージがほぼ払拭されたことである。

もちろん、それらの路線の所有・管理関係が国に移っただけで、例えば本稿の主題たる船車連絡貨物輸送の業務については実質的に元のままの運営方式で引き継がれたものと考えてよい。しかし、私営・国営のいずれにせよ、鉄道事業における貨物輸送部門のイメージは、一般市民が直接実地にその輸送サーヴィスを享受できる旅客輸送と較べてやはり目立たぬ裏方という印象を払拭しがたく、広く人々の関心を集めて記憶に深く刻まれるというものではなかった。とりわけ、鉄道による貨物の「大運送」と市中水運による「小運送」との直結連絡という物流方式は、やがてその後年のわが国の経済成長にともなう国内交通界のモータリゼーションとして貨物自動車《トラック》による道路輸送時代の到来

表6　大阪市内在籍諸船舶数（明治30年）

区	蒸気船		西洋形風帆船		日本形船500石以上		同左500石未満		艀漁遊船小廻船
	船数	トン数	船数	トン数	船数	石数	船数	石数	
西	55	18,565	31	5,114	46	41,941	158	49,635	3,832
南	5	60	79	1,419	3	3,650	14	4,804	933
東	7	466	49	52	—	—	—	—	224
北	153	35,149	3	543	—	—	75	13,216	2,661
計	220	54,240	162	7,128	49	45,591	247	67,655	7,650

出典：『大阪府第20回農工商統計年報』（明治32年9月）。

までの過渡的な便法にすぎなかったとして見過ごされてきたとも考えられる。しかし、たとえ短期的な「橋渡し」式施設であったにせよ、本稿でとり上げた近代大阪物流市場をめぐる諸事例は、古来すぐれて発達を見た市内外航運体制（表6）の歴史的伝統に根ざしたものであった。民営ペースのそのサーヴィス展開は短い年数でまもなく国営に移管されてからサーヴィスがお役所風に変わったか否か定かならぬまま「水都大阪」では貨物の船車連絡輸送は昭和戦時を通じて長年月存続していた。

それでも、その間に大阪市内の道路の建設・改良など（表7）の都市整備も徐々に進んでおり、そうした大阪市の経済力の伸びを支えた物流近代化の取組みをそれら在阪有力私設鉄道各社が先駆的に実現したということは、あらためてその歴史的意義を見直されてよいと思われる。

もとより、それら関西の有力私鉄グループは、そうした船車連絡貨物輸送などを含めた物流上の実績のみならず、近畿中部一円をカヴァーする広汎な路線網を形成して、都市相互間・都市近郊間の日常的移動や有名社寺・史蹟行楽地周遊のための旅客輸送の面でも明治三〇年代には大きく経営を展開していた。

それにもかかわらず、約一世紀後の現在、それらの私設鉄道各社の事績はもとより、その社名や存在すら地元大阪市民一般に認知されていないのには、さらにいま一つの大きな理由があると考えられる。

それは、まさに本稿の主役たる在阪の私設蒸気鉄道各社の社業活動の展開にすこし遅れつつも、より新しい都市交通需要の胎動に促されて、大阪においても「電気の世紀」と謳われた二〇世紀に入ってまもなく市営路面電気軌道の開通に続いて、明治三八年四月に阪神電気鉄道が開業したことに始まる都市交通圏の電気鉄道ブームにほかならない。

そうした新規な動力方式に取って替わられたかのように関西鉄道など在阪の蒸気鉄道グループが国有化されたあとに、明治末期から大正期にかけて箕面有馬電気軌道（のち阪急電気鉄道）、京阪電気鉄道、阪堺電気軌道、大阪電気軌道（のち近畿日本鉄道）、大阪鉄道（同上）、阪和電気鉄道（のち南海鉄道）、新京阪鉄道（のち京阪電気鉄道）が続々と開業し、もと蒸気鉄道であった南海鉄道も電化・延長建設するなど、関西一円に電気鉄道の一大ネットワークが形成されたのである。

表７　大阪市内道路の整備の進展状況

年　度	道路面積（平方米）	舗装面積（同）
大正６年	3,815,535	9,708
10	5,008,264	66,204
14	9,227,707	846,789
昭和４年	10,140,024	1,675,290
10	12,650,209	4,629,914

出典：『大大阪年鑑（昭和12年度）』。

それら私有電気鉄道各社は、輸送サーヴィスが蒸気鉄道レヴェルにとどまっている国有鉄道の官業式経営を尻目に、大都市重点型の旅客輸送経営に主力を注ぎ大正デモクラシーや昭和モダニズムの時流に乗って京阪神、紀和各方面を結んで新型のスマートな電車を投入して快適かつスピーディな輸送サーヴィスを提供し、とくに都市部の中産市民クラス向けのハイカラな郊外生活環境や大衆的レジャー行楽機会を開発して、関西一円に郊外電車沿線文化を開花させていった。

そうした大正・昭和戦間期の「大大阪」の繁栄に大きな一役を演じた「大阪の電車」群像から発するハイライトに目眩まされて、それに先立って活躍しながら国有化によりその後の国有鉄道の土台の一部に組み込まれて「大阪の汽車」の存在が見えにくくなったといえよう。

おわりに――「私鉄王国大阪」の正当な認識を――

現在、大阪の鉄道史を語る際などに一般に慣用されている「私鉄王国大阪」という語句表現には、「王国」という誇称の当否はさて措き、「私鉄」の意味するところに歴史的認識の欠落があると言わねばならない。

ここにいう「私鉄」の語句の正確な内容には、本稿ですでに明らかにしたとおり、「水都大阪」の歴史に根ざした物流の近代化に主導的に関わって商工活動や市民生活を支える役割を担い、国有化されたのちも大阪市内を中心に関西圏の国鉄路線網に再編されて公共交通インフラの主役を演じた元私設蒸気鉄道各社が、次の世代に大展開した私有電気鉄道グループとすくなくとも同等に含まれて然るべきであろう。なぜならば、在来型水運本位の大阪都市圏の公共交通が近代化する過程として、ともに大阪の企業風土が培った民有民営形態という点で、先発の私設蒸気鉄道と後続の私有電気鉄道とは理念的に明確な同質性を帯びているからである。そのことは、現実の局面でも、例えば阪鶴鉄道の国有化に伴う事業清算の一環として元阪鶴鉄道の遺産たる池田～梅田間の未着工路線免許を小林一三が引き受けて箕面有馬電気軌道を設立したものが後年の阪急電鉄へと進展を見たこと[21]、および国有化をまぬがれた高野鉄道がその後曲折を経て南海鉄道高野線として再生したこと、さらに昭和初期に京阪電鉄が鉄道省との取引で、先に明治中期の私設鉄道たる関西鉄道の一支線（元浪速鉄道）が国有化され国鉄片町線となった路線を電化して軌幅改築し奈良までの乗入れを進めていたこと[22]（不実現）などの諸事例によっても裏付けられるのである。「私鉄王国大阪」の歴史的土壌は、まさに明治中期にまでさかのぼる長い歳月を重ねて形成されたものといえよう。

こうして、歴史的事実に基づいて「私鉄王国」の意味を正当に認識することにより、関東圏に一般的な「官主民従」モードとは対蹠的に、関西圏とくに大阪の経営文化に一貫する「民力主導」モードを近代大阪の鉄道史の文脈のなかにより正しく読み取ることができるのではあるまいか。

（付記）

本論文は、平成二一年一〇月、大阪大学経済学部を会場として開催された鉄道史学会第二七回大会に当たり筆者が行った記念講演「水都大阪の鉄道史を見直す」、および同二三年度七月、大阪市立中央図書館を会場として開催された大阪連続講座「民都の力――近現代大阪の経済発展」の第二回目に実施した講演「忘れられた明治大阪の有力私鉄たち」に共通している主題を基に、その後の自分の研究・調査成果を織り込んで仕上げたものである。上記二回の講演や本論文に一貫する主題は近年になって筆者があらたに取り組んだものであるが、その問題意識というか研究意欲の萌芽らしきものは、昭和戦中に大阪に生まれ育った筆者の少年期にさかのぼっての体験に根ざしていた。その後の数十年の歳月を大阪という「水都」に暮らし学び家庭を持ち、さいわい大学教員の職に就いて大阪の歴史、とくに近代交通史関係の調査研究を重ねるうちにおのずから筆者の、小器ながらの晩成への取り組みが促されることになったのである。

その少年期体験というのは、小学生の私が南地《ミナミ》へ買物に出かける親に連れられて、市電で難波方面に向かう折々、いつも難波のすぐ手前に「湊町駅前」という停留所があり、たしかにその南側に国鉄関西本線の湊町駅の広大なヤードが眺められた。それにしても、大阪港までは数キロも離れた内陸の都心部に「湊町」が実在するのは、少年の頭脳にも非合理なことと映ったのであった。小学生の視角には市電の車窓は高過ぎて、町並みの陰になった堀川の河港が見えなかったのである。

本論文は、筆者がその幼ない日に抱いた疑問を、大阪の歴史に関わり深い「水都」と「私鉄」というキー・ワードを通して解きほぐしつつ、安直に「私鉄王国大阪」と謳われる通念を構成する「私鉄」の歴史的内実の再検討を通じて近代大阪の鉄道史の見直しを提言するものである。

注

(1)『明治大正大阪市史・第三巻』一〇二〇頁。
(2)同前、一〇二三頁。
(3)同前、一〇二六頁。
(4)柳田国男『明治大正史　世相篇』(東洋文庫版)一六一頁。
(5)松本重太郎『阪堺鉄道経歴史』(明治三二年)。
(6)同前。
(7)筧定蔵『大阪鉄道略歴』(明治三四年一二月)一八頁。
(8)宇田正「私設関西鉄道による大阪都市圏進入工作の戦略的展開」(『追手門経済・経営研究』二号所収、一九九五年三月)。
(9)同「近代大阪市民交通の軌跡」(大阪郷土史誌『大阪春秋』六九号所収、平成四年一一月)。
(10)『関西鉄道第二四回報告』(明治三三年上期)。
(11)同前。
(12)『関西鉄道第二五回報告』(明治三三年下期)。
(13)同前および『関西鉄道第三八回報告』(明治四〇年上期)。
(14)同前。
(15)宇田正「阪堺間交通近代化と鉄道・軌道の役割」(堺市立中央図書館『堺研究』三四号所収、平成二四年三月)。
(16)同「講演記録――水都大阪の鉄道史を見直す」(『鉄道史学』二八号所収、二〇一一年三月)四二頁。
(17)同前。
(18)『日本鉄道史・上篇』(大正一〇年六月)九一三~九一四頁。
(19)『日本鉄道史・中篇』(同前)四七〇頁。
(20)同前、五七七頁。
(21)小林一三『逸翁自叙伝』。
(22)大田光凞『電鉄生活三十年』(昭和一三年一月)一五一~一五五頁。

第4章　鉱業の近代化と鉄道——相互連関的発展に関する一考察——

畠山　秀樹

はじめに

日本の近代化過程において鉄道が果たした役割には顕著なものがあったが、この問題を包括的に検討した文献として、鉄道院編・刊『本邦鉄道の社会及経済に及ほせる影響』上巻・中巻・下巻（一九一六年）は白眉の作品とされる。同書は、鉄道が近代の日本社会に与えた影響について、膨大な資料を駆使して詳細に描き出したものであり、提示された論点は今もなお示唆に富んでいる。小論は、同書を手掛りとして、鉱業の近代化と鉄道との関係に焦点を合わせつつ整理を試みたものである(1)。

わが国では、近世期においてすでに商品的石炭採掘が行われており、また銅生産においても世界的に有力な地位を占めていた。この当時において運搬手段としては、人背や荷車、舟運程度で十分であった。しかしながら、それらの在来的運搬手段は鉱業の近代化過程において限界に達し、やがて近代的運搬手段である鉄道に取って代わられることとなった。そこで、小論では鉱業の近代化過程において鉄道がどのような役割を果たしたのか、そしてまた鉱業と鉄道の間にはどのような相互連関がみられたのか、以上のような問題意識から検討を進めていきたい。

鉱業のなかで鉄道との関係がとりわけ濃密であったのは、いうまでもなく石炭鉱業と銅鉱業であった。両鉱業ともに、近代日本を代表する産業であり、また輸出産業であった。そして、石炭も銅も、銅の場合は銅鉱石として、ともに重量があり、かつバルキーであった。そのため、大量運搬手段として鉄道を必要としたのである。鉄道輸送の特性である、大量、高速、低コスト、定時性がここでは特に重要であった。

しかしながら、石炭鉱業と銅鉱業の間には、生産数量において決定的な格差があり、そこに形成される鉱山町の人口にも同じことがいえた。そして、筑豊炭田や唐津炭田、常磐炭田、石狩炭田は広大な面積を占めていた。これは、わが国を代表する四大銅山（足尾、別子、小坂、日立）を取り上げて比較しても、前記四炭田とは大きな相違があった。

以上のような事情のために、炭田に敷設される鉄道と、銅山に敷設される鉄道との間には、性格に大きな相違が刻印されることとなった。小論ではとりあえず便宜上前者を「運炭鉄道」、後者を「鉱山鉄道」と呼ぶこととしたい。筑豊、唐津、常磐、石狩の各炭田では運炭鉄道は一般貨客をも運搬し、地方幹線鉄道にまで発展を遂げていった。これに対して、鉱山鉄道は鉱山専用鉄道として敷設される場合と、一般貨客をも運搬する場合があったが、後者の場合であっても銅山に資金的に依存することなしには建設も存続にも大きな困難を伴った。

なお、一般に鉱山鉄道と呼ぶときは、鉱山専用鉄道あるいは鉱山と幹線鉄道とを連絡する鉄道を指している。そしてその場合には、炭鉱と銅山の両方の鉄道が含まれることとなる。小論においては、運炭鉄道と銅山に敷設された鉄道との性格の基本的相違に注意を払って論点の整理を進めており、そのため両者の意味を含む鉱山鉄道という表記は誤解を招く恐れがあると考え、ここでは銅山に敷設された鉄道という意味でのみ「鉱山鉄道」と表記することとした。

1　石炭と銅の生産高

鉱業と鉄道の関係を考える際に、あらかじめ考慮に入れておかなければならないことがある。すなわち生産高である。

表1　日本の石炭・銅生産高一覧表

年度	石炭			銅		
	数量	価額	炭価	数量	価額	銅価
1880	88万t	212万円	2.4円	0.5万t	270万円	540.0円
1890	263	623	2.4	1.8	510	283.3
1900	747	2,474	3.3	2.5	1,629	651.6
1910	1,568	5,108	3.3	4.9	2,582	526.9
1920	2,925	41,807	14.3	6.8	4,758	699.7

注：炭価・銅価はトン当り。
出典：通産省編『商工政策史』第22巻、1966年、97、235、399頁、および同書、第23巻、1980年、64、70頁より作成。

表1は、日本の石炭・銅生産高一覧表である。

まず、石炭は一八八〇年、一八九〇年、一九〇〇年、一九一〇年と順に、八八万トン、二六三万トン、七四七万トン、一五六八万トンと急速に生産を拡大していた。これに対して、銅は同じ順に〇・五万トン、一・八万トン、二・五万トン、そして四・九万トンとやはり順調に生産を拡大していた。しかしながら、生産数量として石炭と銅を比較すると、銅は石炭の一％にも満たないものであった。銅はそれ自体としての比重では石炭よりはるかに大きい重量物であったが、生産高でみれば、石炭と銅では比較にならないほど大きな格差があった。したがって、ここに生産地から積出港あるいは需要地までの運搬手段を考えた場合、石炭鉱業では運搬のために、当初は川船が利用されたとしても、洋式技術が導入されて本格的発展が始まると、鉄道なしには同表のような生産拡大を実現することができなかったのである。これに対して、銅の場合には数量的には鉄道は必ずしも不可欠なものではなかった。そこで、銅山では鉄道がどのように利用されていたのか、また鉄道の形態がどのようであったかが問われることとなろう。

次に、トン当たり価格をみておくこととしたい。

石炭は、一八八〇～一九一〇年にかけてトン当たり二～三円台で推移していた。一方、銅は一八九〇年を除いてトン当たり五二〇～六五〇円台で推移していた。銅は、実に石炭よりも一六〇～二二五倍も高価であった。そして、石炭と銅のトン当たり運搬費に大きな相違はなかったであろうから、トン当たり販売価格に占めるその割合は、石炭のほうが銅に比しはるかに高くなる。したがって、石炭の場合には鉄道建設により運搬費を引き下げることができたならば販売価格を大幅に引き下げることが可能であり、それはまた石炭需要を増加させることに繋がることが期待された。石炭鉱業にとって、炭田の規模が大きければ大きいほど、運炭鉄道の建設がその発展を左右することとなったのである。これに対して、銅価においては石炭ほど鉄道建設によるコスト削減＝価格引き下げ効果は大きくなかった。これが銅山においては炭田のように鉄道建設が進まなかった事由であり、また建設された場合運炭鉄道とは性格がおのずから異なってくる事情であった。

2　石炭鉱業と鉄道

(1)　石炭運搬手段としての鉄道——運炭鉄道——

石炭は、自然の性質として重量物であり、かつバルキーであった。しかも、重量当たりではきわめて安価であった。そして、その生成の事情から天然の地下資源として豊富に埋蔵されていた。そのため、畜力や水力に代わって産業革命を支える基幹エネルギーとして大量に消費されることとなった。したがって、石炭鉱業が小規模な在来的採掘段階から脱して、大規模な近代的採掘段階に移行するのに伴い、在来的運搬手段が発展の大きなボトル・ネックとなって、市場に大量・低コストでの運搬手段の整備、すなわち運炭鉄道の建設が要請されたのである。しばしば、「炭鉱業とは輸送業」と形容されたゆえんである。

ところで、日本の石炭産業は幕末開港以降、香港、上海など東アジアに新しい市場を見出すと大きな発展をみせ、石炭運搬においては、在来段階から鉄道段階へと急速に転換していった。この過程を、図式化して整理すると図1のごとくである。

図1　石炭運搬概念図

(I)在来段階
炭鉱→人背・荷車→舟運→積出港→海外輸出港 or 需要地

(II)鉄道段階
炭鉱→運炭鉄道→積出港→積降港→鉄道・艀→需要地

まず、(I)の在来段階においては、姑息掘りあるいは狸掘りとよばれた零細な炭鉱が炭田の露頭に沿って散在的に開坑され、河川舟運が利用可能な地域では、人背や荷車によって川端まで石炭が運ばれた。そして、川船に積み替えて、川下の積出港に送られた。ここでさらに積み替えられて、海外輸出港や各地の需要地に積送されたのである。筑豊炭田や唐津炭田がほぼこれにあてはまる。一方、常磐炭田では河川舟運が利用できなかったので、炭鉱から積出港まで荷車などで直送していた。これが、常磐炭田発展のネックとなっていた。なお、石狩炭田では、河川舟運が利用できなかっただけではなく、積出港まで遠距離であってコスト的に荷車では送ることもできず、この段階では開坑そのものが困難であった。

次に、(II)の鉄道段階においては、大炭鉱では石炭運搬の経路が炭鉱内と炭鉱外の二段階となる。

第一段階では、複数の出炭坑口を有する近代的巨大炭鉱の場合、坑外運搬に鉄道を敷設していた。複数の坑口と中央選炭場が鉄道で結ばれ、選炭を終えた石炭は運炭鉄道の引き込み線の石炭搭載場で積み込まれることとなる。

第二段階では、石炭は炭田を縦貫する運炭鉄道を経由して積出港まで送られる。炭田が広大な場合、運炭鉄道は幹線と支線に分化し、網目状に鉄道網が形成されていく。筑豊炭田、唐津炭田、および石狩炭田がこれにあてはまる。積出港からは、海外輸出または国内向けに送炭される。積降港において石炭は、そこで需要されるか、さらに艀や鉄道を経由して需要地に送られることとなった。

三池炭田は一炭田一炭鉱であった。そのため、三池炭鉱の鉱区内には多数の出炭坑口が開かれていた。そして、各坑の出炭を集め三池港に送るために、三池炭鉱専用鉄道が敷設された。三池炭鉱専用鉄道は、機能としては筑豊の運炭鉄道と同じであった。また、常磐炭田では、産炭地から消費地までが近かったことと、適当な積出港がなかったために、鉄道だけで需要地まで運搬された。

石狩炭田では、前述したように河川舟運が利用できなかったので、炭鉱と鉄道がセットで開発され経営された。著名な事例として北海道炭砿鉄道会社があげられる。

以上、図式化して石炭運搬を把握したのであるが、次に筑豊炭田の事例を取り上げて運炭鉄道の形成を簡単にスケッチしておきたい(2)。

筑豊炭田は、遠賀川沿いに海岸部から内陸奥深くへと広がるわが国最大の炭田であった。石炭は、近代化以前においては遠賀川水系を利用して、船底の浅い川船によって(川艜《かわひらた》とよばれた)、河口の芦屋あるいは堀川を経由して若松に運ばれていた。そして、両地において大型船に積み替えが行われて、需要地に積送されたのである。

産業革命前における筑豊炭の主要な需要先は、瀬戸内を中心とする製塩業向けであった。しかし、幕末開港以降海外輸出が始まり、また船舶焚料炭需要が増加していった。さらに、産業革命が開始されると、阪神地方を中心とする工場用炭の需要が拡大していった。このような市場の拡大に対応して筑豊炭の生産も拡大し、炭鉱の規模も急激な拡大を遂げ、一八九〇年代には近代的巨大炭鉱が群立していった。

表2は、筑豊炭水陸別送炭一覧表である。

同表によれば、筑豊炭出炭高は一八九〇年に七九万トン、一八九九年には三四六万トンと四・四倍の増加となった。

これに対して、水運による送炭量は、同じ期間において、七八万トンから一〇九万トンへと増加した。そして、その後においても水運送炭量はほぼ百万トンが上限であった。遠賀川水系では、一八九〇年代に川船は五千艘を数えて渋滞を現出し、船賃の上昇が筑豊坑主の悩みの種となっていた(3)。

一方、陸運（鉄道）送炭高は、同じ期間において、ゼロから二六一万トンに増加した。水運を超える部分は鉄道運搬に依存したのである。鉄道運搬はその後も拡大を続け、一九一〇年には六五六万トンを示し、水運八一万トンの八・一倍となっていた。鉄道は、遠賀川水運の限界を超えて、筑豊出炭高の飛躍的増大を可能としたのである。そこで以下、主として『筑豊石炭礦業史年表』（西日本文化協会、一九七三年）を参考としつつ、筑豊炭田における鉄道建設についてみておくこととしたい。

まず、九州鉄道会社は一八八七年一月創立委員会が開かれ、翌八八年六月成立した（資本金七五〇万円、以下九鉄と略記）。九鉄は、

表2　筑豊炭水陸別送炭一覧表

（単位：千トン）

年	水　運	陸　運	送炭高合計	筑豊出炭高合　計
1890	781（100）		781（100）	788
91	886（97）	32（3）	917（100）	920
92	871（84）	169（16）	1,040（100）	1,040
93	826（67）	408（33）	1,234（100）	1,234
94	872（51）	830（49）	1,702（100）	1,711
95	905（42）	1,232（58）	2,137（100）	2,137
96	836（36）	1,506（64）	2,343（100）	2,343
97	825（30）	1,901（70）	2,726（100）	2,726
98	1,136（33）	2,265（67）	2,401（100）	3,634
99	1,089（29）	2,605（71）	3,694（100）	3,461
1900	984（23）	3,244（77）	4,228（100）	4,018
01	1,064（22）	3,855（78）	4,919（100）	4,855
02	1,080（21）	4,156（79）	5,236（100）	4,930
03	934（18）	4,380（82）	5,314（100）	5,056
04	777（14）	4,798（86）	5,574（100）	5,387
05	885（16）	4,797（84）	5,682（100）	5,804
06	1,089（17）	5,204（83）	6,293（100）	6,446
07	1,162（17）	5,597（83）	6,758（100）	6,929
08	1,066（15）	6,125（85）	7,191（100）	7,424
09	770（11）	6,410（89）	7,180（100）	7,472
1910	806（11）	6,560（89）	7,366（100）	7,811
11	759（9）	7,535（91）	8,294（100）	8,713
12	705（8）	8,368（92）	9,073（100）	9,495
13	759（8）	9,208（92）	9,968（100）	10,517
14	625（6）	9,316（94）	9,941（100）	10,341
15	416（5）	7,594（95）	8,010（100）	8,770

出典：若松石炭協会刊『社団法人若松石炭協会五十年史』1957年、8頁、および井奥成彦「鉄道開通以降の筑豊石炭の輸送について」（荻野喜弘編『戦前期筑豊炭鉱業の経営と労働』啓文社、1990年）、279頁より作成。

一八九一年四月に門司〜博多〜高瀬間を全通させた。

また、筑豊興業鉄道会社は一八八八年六月設立が出願され、翌八九年七月本免状が下付された（資本金一〇〇万円、以下筑鉄と略記）。筑鉄の鉄道建設は、資金難から遅れがちであったが、一八九一年八月若松〜直方間、翌九二年一〇月直方〜小竹間、九三年二月直方〜金田間、同年七月小竹〜飯塚間を開通させた。以上によって、筑豊炭田最奥部にあたる嘉穂・田川地域から、若松まで送炭する筑豊炭田運炭鉄道の骨格構造が形成されたといえよう。そして、その後も筑鉄は路線の延伸・分岐を行い、炭田全体に網目状に広がる鉄道網が整備されていったのである。

ところで、ここで特筆されるべきは、一八九三年三月筑鉄と九鉄が交差する折尾において接続線が竣工したことである。これによって、積替えのコストと時間なしに筑豊炭の門司直送が可能となった。従来は、門司に送られる筑豊炭は、若松から艀で門司に送るか、折尾で九鉄に積み替える必要があった。折尾接続線の竣工は、筑豊炭の門司供給を容易にし、唐津炭や三池炭、高島炭との競争力を強化したのである。

なお、九鉄と筑鉄は一八九七年一〇月に合併し、九鉄の名称が残った。合併により、運賃体系が一本化され、運炭の利便性が高められた。

ところで、筑豊炭田には筑鉄に加え、豊州鉄道会社（以下豊鉄と略記）が設立されたので、ここで付言しておきたい。豊鉄は、周防灘に面した行橋と田川地域の連絡を目的に、一八八九年八月に仮免状が交付され、翌九〇年一一月本免状が下付された。しかし、資金難のために鉄道建設はなかなか進まなかった。一八九三年九月に至り、田川採炭会社の炭鉱を買収して、炭鉱と鉄道とを一体経営する会社として再出発し、ようやく九五年八月行橋〜伊田間を開通させたのである。豊鉄もその後、延伸と分岐を行って、筑豊炭田における運炭鉄道網を部分的に担うこととなった。しかも、その後九鉄が小倉から行橋に至る鉄道を敷設したので、田川地域の石炭は、行橋経由で門司へのルートを確保することとなった。

図2は、筑豊炭田運炭鉄道概略図（一九一五年）である。同図は、筑豊炭田の運炭鉄道網をイメージとして把握するのに役に立つものである。同図より、重要点を整理しておきたい。

まず第一に、若松～折尾～飯塚間、折尾～門司間、および小倉～行橋～伊田～後藤寺間の鉄道を幹線運炭鉄道と考えることができる。幹線においては、支線・引込線から出てくる石炭貨物車を連結して、若松あるいは門司に向けて集中的に運搬することを目的としていた。

第二に、幹線から分岐している部分が支線運炭鉄道である。支線は幹線から離れて散在する炭鉱から石炭を集めて、幹線に送り出す役割を果たしていた。各炭鉱は、幹線・支線から引込線を敷設して石炭を幹線鉄道の運搬ルートに乗せていたのである。

以上、重要点をとりまとめたが、なお留意すべきは、幹線運炭鉄道は同時に筑豊炭田上の主要都市を結んでいたことである。そのため、幹線においては一般貨客を取り扱うことが可能となっており、その運賃収入は鉄道経営の安定上重要であった。もともと、筑豊炭田の出炭高は大量であって、石炭運搬収益が鉄道を支えるほど大きかった。また、貨物として炭鉱需要品と炭鉱労働者の生活物資も巨額であった。筑豊炭田の運炭鉄道は、幹線が一般貨客向け地方幹線鉄道としても機能していたため、炭鉱の廃坑後においても廃線とならずに存続していった。これに対して、集炭機能に限られていた支線運炭鉄道はいわゆる盲腸路線となっており、鉱山集落と同様に、廃坑とともにその役割を終え、多くの場合廃線の運命を辿ることになったのである。

ところで、運炭鉄道の終端にある積出港も、その運搬能力とバランスを保って、積出能力を整備する必要があった。

若松港においては、一八八八年一一月浚渫会社の創立が計画され、翌八九年一〇月若松港築港会社（資本金六〇万円）が設立された。また、八八年一二月には門司築港会社が設立され、両社はそれぞれ港湾整備を進めた。

図２　筑豊炭田運炭鉄道概略図（1915年）

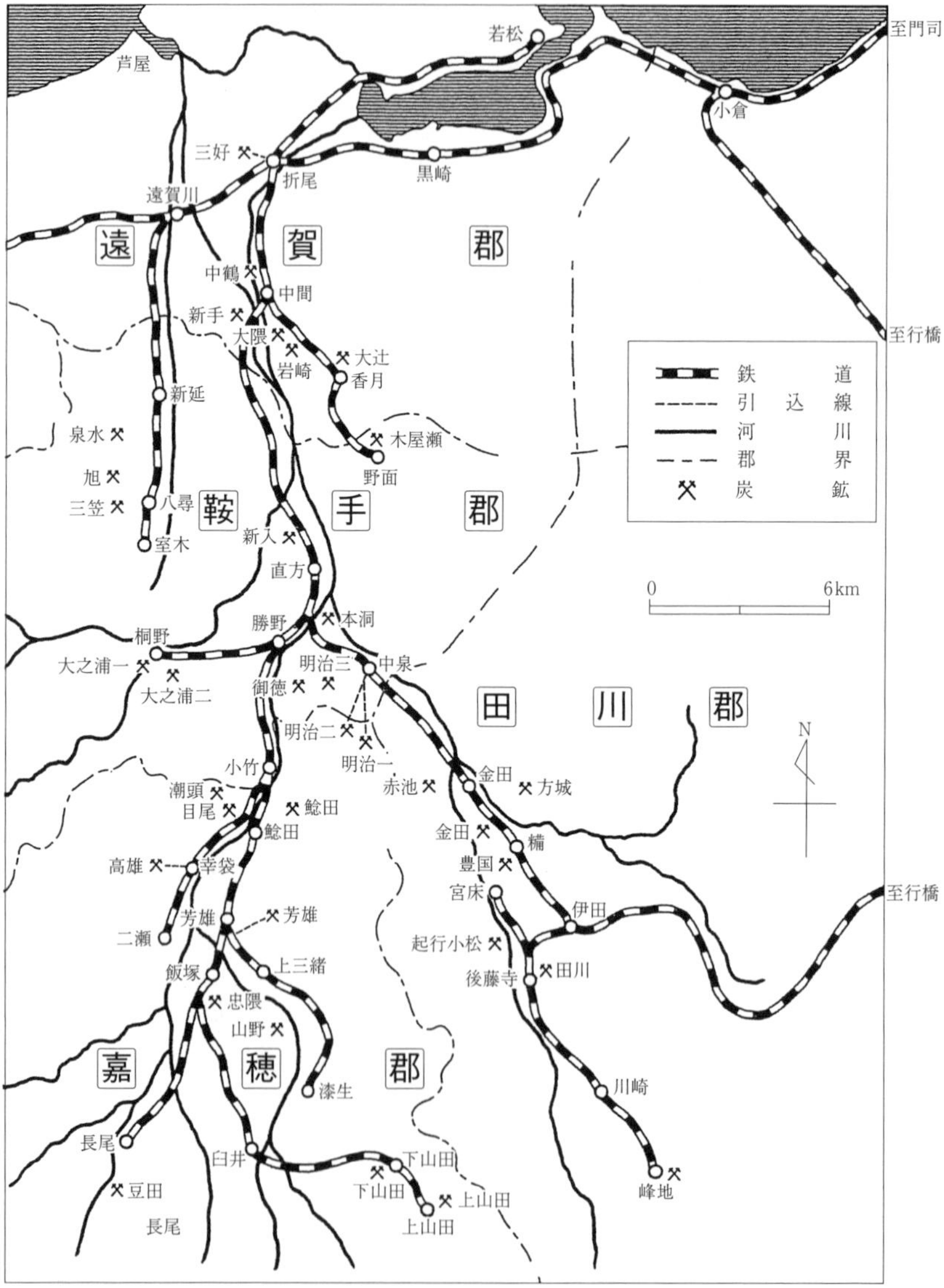

出典：井奥成彦「鉄道開通以降の筑豊石炭の輸送について」（荻野喜弘編『戦前期筑豊炭鉱業の経営と労働』啓文社、1990年）、290頁。

若松港は、広大な洞海湾の内側に位置し、波が静かであるが、水深が浅く、大型汽船の入港は困難であった。しかし、安全に多数の船舶に石炭の積み込みが可能であった。そのため、鉄道の開通に伴って短期間に筑豊炭最大の積出港として繁栄するようになった。ただし、もっぱら小型船によって阪神以西の国内市場向けに積送する港として利用された。

これに対して、門司港は水深が深く、大型汽船の停泊が可能であった。そのため、筑豊炭最大の海外輸出港として、また京浜や中京地方など大型汽船積送が必要な遠隔地向け積出港として発展していった。なお、若松とは異なり、門司は石炭積出港としてだけでなく、多くの石炭需要を作り出していった。第一に、門司は遠洋航路の大型汽船のルートに位置し、国際貿易港として発展していったため、多くの汽船が寄港して、船舶焚料炭を積み取った。第二に、門司が鉄道の始発駅として、また鉄道の機関区が設けられたため、鉄道用炭の需要が増大したことである。第三に、門司が北部九州における商業・交通のセンターとして発展するに伴い、周辺に工場が建設され、しだいに工場用炭の需要も増加していった。

以上のように、筑豊炭田において鉄道網の整備が進むと、運搬手段がネックとなって開坑が行われていなかった地域においても本格的な炭鉱開発時代を迎えることとなった。一八九〇年代には、安川・貝島・麻生など筑豊御三家に加えて、三井・三菱・住友・古河など中央財閥資本の進出が相次ぎ、鉱区面積が百万坪をはるかに超える近代的巨大炭鉱が群立するようなった。炭鉱の発展が運炭鉄道の建設を促進し、またそれが大炭鉱の開発を促進するという相互依存的・相互循環的発展の形成が筑豊炭田においてみられるようになったのである。

(2)　石炭消費者としての鉄道

鉄道が蒸気機関車を利用している場合、誰の目にも鉄道の石炭消費は明らかである。事実、鉄道は石炭を大量に消

表3　石炭用途別消費一覧表

（単位：万トン）

年	船舶用	鉄道用	工場用	製塩用	合　計
1890	46（32.2）	7（4.8）	42（29.7）	48（33.3）	143（100）
1900	146（27.8）	51（9.6）	265（50.4）	64（12.1）	526（100）
1910	374（35.3）	133（12.6）	478（45.1）	74（7.0）	1,059（100）
1920	697（27.2）	322（12.5）	1,470（57.3）	78（3.0）	2,567（100）
1928	373（13.5）	399（14.4）	1,921（69.3）	76（2.8）	2,768（100）

出典：『日本鉱業発達史』中巻、1932年、188～189頁、より作成。

費し、石炭鉱業にとって最も重要な石炭消費部門の一つを形成したのである。

表3は、石炭用途別消費一覧表である。

鉄道の石炭消費は、一八九〇年に七万トン（合計の四・八％）であった。それがその後、一九一〇年には一三三万トン（同一二・六％）、一九二八年には三九九万トン（一四・四％）にまで増加して、船舶用三七三万トン（一三・五％）を凌駕していた。鉄道は、全国的に拡充されるのに伴って石炭消費を増加させ、工場用、船舶用とともに国内の三大消費部門を形成したのである。なお、鉄道用炭は、消費割合以上に石炭産業には大きな意味があったので、少し付言しておきたい。

石炭には、形状によって塊炭、粉炭、切込炭の区別があり、さらに品質によって一等、二等、三等、などの等級があった。一般に工場用には粉炭、国内船舶用には切込炭が使用された。これに対して、鉄道用炭には良質の塊炭を必要としたので、工場用や国内船舶向けよりも価格的に有利に販売が可能であった。しかも、鉄道国有化以降は鉄道院向けとなり、原則として一年の長期売炭契約となったので、大炭鉱会社には安定した需要先となったのである。なお、遠洋航路の大型汽船では、良質の塊炭や切込炭が使用された。

その後鉄道の電化、あるいは都市近郊の私設電気鉄道会社においては、石炭火力発電所によって電力供給を受ける場合が多くみられ、鉄道は石炭消費部門として長期にわたって重要な役割を果たし続けた。

(3) 鉄道貨物としての石炭

運炭を目的として建設された鉄道の場合、その鉄道にとって石炭が最大の貨物として鉄道経営の安定と発展に大きな役割を果たすこととなった。しかしながら、全国に鉄道が建設されていくと、鉄道はみずから石炭を消費しつつ、石炭を全国に流通させ、石炭は鉄道にとって最も重要な貨物に成長していったのである。それは、一九一三年度において石炭が鉄道貨物数量の約四一%、総収入の約二四%を占めていたことから知ることができる(4)。その後においても、一九二六年度国鉄の総輸送貨物七三六〇万トンのうち石炭が二二六〇万トン（三〇・七%）、総貨物運賃二億二〇〇万円のうち三六五〇万円（一八・一%）を占めていた(5)。

以上から、次のように整理することができる。

まず、運炭鉄道の段階では、鉄道貨物としては、炭鉱から積出港への石炭の流れが中心であった。しかも、炭田における鉄道の整備が新規炭鉱開発を促進して、鉄道貨物としての石炭を増大させていった。なお、筑豊炭田においては幹線部分が大きな町を縫って走っていたため、また巨大炭鉱が群立していたため、炭鉱用物資や一般貨物が逆の流れを形成し、石炭だけの片荷にならなかったのである。巨大炭鉱では、のちに炭住（炭鉱住宅）と呼ばれるようになった鉱夫納屋だけでも数千戸を数え、家族を含めると数万人が暮らしていた。生活物資の流れも大きかったのである。

次に、全国的鉄道網の形成段階では、当該期石炭は基礎エネルギーとして鉄道網の隅々にまで運ばれて、鉄道貨物として重量において最大の割合を占めたのである。石炭は最大の鉄道貨物として鉄道の発展を支えることとなった。

(4) 鉄道の開通と工業化

鉄道の開通に伴い、石炭が低コストで利用可能となった地域においては、薪炭代替燃料として、あるいは新規に工業化を誘発しつつ蒸気動力用として石炭需要が増大していった。石炭は重量物であるため、大量に消費する工場には強い立地制約となった。石炭との関係で工場立地を分類すると、石炭積出地型、石炭積降地型、臨海型、鉄道沿線型、炭鉱隣接型など多くのタイプを想定することができる。

ところで、石炭エネルギーの利用方法には、通常大きく三つに分けることができる。

第一は蒸気動力エネルギーとしての利用である。これは、いうまでもなく石炭が産業革命を支えた工場の蒸気機関の燃料として用いられたものである。

第二は、生産技術の近代化＝洋式技術導入に伴う熱エネルギーとしての利用である。このケースでは、石炭・コークスは洋式製鉄所や洋式銅製錬所の製錬燃料として消費された。ここでは個別工場の蒸気機関消費に比べてはるかに大量に消費されたため、石炭運搬コストが強く立地条件を制約することとなった。

第三は、生産技術は在来のままで、石炭が単に薪炭代替燃料の熱エネルギーとして利用される場合である。製塩業や製糸業では、石炭は釜を煮沸する薪炭代替燃料として利用されたのであって、そこでは生産技術の質的転換は生じていなかったのである。第二も第三も、石炭が薪炭代替熱エネルギーとして利用されている点では同じであるが、前者は石炭の近代的利用、後者は石炭の在来的利用と評価できる。

以上のような石炭の利用方法の違いを念頭において、前記工場立地のタイプを整理しておこう。

(i)石炭積出地型

このタイプで最初に思い浮かぶのは官営八幡製鉄所であり、石炭利用の第二のタイプに属する。筑豊炭田から鉄道で積出地に運ばれてくる石炭と、中国大冶から航送されてくる鉄鉱石を結び付けたものである。石炭も鉄鉱石も重量があり、かつバルキーであったため、さらにこれらを大量消費したため臨海型工場の典型ともなった。室蘭の鉄鋼業もこれにあてはまる。その後、北九州では豊富な石炭と国際港湾都市門司を背景に工場が次々と建設されてわが国を代表する工業地帯を形成した。

(ii)石炭積降地型

石炭が工場の蒸気動力エネルギーとして利用される場合、個別の工場では製鉄所のように大量の石炭を消費しなかったので、資本、原材料、労働力、販路など多くの条件を考慮して工場の立地が選定された。阪神地域は綿糸紡績業を中心として日本の産業革命をリードしたのであるが、ここでは石炭運搬コストは考慮すべき多くの条件の中の一つであった。阪神地域では主に筑豊炭が利用されたが、石炭は若松から神戸・大阪に送られ、さらに艀や鉄道で工場に送られた。

(iii)臨海型（石炭積出地型を除く）

ここで臨海型工場とは石炭を陸揚げして、その場で消費する工場と定義しておきたい。このタイプを代表するのが、住友別子銅山の新居浜洋式製錬所である。石炭の利用方法は、八幡製鉄所と同じく製錬用燃料である。銅鉱業では、洋式技術の導入に伴い製錬燃料は薪炭から石炭・コークスへと転換していった。洋式製錬では、石炭・コークスを大量に消費したので、洋式製錬所は、それまでの製錬部門が採鉱部門に近接して立地する形態よりは、むしろ石炭・コークスの供給が容易な臨海型立地のほうがコスト的に有利となった。そして、大量の銅鉱石は山間部にある採鉱部門から鉱山専用鉄道を利用して製錬所に送られることとなったのである。別子銅山の新居浜洋式製錬所は八幡製鉄所よりも古く、臨海型製錬所のパイオニアであった。

(iv)鉄道沿線型

鉄道開通に伴い、薪炭代替燃料として石炭の利用が始まった事例として、甲信越地方の製糸業地帯があげられる(6)。ここでは、磐城線、両毛線、中央線、高崎線の沿線において常磐炭が利用された。同じ常磐炭の利用としては、日立銅山の大雄院製錬所がある。大雄院製錬所や新居浜洋式製錬所など、銅山の付属製錬所については、次の節であらためてふれることとしたい。

以上、鉄道と関連づけて石炭需要をみてきたのであるが、石炭はエネルギーとして利用されるだけではなく、化学工業の原料ともなる。この場合、石炭は製錬燃料としての利用と同様に消費量が多大に上るため、運搬費を節約できる立地が求められた。三池炭鉱では、炭鉱に隣接して三井染料工業所が設立され、大牟田コンビナート形成の端緒となった。また、北九州では筑豊炭を利用して九鉄沿線牧山にコークス工場が建設され、やはり化学企業の端緒となった。

3 銅鉱業と鉄道

(1) 鉱山鉄道概観

前述したように、銅そのものは重量物であるが、石炭とは比較にならないほど産出量は少なかった。前掲表1によれば、一九〇〇年において産出高は、石炭七四七万トン、銅二・五万トンであって、銅は数量比で石炭の〇・三%ほどであった。したがって、銅山が運炭鉄道と同じ意味において、産出銅を運搬するための鉄道の必要性は乏しかった。鉄道貨物として考えた場合、銅は数量として余りに少なかったのである。しかも、わが国屈指の大銅山である足尾や別子を取り上げても、筑豊や唐津などの広大な炭田、それは広大な農村地帯でもあり、そこに居住する人口とは比較にならないほど少なかった。険阻な山間部に位置する銅山においては、銅以外の鉄道貨物は鉱山需要品を除いてほとんど見込めなかった。

以上のような事情のために、銅山に敷設された鉄道の役割については大きく三つに分けて考えることができる。

第一は、採掘された銅鉱石を採鉱部門から製錬部門まで運搬するために敷設された鉄道である。採鉱部門においては、鉱物資源の天然の賦存条件に制約されて坑口の位置が決まってくる。一方で、製錬技術が洋式化すると、製錬燃料として大量の石炭・コークスを消費するようになる。(7)かくて、新設の洋式製錬所は石炭を求めて、海岸部や鉄道沿線周辺に建設される傾向が生まれる。鉄道は重量がありかつバルキーな銅鉱石を、遠く離れた製錬所まで大量に運搬するために敷設された。そのため、通常は鉱山専用鉄道として、軽便鉄道の形態で敷設されることになった。なお、以上の点に関連して補足しておきたいことがある。洋式製錬技術は、大量の低品位鉱を処理可能とするところに大きな特徴があった。また、洋式採鉱技術は火薬と蒸気巻上機の利用によって低品位鉱の大量採掘を可能としていた。かくて、鉱石運搬量は急速に増加することになったのである。距離の離れた採鉱・製錬両部門を結ぶ鉄道が必要とされた事情である。

第二は、大銅山と、その周辺に開通した幹線鉄道とを連絡するために建設された鉄道である。大銅山が海岸部や幹線鉄道から遠距離の内陸奥深く、険阻な山間部に位置しているところでは、採鉱と製錬は鉱山内で行われ、石炭・コークスや鉱山需要品、その他物資の運搬のために鉄道が建設されたのである。

第三は、大銅山付属製錬所において買鉱製錬を行うために敷設された鉄道である。

以下、別子、足尾、日立の各銅山について、鉱山鉄道建設事情につき若干の考察を行いたい。

(i)別子銅山

住友の別子銅山では、お雇い外人技師ルイ・ラロックが別子近代化プランを策定し、基本的にそれに沿いつつ洋式技術の導入が進められた。別子銅山は険阻な山間部に位置していたが、直線距離では新居浜に近かった。採鉱部門は山上に設けられ、中央坑道は一八七六年に開鑿が始まった。一八九〇年には蒸気巻上機が設置され、一八九五年に開鑿を終えた。一方、一八八八～一八九一年にかけて新居浜に熔鉱炉・錬銅反射炉・精銅反射炉を装備する臨海型一貫洋式製錬所が竣工した。そして、採鉱部門と製錬部門を連絡するために、一八九三年上部線・下部線の二線の鉱山専用鉄道と、両鉄道を結ぶ索道を建設した。別子銅山は、これによって大量採鉱と大量製錬に対応する近代的大量運搬システムを確保したのである。製錬所が坑口から遠く離れても臨海型とした理由は、石炭・コークスを陸揚げしてその場で消費するほうが、山上まで運搬するよりもコスト的に有利であったからである。

別子鉱山鉄道は、典型的な鉱山専用鉄道であった。下げ荷は銅鉱石、揚げ荷は石炭、鉱山需要品、および生活物資であった。別子銅山では、鉄道完成後は山上にあった熔鉱炉を廃止し、製錬の新居浜洋式製錬所集中を進めた。しかしながら、これは長期にわたる悲惨な別子銅山煙害事件の発端となり、古河の足尾銅山鉱毒事件と並ぶ一大社会問題と化すこととなった。(8)

(ii)足尾銅山

古河の足尾銅山は、別子銅山とは異なり海岸線より遠く離れた内陸部の険しい山中に位置していた。(9)足尾銅山の近代化が進むにつれて、製錬燃料、鉱山需要品、および生活物資の運搬能力が大きな隘路となってきた。一八八〇年代後半には馬車四〇〇両、牛車二〇〇両、手車二〇〇両を動員しても運搬能力に不足する事態となったと伝えられている。(10)

ところで、当時足尾銅山周辺においては鉄道建設が進行していた。一八八五年上野~宇都宮間、ついで一八九〇年には宇都宮~日光間が開通した。また、一八八九年には両毛線が開通した。そのため、足尾銅山において北は日光、南は両毛線と連絡する鉄道建設に向けて模索が続けられることとなった。

足尾銅山では、まず銅山周辺に多数の索道を建設した。ついで、足尾~日光間に軽便馬車鉄道を敷設する方向に進んだ。一八九三年日光~細尾間に馬車鉄道が敷設されると、以後これを足尾銅山側に延伸し、分岐線を設けて、一九〇四年には総延長三七キロメートルに達する馬鉄網に発展した。(11)足尾銅山では、馬鉄は採鉱部門と製錬部門を結んで銅鉱石を運び、また銅山と日光の間では、製出銅と石炭・コークス、および生活物資を運搬することとなった。

ところで、足尾銅山の製錬法は、一九〇三年生鉱吹大型熔鉱炉新設に伴い、一九〇六年には全面的に生鉱吹に移行した。また、同年日光電気精銅所が竣工した。これによって、足尾銅山の製錬体系は、生鉱吹大型熔鉱炉→錬銅用べッセマー式転炉→日光電気精銅所の順で電気精銅が製出されることとなった。

また、採鉱部門・製錬部門の動力問題が深刻化したことから、水力発電によってその解決が図られた。当初、蒸気機関に薪を燃料として用いたが、限界が大きかったのである。内陸の山間部に位置する足尾銅山では、鉄道開通までは、石炭を大量に調達することも困難であった。水力発電所についていえば、一八九〇年間藤発電所を皮切りとして、一九〇一年渡良瀬発電所・通洞発電所、一九〇二年小滝発電所、一九〇四年別倉発電所、一九〇六年細尾第一発電所が次々と竣工した。間藤はわが国における鉱山用水力発電の嚆矢となるべきものであった。炭鉱では、豊富な石炭を利用して蒸気動力が長く利用されたが、銅山では石炭供給がネックとなって水力発電と鉱山電化のセットで近代化が進んだのである。

ところで、足尾銅山の銅生産高は表4に示すように大きく増加していた。そのため、石炭・コークス、熔鉱炉用溶剤需要が増加し、馬鉄の運搬力不足が感ぜられ、本格的鉄道運搬が必要となった。そこで、足尾銅山では先述したような事情で、二方向に分かれて整備が進められることとなった。一つは、日光電気精銅所が日光駅に近接していたことより、同所より北上して日光駅と結ぶルートである。もう一つは、足尾銅山から南下して両毛線と連絡するルートである。

まず、前者についていえば、一九〇八年日光電気軌道株式会社

表4　足尾銅山銅生産高表

年	生産高（トン）
1897	5,946
1898	11,122
1903	6,924
1904	6,580
1905	6,641
1906	6,778
1907	6,365
1908	7,084
1909	6,886
1910	7,034
1911	7,634

出典：農商務省編『鉱山発達史』1900年、同編『本邦鉱業一斑』各年度、同編『本邦鉱業の趨勢』各年度、より作成。

表5　1912年度日光駅着足尾行貨物一覧表

貨　物	輸送量（割合）	
石炭	4,300トン	(13.4%)
コークス	8,200	(25.5)
セメント	1,088	(3.4)
米	5,600	(17.4)
味噌・醤油	620	(1.9)
酒	252	(0.8)
其他	12,140	(37.7)
合　計	32,200	(100)
足尾産銅高	9,822	

出典：鉄道院編『本邦鉄道の社会及経済に及ほせる影響』中巻、1916年、758頁、より作成。以下、『影響』と略。

（資本金二〇万円）の設立によって解決が図られた。同社は、古河が一二万円を出資したもので、日光～細尾間を結び、途中で分岐して日光電気精銅所と連絡していた(12)。鉄道は一九一〇年に開業した。古河は、工事資材費一一万円も融通しており、古河に資金を全面的に依存する形となった。

　後者は、最初の計画が一八八八年に浮上して以来、難航に難航を重ねることとなった。ここではかなり長距離の鉄道となるため、建設資金の負担が重くなっていたためである。そして、日露戦争後一九〇九年ようやく足尾鉄道株式会社（資本金二〇〇万円）の設立をみたのである(13)。古河関係で合計一二五万円を出資し、さらに古河から一カ年七朱の利益補償が予定されていた。一九一二年に両毛線の桐生～足尾間、さらに一四年足尾～本山間が開通した。古河鉱業会社の社史である『創業一〇〇年史』には、足尾鉄道について、「この完成により製錬所から直接製品を貨車積みできることとなり、輸送上の便宜が高まった(14)」と記されている。その後、足尾鉄道は一九一七年に国有化された。

　ここで、両鉄道の意義について、鉄道貨物の構成より考えておきたい。まず、日光電気軌道について取り上げよう。

　表5は、一九一二年度日光駅着足尾行貨物一覧表である。貨物合計は三万二二〇〇トン、そのうち主要貨物はコークス八二〇〇トン（合計の二五・五％）、米五六〇〇トン（一七・四％）、石炭四三〇〇トン（一三・四％）、の順で続いていた。大量の石炭・コークスを必要としていたことが知られる。水力発電の充実していた足尾銅山であるから、石炭は蒸気機関用というよりは、むしろ製錬燃料として

使用されたのではないかと推測される。険阻な山間部においては、米の確保も重要であった。また、同表に示されていないが、他山より購入された含金銀粗銅も貨物のなかには含まれていると想定される。

なお、足尾鉄道の開業は同年一二月であったので、同表には足尾鉄道の影響はまだ現れていない。足尾鉄道が開業すると、石炭・コークスの輸送は同鉄道に転換していったと思われる。また、日光電気軌道は細尾が終着駅であり、細尾・足尾銅山間は馬鉄を利用していたため運搬能力には大きな限界があった。

次に、足尾鉄道をみることとしたい。

表6は、一九一三年度足尾駅到着貨物一覧表である。

同表によれば、足尾駅到着貨物は約一〇万トンと、前年度日光駅着足尾行貨物の三倍を、また足尾産銅高の九倍を超えていた。足尾鉄道は開業早々、足尾銅山の大動脈に成長していたのである。そのうち主要貨物は、石灰石三万八一七六トン（三八・〇％）、石炭・コークス二万一九八八トン（二一・九％）、木材七六四三トン（七・六％）、米六八一八トン（六・八％）、の順で続いており、以上合計でほぼ四分の三を占めていた。巨大銅山が需要する物資はまた巨大であったことに驚かされるが、同表から知られるように、しかもその産銅高をはるかに上回る物資を需要したのである。では、主要貨物の用途について少し付言しておきたい。

表6　1913年度足尾駅到着貨物一覧表

貨　物	輸送量（割合）	
石炭・コークス	21,988トン	(21.9%)
石灰石	38,176	(38.0)
木材	7,643	(7.6)
鉄器	3,473	(3.5)
米	6,818	(6.8)
雑穀	1,091	(1.1)
酒類	1,023	(1.0)
野菜	1,257	(1.2)
鮮魚・塩魚	548	(0.5)
木炭	647	(0.6)
其他	17,911	(17.8)
合　計	100,588	(100)
足尾産銅高	10,700	

出典：『影響』中巻、759頁、より作成。

第一位の石灰石は、一部はセメント用であろうが、主として熔鉱炉の溶剤として利用された。日光駅の貨物には計上されていなかったが、大量に需要されていたことが知られる。

第二位の石炭・コークスは、日光駅の一・八倍となった。日光電気軌道、そして足尾鉄道の開業に伴って、足尾銅山においては製錬燃料が薪炭から石炭・コークスに転換することができたのである。足尾銅山のように、海岸から遠くはなれた険阻な山間部に位置する銅山では、薪炭から近代的エネルギーへの転換は、動力エネルギーは水力発電により、そして製錬用熱エネルギーは鉄道開通に伴う石炭・コークスへの転換によって行われており、二段階的に、そして二種のエネルギーを利用して達成されたのである。

第三位に木材が計上されていることである。この用途としては、鉄道開通前であれば、製錬用あるいは蒸気機関用燃料としての利用があげられるが、鉄道開通後は坑木、建築用材、家庭用、などが考えられよう。鉄道開通前は、製錬用としてまた蒸気機関用として大量に需要され、周辺山林から伐り出されていた。銅山周辺の山林は、乱伐と煙害によって荒廃が進んでいた。鉄道開通は、山林荒廃の緩和にも役に立ったのである。

なお、表6においてさらに留意しておくべきことがある。それは、米、雑穀、酒類に加えて、野菜や鮮魚などの生鮮食料が計上されていることである。これらの食料は、鉄道開通以前においては鉱夫にとって購入するのは容易なことではなかった。鉄道運搬の高速・低コストという特性が、鉱夫の生活スタイルをも変えていったのである。前掲『本邦鉄道の社会及経済に及ほせる影響』中巻は、足尾銅山の鉄道開通の意義について次のようにとりまとめて記している。[15]

　而して啻に輸送時間の短縮、運賃の低減等に利便を得たるのみならず、その開通の為に他地方より材料の供給を受くるに當り、運賃及輸送利便の関係上供給地を新にし、又溶解用石灰石、鉱石、銅滓等の供給上新生面を開き、殊に同地に於ける米及び其他食料品の市価の如き之を開通前に比すれば著しく低廉に帰したりと云ふ

ここで特に注目すべきは「鉱石、銅滓等の供給上新生面を開き」と述べているところである。これは当該期における足尾銅山の製錬技術の革新と鉄道開通とを結びつけて理解しなければならないところであり、やや煩瑣ではあるが、

少し立ち入って検討しておくこととしたい。

前述したように、一九〇六年足尾銅山では生鉱吹大型熔鉱炉と日光電気精銅所が本格的に操業を開始した。生鉱吹大型熔鉱炉においては大量の溶剤を必要としたが、そのため含金銀鉱石を溶材として利用する合併製錬が有利となった。そこで、自山鉱だけではなく、他山の含金銀鉱石の買鉱製錬が鉄道開通によって実現することとなったのである。鉄道は、遠隔地の他山鉱石の購入を可能としたのである。なお、銅滓は熔鉱炉に装入された。日光電気精銅所においては、含金銀粗銅の電気精錬によって、銅と金銀の分収が可能となった。そこで、合併製錬によって製出される含金銀粗銅や、他山の購入含金銀粗銅を電気精錬で処理して、電気精銅と金銀の分収が開始されたのである。

買鉱製錬は、自山鉱の制約を打破して生産の集中度を高め、また足尾銅山製錬所と日光電気精銅所を買鉱中央製錬所として機能させることとなったが、これは鉄道開通によって実現したことに注意を払わねばならない。

足尾銅山は、内陸奥深い険阻な山間部に位置していたため、わが国最大の銅山であるにもかかわらず鉄道建設が遅れることとなった。そのため、足尾銅山に建設された二線の鉄道は、別子銅山の鉄道とは基本的に役割を異にしていたことにさしずめここでは注意を向けておく必要がある。

別子銅山では、鉄道は銅鉱石を山間部にある採鉱部門から海岸部にある製錬部門に運搬するために建設された。工場内部の一つの工程から次の工程に半製品を運搬するベルト・コンベアと同じ役割であった。別子銅山の鉄道は、採鉱部門の生産量に見合う運搬能力を満たせば十分であって、鉱山専用鉄道として建設されることとなったのである。

一方、足尾銅山では製錬所を海岸部に建設することはできなかったので、製錬部門は採鉱部門に近接して建設されることとなった。また、日光電気精銅所は送電ロスを減少するため、日光清瀧に建設されたので、電気精錬原料である含金銀粗銅は足尾銅山製錬所から馬鉄に依存して細尾に運搬していた。したがって、日光電気軌道の役割は、足尾銅山の粗銅、他山より購入した含金銀粗銅、電気精銅、および電気精銅所需要品の運搬に限定されることになった。運搬数量もそれほど多大ではなかったので、利益補償も必要であった。また、足尾鉄道は、前述したように大量の貨物を運搬したとはいえ、それは石灰石や石炭・コークス等を中心とする銅山向け運搬であった。銅山からの逆ルートの運搬は製錬所製出品に限られていたので、極度の片荷となった。そこで、それを補うために、鉄道の距離が長く、農村地帯を横切っていることから、足尾鉄道は一般貨客をも取り扱う地方鉄道として設立されることとなったのである。

(iii)日立銅山

日立銅山は、藤田組の経営する小坂銅山において、長年自熔製錬法の開発に従事した久原房之助が、一九〇五年に赤澤銅山を買収して日立銅山と改称したものである[16]。久原は、相続をめぐる問題のために、財産分与を受けて藤田組から独立し、有望銅山の経営を目指していた。このような状況の中で、赤澤銅山が久原の目に留まったのである。久原は、日立銅山の成功によって、後発ながら産銅大手五社体制の一角を占めることとなった。

日立銅山は、日本鉄道磐城線の助川駅からおよそ一〇キロメートル西南の山間部に位置し、足尾銅山や小坂銅山と比較すれば、はるかに地理的条件に恵まれていた。久原は、日立銅山の賦存鉱量が豊富であることを確認すると、採鉱部門の近代的整備を進めた。一方、製錬部門については雄大な構想のもとに新製錬所の建設を開始した。

久原は、新製錬所の建設地を坑口周辺ではなく、日立銅山と助川駅との中間地点にあたる大雄院に定めた。大雄院製錬所においては、一九〇八年大型生鉱吹熔鉱炉、翌〇九年錬銅用ベッセマー式転炉が操業を開始、さらに一九一一年大雄院製錬所と助川駅との間に電気精錬所が竣工した。久原は、小坂銅山での長きにわたる苦心の技術的成果を集めて熔鉱・錬銅・電気精錬に至る一貫製錬設備を完成したのである。そして、運搬手段については、一九〇八年大雄院製錬所〜助川駅間に鉱山専用電気鉄道を敷設し、翌〇九年日立銅山本山〜大雄院製錬所間には大型索道を建設して近代的大量運搬体制を整えたのである。しかしながら、ここで特筆されるべきは大規模な新製錬所の設備ではない。

それは、磐城線・鉱山専用電気鉄道と結びついた久原の革新的な買鉱中央製錬所構想であった。この点は、その後久原が新たに建設する佐賀関製錬所に受け継がれていくものであって、少し立ち入って考察しておくこととしたい[17]。『日立鉱山史』は、次のように記している[18]。

所が久原には更に彼らしい願望が独立以来胸中に抱かれていた。中央製錬所の構想がそれである。一山の鉱量如何に豊且つ大であつても、自ら限度があり更に又栄枯盛衰がある。鉱山企業を眞に安泰のものたらしめるためには、製錬部門に力を注いで優秀な製錬所を建設し、国内他山の鉱石のみならず、時に応じては世界の鉱石を処理し得る態勢をとつて置かなければならない。日立は幸い国土の略々中央に位置する。この地に大製錬所を設けよう。これが久原の意見であつた。それには狭隘で交通不便な本山の山間は敷地として不適当である。宜敷く開豁の適地を新製錬場として求むべきである。そこで（略）助川に鉄道が通じていたことは、南へ延びる決定的誘因となつて（略）ここに選ばれたのが（略）名刹大雄院の所在した杉室の谷間であつた。

すなわち、日立銅山付属製錬所の新設にあたって、久原はそれに「買鉱中央製錬所」としての性格を付与し、「他山の鉱石」を購入する買鉱製錬を構想したのである。生鉱吹大型熔鉱炉において、他山の銅鉱石・含金銀鉱石の合併製錬を行い、さらに電錬設備によって銅と金銀の分収を行おうとしたのである。『日立鉱山史』は、この合併製錬についいて「日立が主として金銀鉱を買鉱し来つたのは自山銅鉱、含銅硫化鉄鉱製錬の際、媒溶剤を兼ねて含金石英鉱石を投入せんとしたから[19]」であって、「溶剤の利用と金鉱の製錬と一石二鳥的効果[20]」を狙いとしたからと記している。そして、この構想を実現可能とした要石が磐城線であった。磐城線は岩沼で日本鉄道東北線と連絡していたことから、東北地方の中小鉱山から幅広く銅鉱石・含金銀鉱石を買い集めることを可能としていた。久原は、藤田組で修得した

表７　1908年度助川駅日立銅山貨物予算一覧表

着荷			出荷		
石炭	4,050トン	(9.2)	型銅	2,430トン	(100)
コークス	2,700	(6.1)			
鉱石	27,000	(61.5)			
木炭	2,025	(4.6)			
木材	2,898	(6.6)			
米	1,620	(3.7)			
雑品	3,645	(8.3)			
計	43,938	(100)	計	2,430トン	(100)

注：貨物予算は1908年６月～1909年５月（１カ月を１年に換算）。1909年６月は倍増の見込みである。
出典：日本鉱業㈱日立鉱業所刊『日立鉱山史』1952年、127頁、より作成。

一貫製錬技術と、全国的鉄道網の発達を重ね合わせることによって、銅山付属製錬所を単なる銅山付属製錬所とせず、それに買鉱中央製錬所の性格を付与したのである。しかし、助川駅に接続して大製錬所を建設することは周辺農村に大規模な煙害を引き起こすこととなるので、その立地を少し山側に入った大雄院に求めたものと想定される。そして、「それを中央製錬所たらしめんとする構想は、大雄院～助川間に強力なる輸送施設を持つことを前提として、はじめて可能[21]」であった。一九〇九年の「日立鉱山概要」は、鉱山専用鉄道の意義を次のように記して強調していた[22]。

本製錬所ハ単ニ本鉱山ノ製錬ニ止マラズ、他方面ヨリノ鉱石ヲモ併セ製錬セントスルニアリ。電気鉄道ハ此ノ外部鉱石ヲ主トシ、併セテ需要品ノ運搬ヲ行フモノニシテ本製錬所トシテ最モ必要ナルモノナリ

では、なぜ久原は以上のように急速な生産拡大戦略をとったのであろうか。久原が日立銅山を買収したとき、すでに先発の古河・住友・三菱・藤田は傘下優良銅山の近代化・大規模化をほぼ終えて四社独占体制を固めようとしていた。後発の久原にとって、鉄道を利用した買鉱中央製錬所構想こそが一気に生産拡大を実現し、先発四社体制に割り込む唯一の道という認識があったのではなかろうか。

そこで、当該鉱山専用鉄道の貨物予算をみておくこととしたい。表７は、一九〇八年度助川駅日立銅山貨物予算一覧表である。

表8　大雄院製錬所自山出・買鉱出別製出高一覧表

（単位：（　）内%）

年度	自山出			買鉱出			合　計		
	金	銀	銅	金	銀	銅	金	銀	銅
1909	51kg (47.3)	632kg (20.6)	1,709t (89.5)	57kg (52.3)	2,441kg (79.4)	201t (10.5)	108kg (100)	3,073kg (100)	1,910t (100)
10	120 (30.3)	1,319 (15.7)	4,302 (89.0)	275 (69.7)	7,091 (84.3)	533 (11.0)	395 (100)	8,410 (100)	4,835 (100)
11	108 (18.2)	1,379 (12.9)	4,425 (78.0)	484 (81.8)	9,308 (87.1)	1,249 (22.0)	592 (100)	10,687 (100)	5,674 (100)
12	126 (15.0)	1,372 (13.4)	4,992 (63.7)	714 (85.0)	8,864 (86.6)	2,842 (36.3)	840 (100)	10,236 (100)	7,834 (100)

注：1909年は同年8月4日～12月31日、1910～12年は同年1月1日～12月末。
出典：日本鉱業㈱日立鉱業所刊『日立鉱山史』1952年、119頁、より作成。

まず、「着荷」について、重要点を整理しておきたい。

第一に、着荷合計四万三九三八トンのうち、鉱石が二万七〇〇〇トン（六一・五％）と他とは隔絶した割合を占めていることである。この鉱石は買鉱によるものであって、銅鉱石、含金銀鉱石と考えられる。第二に、石炭が四〇五〇トン（九・二％）となっていることである。日立銅山は磐城線経由で常磐炭を簡単に購入できたことから、動力は水力発電ではなく、蒸気機関に依存しており、大量の石炭を需要することとなった。なお、一部は製錬燃料向けであったと思われる。第三に、木材が二八九八トン（六・六％）を占めていたことである。坑木または建築用材である。足尾銅山でも日立銅山でも、国有林を鉱山備林として別子銅山のように安価に貸し付けられていない場合、大量に木材を買い付ける必要があった。第四に、コークスが二七〇〇トン（六・一％）を占めていたことである。熔解用燃料として大量に需要された。そして、残りの木炭・米や雑品は鉱山需要品と生活物資である。

次に、「出荷」をみておこう。これは、実にシンプルで、型銅二四三〇トンのみの計上であった。貨物合計の五・二％を占めるに過ぎなかった。日立銅山においても、製出銅をはるかに上回る物資を必要としていたことが知られよう。

以上、この貨物予算からは、当該鉱山専用鉄道の最も重要な役割は、

表9　大雄院製錬所自山出・買鉱出別販売金額一覧表

（単位：円、（　）内%）

年度	自山出	買鉱出	合　計
1909	405,875（77.5）	117,998（22.5）	523,873（100）
10	2,684,746（75.7）	862,481（24.3）	3,547,227（100）
11	2,277,656（62.1）	1,388,302（37.9）	3,665,958（100）
12	3,793,635（55.3）	3,064,181（44.7）	6,857,816（100）

注：1908年は、同年8月4日～12月31日。他の年は同年1月1日～12月末。
出典：前掲『日立鉱山史』120頁、より作成。

大量の買鉱と石炭・コークスの運搬にあったことが知られる。買鉱中央製錬所構想がこの貨物予算に鮮明に映し出されていた。そこで、買鉱の狙いをもう少し立ち入って検討しておきたい。

表8は、大雄院製錬所自山出・買鉱出別製出高一覧表である。

ここで同表の買鉱出の割合を取り上げると、銅は一九〇九年度に一〇・五%であったのが、一九一二年度には三六・三%に大幅な伸びをみせた。同じ期間に、金は五二・三%から八五・〇%、銀は七九・四%から八六・六%に上昇していた。買鉱製錬は、銅においても大きな成果をあげていたが、とりわけ金・銀では八〇%を超えて、圧倒的割合であった。

表9は、大雄院製錬所自山出・買鉱出別販売金額一覧表である。

販売金額合計は一九〇九年度に五二万円であったのが、一九一二年度に六八六万円に激増していた。そして、同合計に占める買鉱出の割合は、同じ期間において二二・五%から四四・七%へと倍増の勢いであった。これは、金・銀の重量当たり金額が銅に比してはるかに高価であるために、金・銀の増加が効率的に販売金額を増加させていたことを示している。すなわち、買鉱製錬の狙いは単に銅製出高の増加にあったのではなく、金・銀製出高を増加して収益性を高めることにあったと考えられる。『日立鉱山史』は、みずから買鉱製錬の業界に与えた影響について、次のように記している。(23)

然して元来、小規模買鉱製錬は各所で行われていたとは云いながら、大規模買鉱製錬の風潮が斯界に醸成されたのは、日立鉱山が買鉱製錬を開始して以来のことであるから、この事実からすれば日立鉱山は本邦鉱業界に於ける『買鉱の先駆者』の栄誉をも擔うと言えるのである。

そこで、久原の構想の独自性について、他の製錬所と比較しつつ考えておこう。

小坂銅山、足尾銅山、別子銅山など、先行する大銅山においても、生鉱吹大型熔鉱炉を建設し、含金銀鉱石の買鉱による合併製錬に進出していた。そういう意味では、小坂、足尾、別子の各付属製錬所はしだいに買鉱中央製錬所として機能していったといえる。久原自身も小坂銅山の製錬システムを大雄院製錬所で模倣したのである。

また、買鉱製錬所は一八九二年に鉱業条例が買鉱製錬を認めたことから設立されるようになったものである。典型的にみられたところは瀬戸内海であって、鉱石運搬に便利な島嶼を選んで、多くの中小鉱山から鉱石を購入する独立買鉱製錬所が点在していた。これらは小規模な製錬所であって、大雄院製錬所のような大型の電気精錬に至る一貫製錬設備を有していなかった。

以上のような状況を考慮したうえで、久原は製錬の最新の技術的成果と、全国的鉄道網の整備・鉱山専用鉄道とを結び付けて、大規模な買鉱を前提とした大型一貫製錬所を日立銅山の付属製錬所として建設するという大胆な構想を練り上げていったものと考えられる。ここには、むしろ後発としての利点を最大限に利用して、先発大手と対抗しようとした久原の戦略が浮かび上がってこよう。そこに、時代の枠組みを超える独自性・革新性を読み取ることができる。

(2)　鉱山鉄道のタイプ

足尾、別子、小坂、日立というわが国を代表する四大銅山においては、すべて鉱山鉄道が建設されていた。小論では、足尾、別子、日立の事例を取り上げたのであるが、それぞれの鉱山鉄道の性格は基本的に異なっていた。しかも、鉱山鉄道は筑豊炭田において典型的に発達した運炭鉄道とも性格を異にしていた。大炭田の本格的開発には、たとえ筑豊炭田のように遠賀川水系が利用できたとしても、運炭鉄道の建設が前提条件をなした。しかし、銅山ではその製出高は石炭に比し余りに少なく、大銅山においても製銅運搬鉄道の建設が近代化や本格的開発の前提条件をなすことはなかったのである。以下、試論的ではあるが、鉱山鉄道を三つのタイプに整理しておきたい。

(i)別子銅山型

これは、採鉱部門が険阻な山間部に位置し、一方で銅山付属製錬所が石炭・コークス等の入手に便利な臨海型一貫製錬所として建設され、そのため自山鉱石を運搬する目的で建設された鉱山専用鉄道のタイプである。下げ荷は鉱石、揚げ荷は石炭・鉱山需要品・生活物資が基本であった。日立銅山では、本山と大雄院製錬所間に建設された大型索道が同じ機能を果たしていた。

(ii)足尾銅山型

足尾銅山は、内陸奥部の険阻な山間部に位置しており、周辺に鉄道が開通すると、それと連絡する鉄道が建設されることとなった。ここでは、前述した足尾鉄道を足尾銅山型として整理しておくこととしたい。足尾鉄道株式会社は、資本金二〇〇万円のうち古河系統で一二五万円を出資し、足尾銅山と両毛線を連絡する鉄道であった。足尾銅山の鉱山専用鉄道ではなく、一般貨客も取り扱ったところに別子銅山型や後述する日立銅山型とは基本的に異なる性格を見出すことができる。そこで、両者と足尾銅山型とを比較しつつ、その特徴を整理しておくこととしたい。

まず第一に、足尾銅山型では前述した足尾駅到着貨物の内訳から知られるように、石灰石、石炭・コークス、木材、米、以上でほぼ四分の三を占めており、銅山付属製錬所に鉱石を運搬することを目的としていなかったことにある。足尾銅山では、製錬部門が採鉱部門に近接して配置されており、両部門を結ぶ鉄道は必要がなかった。これに対して、別子銅山型・日立銅山型ともに、それぞれの事情から製錬部門に鉄道によって鉱石を運搬する必要があったのである。ただし、足尾鉄道の開通は買鉱製錬を促進したことに注目する必要がある。

第二に、足尾駅発の貨物の内訳が不詳であるが、足尾銅山関係では製出銅だけであろうから、大幅な片荷となっていたと想定されることである。そこで、一般貨客を取り扱うことにより、収入の増加と片荷の緩和を図ったのである。それはまた、鉄道用地買収の際の地主の要求をなしており、沿線住民に対する鉱毒問題の融和策となった。

第三に、足尾銅山型では、銅山と幹線鉄道を連絡するだけであったから、鉄道が袋小路の盲腸路線タイプとなったことである。そのため、収益は銅山の景況に基本的に依存することとなり、採算性の見通しに苦しむこととなったのである。足尾銅山型では、鉱山の廃鉱は同時に廃線を意味することが多かった。

以上、足尾銅山型の特徴を整理したのであるが、小坂銅山と奥羽本線を結ぶために建設された小坂鉄道も足尾銅山型に分類できる[24]。

(iii)日立銅山型

このタイプは、銅山付属製錬所と地方幹線鉄道とを連絡した鉱山専用鉄道である。製錬所行貨物は買鉱と石炭・コークス、製錬所出貨物は製出銅であった。別子銅山型・日立銅山型ともに、鉱石運搬を目的とする鉱山専用鉄道であって、同一タイプとすることが可能なようにみえる。しかしながら、別子銅山では自山鉱を運搬しており、これに対し日立銅山の場合、他山の買鉱を運搬するためのものであった。果たした役割は全く異なるものであった。

(3)　全国的鉄道網の整備と銅鉱業

全国的鉄道網の発達と、それに連絡する鉱山鉄道の敷設は、当該期製錬技術の革新と結びついて、買鉱製錬を軸とする銅鉱業の再編成をもたらした。それは、日立銅山型において鮮明であるが、ここでは買鉱製錬の発展に焦点を絞って整理しておくこととしたい。この点について、前掲『本邦鉄道の社会及経済に及ほせる影響』中巻は、次のように記している(25)。

　晩近金属鉱業の顕著なる発達を為したる主因として、乾式精錬法の進歩並其の利用を助長したる鉄道輸送の効果を挙げざるべからず、蓋し該精錬法進歩の結果、大規模の鉱業所に在りては、自鉱を精錬する以外、盛に他鉱山採掘の鉱石を購買し、之を精錬するに至れるを以て、他の小鉱山に在りては、別に精錬設備の要なく、採鉱の儘之を販売するの自由を得、一般鉱業の経営頗る容易となり、自然幾多小鉱山の開拓を促し（略）此の如く大鉱山に於ける精錬事業の発達は、恰かも中央精錬の如き観を呈し（略）而して此種の鉱石売買は明治三十九年以降著しく発展したるものにして、畢竟鉄道開通殊に国有後に於ける運輸上の施設改良に待つもの最も大なり、すなわち鉱石の遠距離運送を可能ならしめ、就中特定運賃等低廉なる賃金《(ママ)》を以て、品位不良の鉱石も亦之を他方に輸送し、有利なる精錬を為すに適せしむるに至りたるを以てなり

同書は、金属鉱業の発達を鉄道との関連で多面的に論じており、これを手掛りとして、若干立ち入って考察を加えたい。

第一に、「乾式精錬法の進歩」とは、前述した自熔製錬法＝生鉱吹製錬法の開発を指すものと考えられるが、優良鉱区を所有する大銅山では効率化のために熔鉱炉は大型化し、また銅鉱石と含金銀鉱石との合併製錬が可能となったことである。そのために、買鉱製錬に乗り出したのであるが、その際合併製錬と電気精錬技術の進歩によって、他山鉱石、とりわけ含金銀鉱石の買鉱が進められた。このため、大銅山の付属製錬所は中央製錬所の観を呈することとなったのである。

第二に、買鉱に対応して売鉱を行う中小鉱山の開拓を促したことである。中小鉱山では、製錬設備を有していた場合でも、製錬技術の発展あるいは熔鉱炉の大型化投資についていけず、売鉱鉱山に転じて生き残りを図ったのである。かくて、シェアを拡大する産銅大手五社体制と、系列化される多数の中小売鉱鉱山の存在という二重構造が成立していった。

第三に、以上の買鉱製錬を促進したものこそ「鉄道輸送の効果」であった。日立銅山の買鉱中央製錬所は、全国的鉄道網の整備を前提に構想されたものであった。また、鉄道国有化によって、施設の改良、運賃の優遇策がとられて、鉱石売買が著しく発展したと指摘されている。

以上、全国的鉄道網の発達と銅鉱業に対する影響を買鉱製錬の問題に焦点を合わせてみてきたのであるが、さらに付言しておきたいことがある。

第一点は、鉄道の開通により、銅山に対して石炭・コークスの供給が可能となり、動力や製錬燃料が薪炭から石炭・コークスに転換していったことである。これは、大銅山ほど経営上有利に働いた。

第二点は、全国的鉄道網の整備に伴い、製出銅の運搬方法も舟運・車馬から鉄道に転換したことである。東北や関東の有力銅山では、鉄道を利用して横浜や神戸に直送するようになった。一八九九年三菱神戸支店は、秋田県の尾去沢銅の神戸駅における荷扱いの運送店を定めており、この時期に鉄道運搬に転換したものと思われる。[26]

第三に、鉄道開通により、山間僻地の鉱山町における人々の生活にも一大変化がもたらされたことである。生活物資の低廉化・豊富化が進み、都市との往来が容易となり、鉱山労働者のライフ・スタイルも近代化していったのである。

おわりに

鉱業の近代化と鉄道の発達は、もともとそれぞれ独立に進行したものである。しかしながら、一定の発達段階に達すると、それぞれの事情から相互依存的・相互連関的な発展が強く見受けられるようになった。それは、『本邦鉄道の社会及経済に及ほせる影響』中巻において、つとに指摘されてきたところである。小論は、同書を手掛かりとして、石炭鉱業と銅鉱業に分け、それぞれにおける鉄道との関係を考察して再整理を試みたものである。両鉱業部門に分ける必要は、生産量と重量当たり価格が全く異なるという客観的条件に規定されていたのである。さらに、銅鉱業は採鉱部門と製錬部門からなるが、近代化の過程において条件によっては両部門は空間的に異なる立地条件を求めることとなり、両者が距離的に分離してしまう場合が生じていた。そしてそこに敷設された鉄道は、炭田に敷設された鉄道とは性格を基本的に異にしていた。小論において、別々に検討した理由である。

さて、石炭鉱業においては、炭田を縦貫する鉄道が建設され、石炭の積出港に至る運炭鉄道が基本となる。石炭は、重量がありかつバルキー、さらに安価であるため、筑豊炭田のような大炭田では、たとえ舟運が利用できても、その運搬能力とコストが発展のネックとなった。そして、鉄道建設後、炭田全体の本格的開発が急速に進み、近代的巨大炭鉱が群立するようになったのである。

しかしながら、運炭鉄道にはもう一つ重要な性格があったことに留意しておく必要がある。それは、炭田が大きな人口を擁していたことと、炭田面積が広大であったため、炭鉱の需要品に加えて、一般貨客の運搬需要があったことである。鉄道経営において、石炭運賃収入だけではなく、一般貨客運賃収入がもう一つの柱となって、鉄道経営の安定に役立つこととなった。かつての筑豊興業鉄道の幹線部が、石炭産業の消滅後において地方幹線鉄道として現在なお存続している理由である。

そして、全国的鉄道網の発達は、鉄道自身の石炭需要と鉄道開通地域に新規の石炭需要を開拓し、これはまた鉄道貨物を増加させており、ここにおいても鉄道と石炭鉱業の新たな相互依存的・相互循環的発展を生み出していたのである。

他方、銅鉱業における鉱山鉄道の性格は、それぞれの建設事情が異なることから、別子銅山型、足尾銅山型、日立銅山型の三つのタイプに整理を試みた。そして、そのなかで全国的鉄道網の発達と結びついて、大銅山付属製錬所の買鉱製錬を軸とする銅鉱業の新たな発展段階を主導したのが日立銅山型であった。また、全国的鉄道網の発達は、一方で売鉱鉱山の増加を促進し、他方で大銅山付属製錬所は買鉱中央製錬所として発展していった。以上の過程において、産銅大手五社の生産シェアがさらに高まり、五社独占体制が固まったのである。

以上、石炭鉱業と銅鉱業では、鉄道との関係は基本的に異なるものがあった。炭鉱における鉄道はすべて運炭鉄道であって、運炭鉄道は炭田が違っても、性格に大きな違いはなかった。しかし、鉱山鉄道では建設事情がそれぞれ異なっており、タイプの設定を含めて、議論の余地があろう。

筆者は、鉱山史研究者としての視点から、鉱山の近代化と鉄道の関係について整理を試みたのであるが、鉄道史研究者からの視点では、また別の整理の方法があるかもしれない。今後の課題としたい。

注

（1）　小論の作成にあたって参考とした主要な文献は以下のとおりである。農商務省鉱山局刊『鉱山発達史』一九〇〇年、東京鉱山監督所刊『日本鉱業誌』一九一一年、鉄道院編・刊『本邦鉄道の社会及経済に及ほせる影響』上巻・中巻・下巻、一九一六年（以下『影響』と略、日本経済評論社復刻版、一九七九年、復刻版では『本邦鉄道の社会及経済に及ぼせる影響』と表示）、鉄道省運輸局刊『石炭、骸炭、石油ニ関スル調査』一九二七年、鉱山懇話会編・刊『日本鉱業発達史』上・中・下巻、

一九三二年、学術文献普及会復刻版『明治工業史　鉱業編』一九六八年、社会経済史学会編『エネルギーと経済発展』西日本文化協会、一九七九年。

（2）筑豊炭田と鉄道については、注（1）に加えて、以下を参照した。高野江基太郎『筑豊炭礦誌』一八九八年（文献出版復刻版、一九七五年）、高野江基太郎『増訂再版　日本炭礦誌』一九一一年、農商務省鉱山局刊『石炭調査概要』一九一三年、草間亮一『石炭経済』交通日本社、一九五〇年、若松石炭協会刊『社団法人若松石炭協会五十年史』一九五七年、隅谷三喜男『日本石炭産業分析』岩波書店、一九六八年、永末十四雄『筑豊』NHK出版、一九七三年、井奥成彦「鉄道開通以降の筑豊石炭の輸送について」（荻野喜弘編著『戦前期筑豊炭鉱業の経営と労働』啓文社、一九九〇年）、中村尚史「明治期における鉄道の発達と石炭輸送」（『歴史と地理』第四七五号、一九九五年）、中村尚史「炭鉱業の発達と鉄道企業」（高村直助編著『明治の産業発展と社会資本』ミネルヴァ書房、一九九七年）、高村直助「鉄道開通と炭鉱開発」（高村直助編著、前掲書）、『福岡県史』通史編近代産業経済（一）、二〇〇〇年（第十二章　中村尚史、第十三章・第十四章　東條正、第十五章　山田秀、各執筆）。また、同編纂委員会編『筑豊石炭礦業史年表』西日本文化協会、一九七三年（以下『年表』）、は常に参照した。

（3）筑豊炭田における水運は、一九〇〇年代を通じて一〇〇万トン前後を維持しており、水運の黄金時代が続いていた。しかも、一九〇〇年代は鉄道の拡充が急速に進行していた。この問題については、前掲井奥論文において詳しく検討されている。同論文によって要点を整理しておけば、次のようになろう。第一点として、筑豊炭産出高の増加分はほぼ鉄道が吸収していったことである。第二点は、長距離運搬ほど鉄道が水運に比べて有利であったから、内陸奥部ほど鉄道開通によって開発されていったことである。第三点として、水運に依存した炭鉱は、鉄道利用のメリットの少ない遠賀川下流域の炭鉱や、もともと鉄道利用の困難な中小炭鉱であったことである。しかし、鉄道網の充実が進むにつれ、水運から鉄道運搬に転換していった。

（4）『影響』中巻、七八七頁。

（5）鉄道省運輸局刊『石炭、骸炭、石油ニ関スル調査』一二頁。

（6）『影響』中巻、七八六～七八七頁。

（7）銅鉱山の近代化については、注（1）に掲げた文献に加えて、以下を参照した。池田謙三『銅製錬』上・下、寶文館、一九三五年、有沢広巳編集『現代日本産業講座Ⅱ』岩波書店、一九五九年、武田晴人『日本産銅業史』東京大学出版会、一九八七年。

（8）別子銅山の記述については、畠山秀樹『住友財閥成立史の研究』同文舘、一九八八年、第六章、第八章、参照。なお、別子銅山記念館刊『別子鉱山鉄道略史』一九七八年、参照。

（9）足尾銅山については、以下を参照した。古河鉱業株式会社刊『創業一〇〇年史』一九七六年（以下、『一〇〇年史』）、村上安正『足尾銅山史』随想舎、二〇〇六年。

（10）『一〇〇年史』一五八頁。

（11）同前、一六一頁。

（12）同前、二四五～二四六頁。なお、日光電気軌道運転開始後も、細尾～足尾銅山本山間は、従来と変化なかった（『影響』中巻、七五八頁）。

（13）同前、二四六～二四七頁。以下、足尾鉄道の記述は同書による。足尾鉄道の計画が難航した事由は、両毛線から足尾銅山までが遠く離れており、資金負担が重くなっていたことにある。また、建設後は鉄道収入を銅山の貨物運搬に基本的に依存することが予想されたため、採算性に懸念があったからである。結局、日露戦争と戦後ブームによって収益を拡大した足尾銅山に資金的に依存して建設が進められることとなった。

（14）同前、二四七頁。

（15）『影響』中巻、七五九頁。

（16）日立銅山の記述に際して、以下を参考とした。日本鉱業株式会社日立鉱業所刊『日立鉱山史』一九五二年（以下『日立鉱山史』）、日本鉱業株式会社刊『社史』一九八九年。また、藤田の小坂銅山については同和鉱業株式会社刊『創業百年史』一九八五年。久原房之助については、久原房之助翁伝記編纂会編・日本鉱業株式会社刊『久原房之助』一九七〇年。

（17）佐賀関製錬所は、大雄院製錬所同様に買鉱中央製錬所としての性格を付与して建設されたものであって、むしろ独立買鉱中央製錬所というべきものであった。瀬戸内海や九州の中小鉱山からの買鉱を目的とした大型製錬所であって、三菱合資会社はこれに対抗すべく、瀬戸内海に直島製錬所を建設した。以上について詳しくは、畠山秀樹『近代日本の巨大鉱業経営』多賀出版、二〇〇〇年、一七〇～一七四頁、参照。

（18）『日立鉱山史』一〇七頁。

（19）（20）同前、一一七頁。

(21) 同前、一二五頁。
(22) 同前、一二六頁。
(23) 同前、一一七頁。
(24) 小坂鉄道については、前掲同和鉱業株式会社刊『創業百年史』一四七頁、参照。小坂銅山は、自熔製錬法を基礎に買鉱製錬に進出、一九〇七年に買鉱を急増させていた。この点については、鉱山懇話会編・刊、前掲書、六一五頁、参照。
(25) 『影響』中巻、七六一〜七六二頁。
(26) 『三菱合資会社神戸支店記録　草稿』一八九九年度、二頁。一八九一年に上野・青森が全通し、さらに一八九九年青森〜大館間が開通した。三菱は、これを利用しようとしたと想定される。

第5章　鉄道業等を積極支援した金融機関

――北浜銀行岩下清周のベンチャー・キャピタル性の検証を中心に――

小川　功

本章の素材は一九九八年八月一日経営史学会部会大会の共通論題『本邦鉄道の発達と関連諸産業の経営史的展開』での報告「明治後期の鉄道事業とファイナンス――非幹線鉄道を中心に――」であるが、今回筆者が北浜銀行史料と想定するものに再検討を加え、新たなリスク選好度の視点から再構成したものである。なお共通論題のコーディネーターであり、本章の基軸となる貴重な史料を快くご提供賜った宇田正氏に深謝申し上げる。また北浜銀行の先行研究者である伊牟田敏充氏(1)をはじめ地方金融史研究会の会員各位には二〇〇四年八月三一日後掲の当該史料の性格に関して報告した際に多くのご示唆を頂戴した。なお典拠中、頻出する『岩下清周伝』(故岩下清周君伝記編纂会編、一九三一年)は単に伝と略して本文中に示した。また文中の太字は北浜銀行の一九〇四年ごろの取引先名簿(2)と推定される当該史料に登場する人物・企業を示し、これに続く［　］内には当該史料から引用した情報を不明点もあるがそのまま付記した。漢数字などの数値、貸、信、不などの略号は、それぞれ貸付(限度)金額、貸付、信用貸付、不動産抵当貸付などを意味するものと解されるが、史料には凡例は一切なく詳細は未詳である。

なお本章は二〇〇四年度科学研究費補助金「近世・近代日本商家活動に関する総合的研究」(基盤研究B二課題番号、

一五三二〇〇八三、研究代表者宇佐美英機氏）の成果の一部である。

1　鉄道事業とファイナンス

鉄道はその草創期においては鉱業、建設、鉄鋼、車両、機械、金融保険その他の諸産業の振興、沿線地域の発展等に多大の外部経済をもたらすリーディング・インダストリーであり、かつ当時にあっては卓越した高度な技術水準を必要とする最先端産業の一つであった。一般に鉄道業の特性として他産業に比し巨額の設備資金を要し、かつ投下資本回収が超長期に亘ることが挙げられる。その理由は長距離・連続した線路敷、隧道・橋梁など設備一式を開業前に一括設置せねばならない前払的構造と、その結果として不可避な初期赤字である。このため資本市場が未発達な段階にあっては、巨額で超長期の資金を必要とする鉄道企業は当然に資金調達に苦慮、呻吟した。現実の鉄道ファイナンスにおいては巨額の資金をいつ、だれから、どのような形態で、いかにして調達するかという点が重要である。無数ともいえる鉄道敷設の素朴な願望、計画、発起の数に比し、正確なビジネスデザインを練り上げた上で最終的に実現にまで漕ぎ着けた開業鉄道数が極めて僅少な事実がそのことを雄弁に物語っている。

しかも幸運にも開業できた鉄道にあっても初期赤字に苦しみ、建設資金の返済に窮し、当初計画の放棄や挫折を余儀なくされた。借金体質の北越鉄道社長であった前島密は一九〇五年に「私ノ実験上カラ」として「鉄道ガマダ出来マセヌノデ……然ルニモウ株券ハ皆募ッテ仕舞フタ、丁度経済社会ノ悲境ニ際シテ居ル時デアルカラ、借金シヤウト思ッテモ金ガ借リラレナイ、随分困ル」[(3)]と資金繰りの苦労を訴えている。したがって鉄道業、とりわけ信用度の劣る中規模以下の鉄道企業経営において資金調達問題の重要度は極めて大きなものがあり、明治期の私設鉄道の発達を支えた重要な側面の一つであるファイナンスを研究する意義は大きい。これまで五大私鉄等、長距離の幹線鉄道には比較的多くの先行研究があり、そのファイナンスの解明作業は進行しつつあるが、それ以外のファイナンスの全貌は未だ十分に解明されたとは言えない。

明治期の社債・株式市場での鉄道社債・鉄道株の占める比重の大きさに関しては野田正穂氏[4]らによりすでに明らかにされているが、特定の金融機関にあっては鉄道事業は極めて重要な投融資対象であった。さらに安田善次郎（安田銀行）、松本重太郎（百三十銀行）、岩下清周（北浜銀行、北銀と略）ら特定、少数の銀行家等にあっては、投融資と役員派遣をワンセットにとらえ、しかも超長期の投資対象としての鉄道事業の優位性を一般の銀行や投資家に比して特に強く認識する傾向があり、銀行の主要な長期投資先として積極的に銀行サイドから開拓するだけでなく、銀行家個人でもいわば「世襲財産」[5]的な長期凍結財産として長期保有を強く志向する者も出現した。鉄道業等に対して「随分放胆に金を貸出す」安田善次郎翁の態度に対して、岩下清周は「『今の銀行家仲間では安田位のものだよ』と……安田翁の放資振りには余程感心されたものらしく、機会ある毎に……褒め」（伝、第六編、一一七頁）たという。

銀行・金融機関側でも鉄道等への投融資に積極的なトップが就任すれば、地域内の鉄道はもとより、銀行等の支店所在地域を超えた遠隔地の鉄道にも、まず株金取扱等の業務的関係を出発点として当該鉄道株主への株式担保貸付に始まり、次第に株式投資、貸付、社債の応募・引受へと関係はエスカレートしていく。銀行が地域内のある種の資本家・投資家集団の共同投資上の便宜をはかる使命を持つ場合も多く、当該銀行の大株主・役員等を含む支配層が発起人となった鉄道では当然に株金取扱銀行となり、関係集団の株金払込の窓口銀行＝株式担保金融の役割を果たすことが期待される。こうした結果、銀行の担保に占める特定鉄道の株式の割合が高まると、当該鉄道の株価・業績如何に当該銀行の側も強く影響されることになる。そこで好むと好まざるにかかわらず、銀行側は当該鉄道の株価引上げ、業績好転等に強い関心を持たざるを得ず、自然発言力を強めるため経営陣に加わり、同時に企業の存続のために資金繰りにも関与せざるを得ない状況に陥るものと考えられる。この結果特定の金融機関にあっては鉄道事業は極めて重要な投融資対象となり、社債のアンダーライティング、財団抵当等の包括的担保制度、他鉄道への身売りや自己競落会社設立、その他各種の財務整理等、ファイナンス上の新しい工夫や革新を鉄道業等を主たる対象として順次生み出す契機となった。こうした金融機関では鉄道は単なる一債務者という域を超え、いわば「死なばもろとも」の運命共同体的関係にまで陥り、その結果一部銀行では不振私鉄への不良債権等を原因・一因として取付・破綻を招く事態まで生じた。こうした十五銀行＝日本鉄道(6)、北浜銀行＝西成鉄道(7)・大阪電気軌道（大軌）のような一行支配は極端な例であろうが、鉄道企業と金融機関との癒着の背景には非幹線鉄道の返済能力の欠如のため、与信の長期延滞化傾向が不可避ななかにあって、当該金融機関のトップ等が私鉄役員として直接経営に深く関与し、主客逆転、手段が目的化して不振私鉄の資金調達・再建等に際限もなくかかわらざるをえなかったという「鉄道と金融の渾然一体化現象(8)」を生み出す土壌が存在した。

2　北浜銀行岩下清周と阪急・近鉄等の創業支援

岩下清周に関しては近鉄・阪急等の創業を支援するなど、先見性に富んだ、わが国のベンチャー・キャピタルの祖としての高評価(9)の方が今日においては多数派を占めるように思われる。しかし当時の世評はさにあらずであった。岩下の親友**片岡直輝**［堂島、大阪瓦斯社長、四〇〇〇貸二］は大軌・箕電（現近鉄・阪急）への創業支援を例にあげて「彼の生駒のどてっ腹をえぐるなどといふ大胆な芸当は岩下君にして始めて出来ることであって、当時世論紛々其工事の成功を危ぶむだ者が多かった(10)……宝塚、箕面の電車でも同様……此所に巨額の資金を投じて軌道を敷設し、行楽地としての経営をしても果して相当の収益を挙げ得ることが出来るかどうだか、私なども其計画を聞いた時に君に注意したことがあった」（伝、第六編、二三二～二三五頁）と、好意的な友人達でさえ創業当初の大軌・箕電等を相当に危険視していた。

また岩下の配下に位置していた**島徳蔵**［北浜、株式仲買・島徳商店、貸五〇〇〇］も岩下の訃報に接して「あの人が大阪に残した功績は何をおいても大軌電車と阪急電車の創設である。阪急は……他人の言には耳もかさず投資し、小林君が手をつけて成功した」[11]と述べた。岩下本人は北浜銀行事件の法廷で「私は社会からも司法官からも如何にも悪人であるやうに見られて居るが、私は銀行の金を費消したのは、国家に必要なる事業をおこす為めか、然らずんば……友人知己の失敗を救助する為めであって、其間少しも私利を計ったものでない、此意味に於ては私は如何なる罪科を受けても俯仰天地に恥ぢざるものである」[12]と胸を張った。岩下の「友人知己」とは箕電の小林一三（一九〇二年時点では三井銀行本店調査係検査主任、名簿になし）をはじめ、**谷口房蔵**［備后《ママ》、木綿商］、**大林芳五郎**［靭南通、帳簿製造印刷建築請負］、才賀藤吉、鈴木藤三郎、豊田佐吉、森永太一郎など「悉く天才肌の人」（平生釟三郎、伝、第六編、一九三頁）で、岩下がこうした多数の「天才肌の事業家を愛護」（伝、中島久萬吉はしがき）したことを指す。平生は「余りに重きを天才に置き過ぎて……所謂凡人、即ち秩序的教養ある人物を用ふるの雅量を欠いた」（伝、一九三頁）点が失敗の一因とした。

大塚磨は「商売人は先きが見へなくては駄目、併し其先見といふも五年先きの見へるものは大抵皆損をする。故に三日四日先きの事が分りさへすれば充分なり。余り先きが見へ過ぎるは仕損じの基」[13]と語ったが、『岩下清周伝』も岩下の次のような語録を収録して、先見性ある岩下を五十歩先の見える「時代の犠牲者」と位置付ける。「百歩先の見えるものは狂人扱ひにされ、五十歩先の見えるものは多く犠牲者となり、一歩先の見えるものが成功者で、現在を見得ぬものは落伍者である」（伝、二〇六頁）。

岩下ははたして大塚磨のいうように「余り先きが見へ過ぎ……仕損じ」た商売人であったのであろうか。当時岩下は北銀支店長岩井重太郎らの部下に対して「日本の銀行業者は既成有利の事業にのみ金を貸して、之から芽をふかうとする事業には皆目手を出さないのはどうしたものか。事業の将来を見込んで、之は安全有利であると目星をつけたならドシドシ金を貸してやるがよい。そして儲かる時までまって居るがよい」（伝、第六編、一一六頁）と持説の長期投資を説いたという。

工業立国論者であった岩下は「余力を事業に分つを以て寧ろ之を本来の使命なり」（伝、小伝、二八頁）との持論にもとづき、「多年養成し来たれる一味の実業家と結び、一方蓄積せる北銀の財力を提げて大勢力を樹立」(14)した。

しかし、「資金の固定を論ぜず」(15)新興分野へ傾斜する北銀の異色の投融資は**藤本清兵衛**［西横堀、空欄、藤本ビ《ママ》ルブローカー］によれば「殆んど異端者扱を受け」（伝、九九頁）、明石照男の評価では「不良債権中の最大なるものは……大阪電気軌道会社の外、或は大林組とか、鬼怒川水力電気会社とか云ふやうな、岩下頭取その他重役の関係して居た事業会社への大口貸出であって、畢竟銀行経営者と事業会社との所謂馴合ひ関係が、如何ばかり銀行に累するかを実証」(16)している北銀は、「不良分子中でも最不良のもの」(17)と非難した。

岩下が深入りした「関係事業は尠なからず打撃を受けて、まず才賀商会の破綻事件あり、日本興業会社の設立によりてようやく一時弥縫し得たるも、財界の不況はますますはなはだしく、同氏の関係会社中、箕有電鉄、鬼怒川水電等は財界の禍源として、一時疑雲の集中せらるる所となり、延いて北浜銀行の信用を疑われ始め」(18)て結局失敗した。

しかし「北浜銀行は創立後僅か十四五年で、従来各銀行が試みなかった工業資金の融通はやる……各種の社債には応ずると云ふ放胆な営業ぶりに対し、他の各銀行はいづれも北浜を憎んでゐた」（伝、第五編、一六三頁）、岩下は「世間から策士と呼ばれ、悪辣家と称せられ……油断のならぬ男」(19)と言われたり、銀行業界からも「岩下の乱暴なる銀行経営ぶりは日本銀行当局の悪む処」(20)、「市中銀行も、平素の岩下の人も無げなる振舞を癪に触へてゐる」(21)といわれ、たとえば「同じ銀行家であったと云ふのみで、親交はなかった」坂野兼通（山口銀行）は岩下の伝記に「〈岩下〉翁は銀行家として実に意表外に出る放胆な人であった。是と信じた事業には、何等顧慮する處なく、無遠慮に投資すると云った、悪く云へば山師、善く云へば大事業家で……今少し周到な用意と研究がほしかった」(伝、第六編、一九一頁)と、意表外・放胆・無遠慮・山師など、この種の伝記への寄稿には異例の辛口の追想を寄せている。また岩下と敵対していた高倉藤平伝の伝記(岩下攻撃の火元である大阪日日新聞の編纂)も岩下の功罪に関して「北浜市場の機関銀行たる初定の権域より脱して、手を八方に拡げ、一方当路の大臣と結託して、華城財界の羅馬法皇たる威勢を示し……其功勲の録すべきもの多く、又指摘すべき罪過の尠からず[22]」と評している。また安田善次郎から巨額の融資を受けていた浅野総一郎も「北浜銀行の金の貸し方は誠に荒かった。担保に対して頗る割良く金を貸した」(伝、第六編、六一頁)と評している。

3　ビジネスデザイナー岩下が選好した取引先の特色

岩下や北銀に関する研究は彼に関する唯一の同時代人証言集とでもいうべき『岩下清周伝』に依存せざるを得ない。しかし岩下を慕う友人・知人のみによって編纂された『岩下清周伝』は、概して岩下の失敗・欠点に甘く、岩下の実像をどこまで客観的に叙述しているか、いささか疑問である。小林一三が「岩下さんに関係のある事業会社にて、北銀との関係は個人として或は会社として、大なり小なり北銀の庇護を受けて借勘定であった[23]」と回顧するとおり、岩下が「多年養成し来たれる一味の実業家[24]」など、いわば北銀の受益者が『岩下清周伝』の編纂ないし寄稿者の大半を占めているからである。北銀破綻当時、受益者以外の一般の「北銀の株主は株主と云わるるを恥じ、預金者は名前の出ることを憚りて、他人に債権を譲り渡し、なるべく無関係を装う有様[25]」であったといわれる。

北銀事件当時は「其仕事は大なり小なり北銀に関係があるので、被告の立場に居る[26]」ため、「何となく不愉快で暗雲に閉された[27]」〝受益者〟小林一三らが、岩下のこうした汚名を雪ぐ意図から編纂された伝記である以上、ある種のバイアスは不可避であると思われる。そこで、可能な限り『岩下清周伝』以外の同時代資料を各方面から鋭意探索することにより、岩下のリスク選好度を測定することが筆者長年の課題である。北銀の大口与信先としては融資を株式転換した西成鉄道（券面額八八・五万円）、融資等を株式転換（券面額）した唐津鉄道（券面額二六・五万円）、ピーク時の一九〇四年三月末現在融資額五一万円の近江鉄道[28]、徳島鉄道（社債券面額九・八万円）、日本製麻（社債券面額七・五万円）などが知られる。これらの私鉄等に関しては、筆者も著書等で一応の分析を行ってきた。しかし北浜銀行の取引先を網羅する資料は現在のところ管見の限りでは旧三和銀行を含め関係機関等からも公表・情報公開されていない。そこで一九九八年春に宇田正氏が古書店で購入された「大阪堂島斎藤印行」の印刷者名ある、無銘の縦罫紙（片面一〇行、左右両面で二〇行）に筆で書かれた名簿[29]を氏のご好意により本章でも再度、利用させていただくこととしたい。

当該名簿に掲載された人物（太字）の特色をあげれば、一見して北銀、三井物産、藤田組、北銀投融資・取引先、岩下の兼務先等の関係者、知人、縁者、要するに『岩下清周伝』にも登場する岩下系人物が多いことである。典型的には北浜銀行専務の**小塚正一郎**［南区松屋町、空欄］、監査役である**浮田桂造**[30]［南区安堂寺橋、売薬、四］などである。そこでハイリスクを承知で、今日のいわゆるベンチャー型企業に好んで投融資したと称される岩下の実像に迫るため、当該名簿の中から筆者の判断で①相場界、②技術志向の工業分野、③外国志向の強い専門分野、④鉱業・観光業など旧勢力から疎外された特定分野の四類型を取り上げ、それぞれの類型に該当すると思われる取引先を任意に名簿から抽出して属性や岩下との接点等を分析することで当該仮説ならびに史料の性格の検証を試みたい。

(1) 相場界

貸金額が明記された株式仲買人[31]は一〇人だが、ほかに「貸」とのみ記載されるものの、貸金額が記載されない株式仲買が一四人、「貸」の記載もない当史料記載の株式仲買が八人あり、これらすべてを含めると総勢三二名が記載されている。この数は一九〇一年一二月時点の大株仲買人四七名の約七割弱を占める。当時の岩下と株式仲買人との共存・癒着関係を「北浜村の彦左格」[32]の「高安」こと高橋安次郎（一九〇六年六月一日開業、一九一六年四月一九日廃業、一九〇四年ごろ作成と推定の名簿になし）の大阪弁での談話が如実に示している。「大将、居やはりまっかーと重役室に飛込んで行って、毎度だんが、これ丈け出しなはれと指をヌット突き出す。岩下が、指三本はいくらだと、からかってかかれば、安さんむきになって、この高安が使ひに来るからには、指三本が三万円、愚図々々言ひなはんな、村の為めだんが、村の為めは、とりも直さず北銀の為めだんがーと云った調子で、之も親分肌で合点の好い岩下から、金を引張り出しては、危急の店を救ったものである[33]」。

『大阪日日新聞』は「北銀の奴隷たる大株[34]」と批判したが、大阪証券界と北銀との運命共同体を意味する北浜「村の為めは、とりも直さず北銀の為め」という高安の殺し文句に、「親分肌で合点の好い」岩下が、危急状態に陥った株式仲買店に緊急の救済資金三万円程度を即決するなどは「毎度」のことであったことが判明する。

(2)　技術志向の工業分野

①谷口房蔵と大阪合同紡績

大阪商船社長の**中橋徳五郎**［江戸堀北、日本火災大阪商船重役］が「東京大阪等に於ては適々一二の銀行が工業会社に対し資金融通の便宜を与ふるや忽ち同業者の悪評を蒙むり[35]」と評するように、銀行が工業資金融通に踏み切ること自体が画期的であった。当時の銀行が概して「紡績会社への融通は最も危険なるものとして取引を避けた」（伝、第二編、五七頁）ころ、岩下の北銀は「従来各銀行が試みなかった工業資金の融通はやる……各種の社債には応ずると云ふ放胆な営業ぶり」（伝、第五編、一六三頁）であった。岩下にとっての本格的な工業資金融通の最初は**谷口房**

蔵［備后、木綿商］が整理を引受け、常務として経営していた明治紡績に志方勢七［靭南、糖肥料、五万貸］らの紹介で岩下自身が面談した上、山本条太郎［清国上海］と工場を実査して、三人は意気投合、岩下が「谷口なる人物を信用して」（伝、第二編、五八頁）二〇万円を限度に融資取引を開始したことにはじまる。これを契機として、一九〇〇年岩下、谷口、藤本清兵衛［西横堀、空欄、藤本ビールブローカー《ママ》］らが主体となって、順次谷口が関係する明治、天満、朝日各紡績等を合同して新たに大阪合同紡績［東区安土町］を発起し、一九〇二年北銀が社債を引き受けて全面支援した(36)。

②新田長次郎

新田長次郎［南区、帯革製造、二万信三］は寝食を忘れて研究、一九〇四年には挿接帯革の専売特許、一九〇七年には「新田式調帯」の特許を得るなど「我邦帯革業の覇王」と評された絶えざる革新者であった。新田は岩下とも交流が深く、「［岩下］君は片岡直輝、松方幸次郎、新田長次郎三氏に依頼し、自分と四名で、完全に亡友［加藤恒忠］の遺児を仕立て上げた」（伝、雑事、二二二頁）ほどであった。日銀「北浜銀行救済ノ顛末」でも北銀救済進行中の一九一四年四月二八日北銀の資金繰りにおいて「新田長次郎ノ手ニテ二十万円……ヲ調達シ得タ」（顛末、二五三頁）と報告されており、四面楚歌の岩下に好意的態度を示した。

③二宮忠八

薬種商の二宮忠八［北浜、薬品、六〇〇〇貸］は大日本製薬の支配人、大阪精薬合資代表社員として新薬の開発に努めて利益をあげる一方、大阪薬品試験所の支配人として、倒産寸前の同所を立て直すなど、大阪薬品界での地位を確立した。しかし、もし岩下が二宮を評価したとすれば、単に「二宮舎利塩」などの新薬の開発者としてではなく、別の側面であったと想像される。二宮は日本航空界のパイオニアとして独力での航空機製造を夢想し、ライト兄弟より一〇年前に独学で飛行機の設計図を完成させたが、軍の上層部には全く相手にされなかった。彼は独自に飛行機の製造資金を蓄えるために経済界で一旗あげようとの野心に燃え、薬品界で精進したのであった。大日本製薬が彼の功労に報いて出資し、一九〇〇年ころ念願の金一万円也を貯え、京都府八幡の精米所を買収、石油発動機を動力に用い、本格的な飛行機製作に熱中した。[37] 二宮への「六〇〇〇貸」が、大日本製薬出資の一万円で不足する飛行機製作資金であったとすると、発明家の大好きな岩下の性格を示すものとして注目されよう。

④磯野良吉［北浜、鉱山業］と梅津製紙

磯野製紙所は槙村知事の産業発展策の一環として一八七六年京都府営パピール・ファブリックとして開業した製紙場（京都府葛野郡梅津村）を一八八〇年磯野小右衛門[38]が払下げを受け、「洛西梅津の地に於て製紙業に従事[39]」し、個人経営の磯野製紙場として創業した。磯野小右衛門が一九〇三年六月死亡し、長男の**磯野良吉**［「貸」会社重役・鉱山業、東区北浜］が継承したが、中国への輸出で失敗、一九〇六年破綻により資本金三〇万円の株式会社梅津製紙に改組、同社債二五万円は発行価格九八円、利回り九・三五二％、二年据置後一〇年間に償還という長期の条件で、北銀が一九〇六年六月大口引受けを行ったものの、一九一三年時点でなお四万円の欠損を抱え一九一四年六月末現在北銀は梅津製紙第一回社債三・六万円（総額の一四・六％）を背負込んでいた。[40]

『高倉藤平伝』によれば「梅津製紙会社株が北銀に五十五万円の抵当流となり居り、之が処分に就て、［**高倉藤平**］君は**藤本清兵衛**氏に一任したるが、当時磯野［良吉］氏は苦境時代に在りて、之が償還回収に悩み居れりてん……他の［北銀］重役連は之が売却処分を主張せしも、君頑として之に反対して曰く『梅津製紙は故磯野翁の苦心の余になる会社のことなれば、その株に対して十分の真情を以て解決を要す』とて藤本氏に一任したる徳義を楯とし、或時機まで株の処分を猶予することとせり[41]」

なお北銀は一九〇八年破綻した岐阜県の武井製紙合資にも四〇万円の与信があった。[42]

⑤大阪アルカリ関係者

大阪アルカリはソーダ進出に失敗し、会社整理に追い込まれ、北銀も九一〇〇〇円の社債を引き受けた。[43] 一九一一年八月大阪アルカリは担保（工場抵当）付社債総額七〇万円を発行（委託募集）、北銀も一九一四年六月末で五・〇万円（総額の七・一％）保有していた。大阪アルカリ関係者としては社長の**藤江章夫**［南区綿屋町、会社重役］、取締役の**内藤為三郎**［北区老松、会社員、五〇〇〇貸］、監査役の**小林林之助**［北堀江、粟おこし、二〇〇〇信三］などが名簿に登場する。

⑥ビール関係者（小西儀助、東京ビール新）

小西儀助［道修、洋酒食料菜種、小西洋酒部・小西菜種部］は一八八四年から大阪の変則ビールの元祖・渋谷ビール元技師・金沢嘉蔵を招き、朝日ビールを製造販売し、天満に工場を作ったほか、「赤門印サイダ、ジンジャ……純良赤門葡萄[44]」酒、ブランデー、ウィスキーなどの洋酒醸造にも関係した。[45] 名簿の「小西洋酒部」は失敗続きで苦戦を強いられた小西の洋酒事業が何らかの形で継続していたことを示すものであろう。

「**東京ビール新**」［新川崎御料地］は一八七八年創業の老舗・鶏頭印の桜田麦酒「工場を神奈川県程ケ谷に移転し新式機械を輸入して新たに麦酒の製造を開始し、一八九八年九月より製品の販売開始[46]」したものの破綻した東京麦酒の受皿会社として一九〇四年一二月設立の「東京麦酒新」のことと思われる。

⑦千艸安兵衛

舶来織物商の**千艸安兵衛**［南本町、洋反物商］は一八九八年欧米に渡り、捺染技術を習得し、千艸屋独自の日本最初の洋式捺染製品を売り出した「洋式捺染の元祖[47]」であった。

⑧稲畑勝太郎

稲畑染工場主の**稲畑勝太郎**［順慶町、絵具染料］は京都府の代表として横田万寿之助らとフランスに留学したほか何度も渡欧し、帰国の際に「シネマト・グラフ」を持ち帰った映画産業の先覚者としても有名である。稲畑は破綻後の北銀新役員候補に挙げられたが、就任を拒絶した。

⑨摂津製油

摂津製油［北区安井町、製油製粕、三万信］の関係者としては社長の**志方勢七**［靱南通、糖肥料、五万貸］、取締役の**田中市太郎**［靱北通、諸会社重役、二万貸］、監査役④旧一六五、新二三三株主[48]の**小林林之助**（前出）など。

⑩松尾平次郎

麻商の**松尾平次郎**［内平野、缶詰製造陸軍用達、一万五〇〇〇貸］は豊礦石油取締役等を経てのちに才賀藤吉の有力パートナーとなり、大阪電機製造社長、松阪水力電気、新潟水力電気、摂津電気各取締役、京津電気鉄道発起人、船場銀行頭取等に就任した。ただし大阪電機製造は「才賀藤吉、岩下清周の没落により、以来成績最も不良を極め、悲境に落入《(ママ)》[49]」り、名義上、頭取の船場銀行も「虚業家」守山又三[50]が「実権を握り銀行を意の如くに左右[51]」したとされ、関係した才賀、船場銀行とも破綻するなど、松尾のリスク管理能力には大いに疑問がある。

⑪大阪製菓

岩下が森永製菓を支援したことは有名だが、同様な存在に「むすめ印ビスケットにて有名なりし[52]」ビスケット製造の**大阪製菓**［南区下寺町、洋風菓子、四］がある。同社専務の**山岡千太郎**［北浜、大阪製菓社員］、**中川勝蔵**[53]［北区真砂、会社重役、一八〇〇貸　甲］の双方とも名簿にあり、関係の深さがうかがえる。しかし同社は「経営方法宜しきを得ず遂に客〈大正元〉年十一月解散の決議をなし爾来専ら精算中《(ママ)》[54]」となった。福島紡績買占め事件の一～二年後、この「大阪製菓会社支配人渡辺益夫が何か他の事件で家宅捜査を受けた。この時〈大阪製菓〉会社の金銭出納簿に長田桃蔵宛何万円かの立換払いが記入されていた結果一同の検挙となった[55]」という大阪製菓事件が発生し、長田桃蔵配下の「会社荒しの副頭領格[56]」として**二宮秀**［梅田、貿易商仲次、三〇〇〇貸］の名も報じられた。前述の守山又三を取り調べた有名な鬼検事の一松定吉が控訴を担当した難事件であった。

⑫その他

そのほかにも、この類型に属する取引先としては、冷蔵専業会社として高橋虎太らにより東京に設立された帝国製氷[57]と並ぶ一八九八年設立の老舗**大阪製氷**［南堀江］、一八七〇年一〇月創業の「我国製革及製靴事業の起源[58]」桜組、**晃彩館**［北浜、写真］などがある。

(3) 外国志向の強い専門分野

一八九三年春から三井物産社員としてパリ支店に勤務した岩下は一橋の同窓生の平生釟三郎から「フランスかぶれ」（伝、第六編、一九二頁）と言われたが、以下のとおり、三井物産関係者、大阪瓦斯をはじめ、医師、技術者、渡航経験者、外国商館勤務経験者・貿易業、外資との合弁など、外国との接点のある専門的職業人が多い。

①三井物産関係者

三井物産関係者としては岩下と「巴里時代の友人[59]」で、「守山氏が買占着手の動機は北浜銀行の岩下清周氏と三井物産大阪支店長山本条太郎氏が之に賛成し、北浜銀行と三井物産とが金融の途を図った[60]」**山本条太郎**［清国上海］、一九〇九年八月一八日設立の東亜興業に岩下は山本条太郎、白岩龍平らと取締役就任[61]、**藤野亀之助**［内平野町、三井物産社員、三〇〇〇貸］、三井銀行元抵当課長の**藤山雷太**［東京、東京印刷・日本火災重役、〇〇〇〇（ママ）貸］、**友野欽一**［高麗橋、三井物産支店員］、**小室利吉**［南新町、三井物産社員］、**守尾収吉**［石町、三井物産社員］など多数記載されている。

②大阪瓦斯関係者

外資との合弁企業の先駆である**大阪瓦斯**［西区岩崎］には一九〇二年一二月の増資時に岩下が協力し、北浜銀行側で六〇〇〇株を引き受けた。外資との合弁企業としては村井煙草に次ぐ先駆的存在で、一九〇六年の日本製鋼所、村井カタン糸製造所、平沼火薬製造所、日英水力電気等に先行していた。大阪瓦斯関係者としては**片岡直輝**のほか、ニューヨークの資本家アンソニー・N・ブレディが本格的な事業調査のためわが国に派遣した専門の技師である**カロール・ミラー**［川口、大阪瓦斯会社員、三］が米国資本を代表して大阪瓦斯取締役第一副社長に就任するなど、大阪瓦斯は完全な外資主導の合弁会社であったため、副社長、技師、供給部長、現場監督がアメリカから派遣され、特にミラー副社長は傲慢不遜の態度であったとされる。名簿には「米国にて瓦斯営業に経験あり(62)」調査部長（一九〇七年二月取締役第一副社長に就任）の**チャーレス・ピー・クッシュマン**［大阪瓦斯会社員、三］、供給部長の**ケー・ゼー・ホラー**［大阪瓦斯会社員、二］、一九〇五年晩春に怒った日本人労働者に短刀で刺された監督技師(63)の**ゼー・エム・ルーゲンバルク**［北浜日本ホテル、大阪瓦斯会社員、三］、一九〇五年三月文書総長を辞任(64)した**福島金馬**［靭南、大阪瓦斯会社員、三］など多数記載されている。ただし一九〇四年一月大阪瓦斯財務総長の職を退任したシー・ディー・マグラース(65)、一九〇四年七月大阪瓦斯取締役を退任したイー・ゼー・パリッシュ(66)、一九〇四年一一月第二副社長に就任した渡辺千代三郎は記載がないので、当該名簿が前掲拙稿で推論したごとく一九〇四年七月以降、一九〇四年一一月以前の作成である可能性を示している。

③湯川玄洋などの医師

胃腸の調子が悪くなった岩下は大阪のある医院に飛び込み、またまた初対面で若い医師の診察ぶりに惚れた。この胃腸病院長であり、ノーベル賞を受賞した湯川秀樹博士の養父でもある**湯川玄洋**［今橋、胃腸医、三〇〇〇信］は「岩下さんがひょっこり入って来て診察を乞はれたので診察した。そして一二回あった丈で、病院を建築せよと勧められた」と岩下からの好意あふれる突然の一方的融資快諾に困惑したと回想している。湯川は「自分は一二度の面会で知られたのだから、爾来信用を損せぬやうに注意した。然しああいふ仁だから、人の見損なひも中にはあらう」（伝、第五編、二二六頁）と、医者らしく岩下の神業的な診断ぶりを心配している。日本最初のノーベル賞を受賞した湯川秀樹の「研究費のほとんどを提供し……苦楽園に別荘を建てて与え」るなど受賞を陰で「支えた養父[67]」でもあった。

湯川のほかにも緒方一門の**緒方正清**［今橋、婦人科医、一万二〇〇〇信］、緒方洪庵に医学を学び、大阪仮病院に勤務後に、大阪の私立病院として緒方病院に次ぐ高安病院を開き、「大阪の大医」と称された**高安道純**［道修町、医、五］（一九〇六年一一月死亡）、**山本宗一**［南区逢坂上ノ町、医、一万五〇〇〇不動四］、**飯田信次郎**［堂島浜、医、三〇〇〇貸二］、**山県正雄**［瓦町、眼科医、五〇〇信］、**堀内謙**［吉がモレか？、今橋、耳鼻咽喉医、一万信］、**松本百之助**［備後、内科医］ほか多数の著名な医師が登場する。

④(名)山中商会

山中商会［北浜、新古美術品及雑貨輸出業、五〇〇〇信］はニューヨーク、ロンドン、ボストン、シカゴ、ワシントン、フロリダ、パリ、ハンブルグ、北京、上海など世界各地に販売網を有し「世界を股に大活躍」「大阪商人としてはケタはずれの度胸の持主[68]」との評価がある。

⑤中井松治郎

中井松治郎［木津北島、皮革、三〇〇〇信三］は日清日露戦争時に軍用品で巨利を得て「有事一方の商将[69]」と言われ、日露戦後に上海支店を開設した。

⑥貿易業者

日本綿花［中島、綿花綿糸ノ委託販売并売買］、アーレンス、スコットとの合弁から独立して直輸出入商・高田商会を開き、海外投資詐欺のはしりの日秘鉱業事件では「有ったただけの株は遂に全損に帰した[70]」**高田慎蔵**［貿易］をはじめ、**井野商店**［東梅田、皮革貿易］、台湾進出の**賀田金三郎**［立売堀北、建築請負鉱山土地開墾等、〇〇〇〇〇（ママ）信］、**稲富市郎支店**［北堀江、物産問屋、〇八〇〇〇貸三］、**西田健次郎**［本町、北清貿易、八〇〇〇貸］、前述のとおり総会屋稼業で名高い**二宮秀**［梅田、貿易商仲次、三〇〇〇貸］、**フリブル・グラント商会**［川口、貿易］、仲買業の**勅

使河原映次郎［今橋、貿易］など貿易関係者が多数登場する。台湾で活躍する賀田は**大阪製氷**［南堀江］取締役等を兼ねたが、五ケタのゼロが並ぶのは名簿作成直前まで大口融資先だった可能性を示していよう。

⑦**岡部千代**［北区本庄権現、岡部廣夫人］

後述する旅館・料飲業の女将を除いて、珍しく女性として名簿に登場する岡部千代は明治中期の段階で京浜銀行の経営者であった岡部廣の夫人で、岡部廣が亡父のために一九〇六年出版した『永懐録』[71]巻頭「岡部家家庭」に岡部千代の写真がある。北銀の為替取組先には、一八九九年四月二四日株金払込事務取扱を「北陸地方ヲ畿内付近ニ連絡……若狭及近江西部ノ開発ヲ謀ルニ在リ[72]」とされた京阪と北陸を最短距離で直結する雄大な構想の京北鉄道[73]（岩下にとって最初の鉄道への関与としての監査役就任）と契約し、翌期の一八九九年一二月末には京浜銀行と為替取引を契約した[74]。

京浜銀行は明治中期の段階で海外支店を有する特異な銀行で、姉妹会社の萬世生命ともどもハワイ移民を搾取した銀行として悪名高く、「山師銀行[75]」との評があり、農商務省の臨検を受けた。また岡部廣は一九〇三年三月二五日大阪生命事件の主犯として収監され、一九〇四年五月有罪判決、一九〇五年二月一〇日有罪確定、この間獄中から配下を動かす「黒頭巾着用の社長[76]」となった。岡部の名が出ず、夫人の千代が名簿に出る背景がここにある。岡部は「巨大なものが好き[77]」で、「滔々たる弁舌をもって大上段に構えた演説は他の追随を許さぬ[78]」と言われた。

⑧その他

日本海陸保険倫敦代理店監督として渡英、一九〇一年同社解散により清算人となった**林幾太郎**［江戸堀下通、日本火災支配人、三］、一九〇七年に外人と東洋コンプレソルを創立[79]する大阪土木顧問技師で、建築設計業の**河合幾次**［北浜、技士、五〇〇〇貸］なども、この類型であろう。また個々には触れないが、多数記載された株式仲買人連中の中でも老舗の書籍商から転身、一九〇五年初めて洋館の店舗を新築し、一九〇八年世界一週団に参加、帰朝して帝国新聞社を起した**梅原亀七**［北浜、株式仲買、貸］などの変わり種も含まれていた。

(4) 鉱業・観光業等

リスクが高く、水商売等と見做された鉱業、請負、席貸、料亭、旅館（今日の観光業を含む）その他特定分野の従事者は旧勢力からはややもすれば疎外される場合が少なくなかったといわれるが、岩下の交遊範囲は門地や旧来の慣習等にとらわれず、人物本位で誰とでも面談し、経営者としてこれはと思う人物とは深く付き合い、銀行家として全面的に支援することを常とした。岩下は保守的な銀行家が株式や米穀の仲買人たちを相場師だと決め付け、買占行為を毛嫌いするなどのかたくなな態度に反発を感じていたのか、三井銀行大阪支店長時代から仲買人を金融の専門家として尊重・厚遇し、内部の規則も無視して買占資金も恐れずに供給するという大胆な行動をとった。たとえば福島商会を継承して山叶商会と改称した前田仁平は「昔は仲買人といふと一と口に相場師とか詐欺師とかのやうに侮って、ややもすると蛇蝎のやうに嫌はれたものである。それは商売そのものがまだ幼稚な時代で、投資も投機に陥りやすく、投機と賭博との似通ふ点が多いことや、呑み行為などが平気で行はれてをったことも事実[80]」と、自身の被差別体験を赤裸々に回顧している。

①鉱山・石炭関係者

北銀事件の論告で担当検事から「〈岩下〉被告は常にこの種の事業に手を出して莫大の行金を支出[81]」したと批判された鉱業分野では、**藤田組**［鉱物採掘製錬販売、五万貸］を筆頭に、**桑原政**［堂島浜、染織鉱業貿易等其他、一万貸、別口で桑原本店分］、**春原隈次郎**［愛媛県新居郡、砿業、一万貸、別口で三〇〇〇信］、**磯野良吉**［北浜、会社重役鉱山業、貸］、大鳴銅山も経営する改進堂の**藤井護三郎**［東区和泉、印刷、二〇〇〇信四］、**原田勝太郎**［福岡県直方町、貝島砿業社員、三〇〇〇信］、三井物産大阪支店長から四国の鉱山経営に転じた前述の**藤野亀之助**［平野、商社、三〇〇〇貸］などがある。このうち桑原は藤田組元支配人で、山口県阿武郡生雲の狐塚鉱山、松尾藪尻火台鉱山など長門、豊前で幅広く鉱山経営した鉱業家で、公判報道で「最初は桑原の計画なりしも……廃鉱のやむなき悲境に陥りたり。かくてこれを担保として岩下共同の下に北銀よりも金を支出した[82]」と北銀の大口融資先と判明しており、当該史料の出所を類推させる重要人物である。

関西コーク［コーク製造販売兼石炭採掘　五〇〇〇信］は福岡県若松に出張所を置き、筑豊で石炭採掘や買炭を行った。関西コークスは一九〇二年ころ、鞍手郡西川村に室木炭坑を所有した。鞍手郡西川村の西川筋では「採掘の容易なるが為め小坑各所に起り所謂狐掘りと称する姑息的の坑主十二三人の多きに及び、事業微々として振ハず、井上某氏の三笠炭坑と関西コークス会社の室木炭坑を除くの外、其の規模殆んど見る可きなく甚しきは炭坑として齢す可からざるものさへあり[83]」と報じられた。この関西コーク社長が三井銀行元神戸支店支配人の井上静雄（井上鉱業業務担当社員）であった。関西コーク取締役の**北川熊次郎**［東梅田、関西コーク社員、貸］は一八九八年時点では大阪共立銀行副支配人[84]、一九〇二年関西コーク③三〇五株[85]、関西コーク取締役であった。また同社取締役の**今西林三郎**［安治川南通、石炭商・今西商店、三］自身も「他人と組合での石炭山も肥前の北松浦郡の松浦炭坑と豊前の田川郡に本添田炭坑の二個所を所有し、尚ほ筑前の遠賀郡香月村にある緑炭坑に資金を供給し、其石炭の一手販売を遣って居ます[86]」と自叙伝に記している。関西コーク取締役⑥二七〇株主[87]の**大島甚三**［北浜、株式仲買、貸］、関西コーク監査役の浜崎永三郎[88]（名簿上は長男〇健吉）らも登場する。またコークス業界関係者としては**西川庄兵衛**［西区梅本町、コークス商、九〇〇〇貸二］、日本食塩コークス、梅津製紙（前述）取締役の**宗像裕太郎**［土佐堀、空欄、貸］などがいる。

②土木・建築請負

大林芳五郎［靱南通、帳簿製造印刷建築請負］をはじめ、大阪土木関係者（社長の木村静幽、創設者の小林林之助、監査役の田中市太郎、顧問技師河合幾次）、**清水満之助大阪支店**〔西長堀北、建築請負、二〇〇〇信〕、**賀田金三郎**（建築請負、前出）、**横溝久治郎**〔北区樽屋、建築請負、一〇〇〇貸〕、**小島弥之介**〔江戸堀北、建築請負、一二〇〇貸二〕、**山本辰五郎**〔北区西瓦田玉川、建築請負、四〇〇貸三〕、**井上工一**〔東区、土木建築請負〕、**中川辰蔵**〔曽根崎、建築請負〕などがある。中小業者と大林、清水、賀田等の大手との格差は大きいが、名簿記載の背景には当時の北銀本店建築等での取引があったのかもしれない。

③料飲・サービス業

たとえば筆者が入手し得た日本生命の一九〇六年制定の『不動産抵当貸付金取扱規程』でも「特殊ノ物件ハ不可ナリ、又茶屋、料理屋、劇場ノ如キ無論不可ナリ」として、この種のサービス業は不動産抵当貸付金の対象として不適とされる場合が通例であるが、岩下は自身が大阪ホテル（一八九九年一一月設立）の監査役に就任するなど、サービス業・観光業には相応の関心があったと思われる。記載された店舗は片岡直輝も「随分」利用し、「〈岩下〉君の思ひ出多い北浜の灘萬」（伝、第五編、一一二頁）の**楠本萬助**〔北浜、料理業〕など、岩下らの利用施設を含むものと思われる。たとえば**羽田小春**〔東梅田町、旅館、二〇〇〇不動二〕経営の「曽根崎新地の羽田楼で久方振りに食事を共にし」（伝、追懐、一六三頁）、「故人〔岩下〕は余〔渡辺千代三郎〕を曽根崎の羽田楼へ招かれ」（伝、追懐、一八五頁）など、岩下らの馴染みの店であった。羽田楼は曽根崎新地の著名な「貸座敷」である。[89][90]

また**戸山慎一郎**〔北浜、西洋料理旅館・日本ホテル〕経営の日本ホテルには前述のとおり大阪瓦斯の外人技師も長期滞在した。当時の大阪は「純洋風の旅館少なきは一の欠点にして、中之島の大阪ホテルを唯一とし、他に北浜に日本ホテルあれど規模極めて小なり」とされ、岩下はその二軒ともに接点を有したとすれば観光業特に洋式ホテルによほど理解があったことになる。**加藤禄太郎**〔西区仲ノ丁、貸座敷〕は名簿にある鉄商・共盛合資会社の業務担当社員であったが、同社には松島遊郭の代表者として浪速火災保険発起人総代、大阪瓦斯発起人となった「明治三十八年[91]

……当時其勢力〈大阪〉市会を左右した七里・天川一派」[92]の大阪府参事会員の天川三蔵[93]もメンバーとなっていた。

このほか、**今井常吉**［北浜、西洋料理新海亭、五〇〇信］、会席料理店たい寅の**高橋源吉**［堂島中、料理業、五〇〇貸二］、**井口島吉**［東区、料理席貸、四五〇〇不動］、**内本八十吉**［道修町、鶏肉料理・鳥菊商店、二〇〇〇信。別口で牛肉商・鳥菊支店］、**大西熊吉**［曽根崎新地、貸座敷、一五〇〇貸二］、**忠田巳之助**［西区仲ノ丁、貸座敷、八〇〇信三］、**田中藤吉**［曽根崎新地、貸座敷、信二］、**曽根崎新地遊廓取締**、**樋口伊之助**［西区仲ノ丁、貸座敷］、**山田拙吉**［高麗橋、牛肉商・浪速亭］、「魚岩楼」の**中村岩吉**［堂島中、料理業］、**赤松岩松**［西区高砂、貸座敷、三］、**泉ユキ**［備后《ママ》、旅館、五］、鶏肉料理店・泉清の経営者[94]でもある**渡辺市兵衛**［安土町、株式仲買、貸］などが多数記載されている。本章での領域を超えるため、個々の分析には立ち入らないが、こうした小規模な料飲・サービス・観光業者の資金源が判明する事例は明治期では珍しく、それが北銀だったとすればさもありなんという感が強い。なおこのうち、加藤、樋口、忠田は連帯債務であった。

おわりに

以上の検討から、当該名簿に記載された人物固有の属性として、①相場色の強さ、ハイ・リスク志向、②技術志向、③外国との接点、④疎外勢力などがかなり顕著であると考えられる。当該名簿が筆者の推測どおり、北銀の取引先名簿だとすれば、岩下自身の好みや性向が色濃く反映した、岩下との性格上の共通性を有する人物・企業が融資先・交遊先として意図的に選別され、当該名簿に濃縮されている結果と考えられる。すなわち投融資先名簿（ポートフォリオ）こそは銀行・金融機関の隠された実態（＝実権者の性向）を反映する鏡であり、女性にたとえれば化粧しない素顔そのものに相当する。したがって銀行等では大蔵省検査等を除けば絶対に外部に見せることのない極秘情報としてほとんど流出しない性格のものである。万一の流出を憂慮して当該名簿の表紙・表題等に作成者としての北浜銀行の名前を書かない事情もここにある。そんな極秘・匿名史料を何気なく古本の山の中から永年の勘で見事に掘り出され、筆者にお示し下さった所蔵者・宇田正氏の炯眼と度量には感服の外はない。史料の価値に気付かぬ他の購入者の手に渡っていたら、世に出ることもなかったかもしれない。

岩下は気宇壮大な構想や、荒唐無稽とも思えるスケールの大きな話には感心して惚れ込みやすい傾向があり、「随分放胆に金を貸出す」（伝、第六編、一一七頁）くせがあった。当時「世間では、君が北銀頭取でありながら、大軌の如き、厄介会社の社長になったことを非難した」（伝、第五編、八九頁）が、当の岩下自身は「俺は別に好んで〈大軌〉社長になった訳ではない……其處に何等の私心も野心も無い。併し既に社長になった以上、如何なる障害をも排して、断じて遂行せずには置かない覚悟だ。若し夫れ北浜銀行との関係に至っては、全く別個のものである」（伝、第五編、八九頁）と反論した。しかし世間では「他人の難しとする處には求めて突ッ掛(95)」る岩下の「物数寄(96)」だと冷評した。換言すれば、岩下の過大な、過剰なハイ・リスク志向ということになろう。

「真面目な事業家が投機に手を出すことは軈がて事業家としての生命を失ふもの(97)」と信条を固く守っていた片岡直輝は「畢竟君の如き乾坤一擲の放れ業を試みやうとする人物が、錙銖の利を争ふ銀行などを経営するは適材適所でなかった……友情のためには、又、自分が見込んだ男の為には資産信用の程度など充分に調べずにやたらに貸出をして其事業を助けるといふ筆法で、そんな貸倒が多くなったのが破綻の一原因」（伝、第六編、二三五頁）と結論づけている。島徳蔵も「岩下君は自信の非常に強い人でそこに成功もあれば失敗もあった。事業といふものはいくら自信があっても銀行のパニックとかその他色々な故障が起って来るのを私共のやうな平凡人ではすぐ考へるが岩下君はそこが太っ腹でそんな天災地変なんか考へない……その人を信ずることも人がいいのではなく自信が強かったからであった(98)」とその死を悼んだ。

岩下は「資金の融通を欠き、之が為に苦心惨憺境遇に在る会社を救済し、以て金融界に新生面を開拓」（伝、第二編、五七頁）しようとした革新者と位置付けるのが通説のようになっているが、筆者はすでに岩下のリスク選好度に関する別稿(99)において、①将来性あると見た先に対して、②万一生ずべきリスクを頭から想定せず、③リスクの程度を計測せず、④リスクを防止せず、⑤リスクを軽減せず、⑥リスクを回避せず、⑦あえてリスクに幾度となく挑戦し、⑧短期間での投資成果は求めない彼の性向を指摘した。

こうした特異なリスク性向を有する岩下にしてはじめて、箕電、大軌などのリスキーな大規模な地域開発プロジェクトの色彩ある鉄道ファイナンスに、自分から進んで傾斜していった彼の大脳皮質の中の心理的過程が合理的に説明できるものと思われる。ただし、ハイ・リスク志向の岩下にとって本当に挑戦したかったのは英国のフォース橋を凌ぐ一五〇〇万円もの関門鉄道架橋建設の巨大プロジェクトであったといわれる。宿願の「関門連絡の基礎式に杯を挙げるの機会無かりしことを遺憾として居た」（伝、小伝、四四頁）岩下は、凡人には大冒険に映っても所詮は大阪奈良間の「行楽を便にしたものに過ぎぬ生駒山の隧道」（伝、小伝、四四頁）の掘削程度の雑魚での顕彰など、むしろ迷惑千万で片腹痛しとの態度で、折角の生駒山頂への「銅像の建立を謝絶」（伝、第五編、九〇頁）したという興味深い挿話が伝えられている。

今日、凡人のわれわれは生駒山頂に、大軌・近鉄の恩人たる岩下の顕彰碑一つ見当たらぬのをむしろ怪訝にさえ感じる。しかし有罪とされた岩下の汚名を雪ぎ、彼の偉業を永久に伝えたいと熱望する沿道有志の好意溢れる温情を敢えて謝絶してまで、「岩下とはこの程度の些細なリスクに拘泥した小人物だったのか」などと後世の人々から誤解され、彼が生涯をかけて夢想して来た大構想のスケールを不当に矮小化しかねない顕彰碑の建設にはいささかも妥協しなかった点こそが、次々に巨大プロジェクトに果敢に挑戦し、さらに雄大なスケールの構想をたえず志向しデザインし続けた挑戦者・ビジネスデザイナー・岩下清周にふさわしい生き様といえるだろう。

注

（1）伊牟田敏充「岩下清周と北浜銀行」大塚久雄他編『資本主義の形成と発展』東京大学出版会、一九六八年、三一九頁以下。
（2）北浜銀行は例えば明治三〇年代半ば「近代式の洋館」（伝、第一編、二二二頁）の本店（のちの東海銀行大阪支店）新築披露時に「銀行の食堂で同業者、大株主、仲買人、重役と云った風に別けて……宴会」（伝、第六編、一三〇頁）を開催して行員で接待する慣習があり、折にふれて招待客などを記載した顧客名簿類を作成する必要があったと思われる。当該名簿も同行支店別に編集されており何らかの行事等に備えて作成されたものと推定される。
（3）『貴族院特別委員会鉄道抵当法特別委員会議事速記録』一九〇五年二月六日、一八頁。
（4）野田正穂『日本証券市場成立史――明治期の鉄道と株式会社金融――』有斐閣、一九八〇年。
（5）初代安田善次郎は一九〇七年東京大阪間を直結する日本電気鉄道計画に対し「私は無論賛成とか権利とかそんなものを当てにせず利回はりにも関係せず総ての株を皆売っても是れを世襲財産にする」（『鉄道時報』一九〇七年二月二三日）と語るなど、幹線鉄道株を絶対に確実な「世襲財産」視していた。
（6）十五銀行＝日本鉄道は星野誉夫「日本鉄道会社と第十五国立銀行」『武蔵大学論集』第一九巻、一九八二年、参照。
（7）西成鉄道は拙稿「明治三〇年代における北浜銀行の融資基盤と西成・唐津鉄道への大口投融資」『滋賀大学経済学部研究年報』第五巻、一九九八年一二月、参照。
（8）「鉄道と金融の渾然一体化現象」については拙著『企業破綻と金融破綻――負の連鎖とリスク増幅のメカニズム――』二〇〇二年、九州大学出版会、二一六頁以下、ならびに五二〇頁以下参照。
（9）海原卓『世評正しからず　銀行家・岩下清周の闘い』東洋経済新報社、一九九七年、老川慶喜「岩下清周」『立教学院史研究』創刊号、立教大学、二〇〇三年三月、ほか。
（10）連日岩下攻撃記事を連載中の『大阪日日新聞』は「狂人の設計した大軌」と題して「実に馬鹿らしい程大袈裟極まる工事……軌條には七十五封度と云ふ大きな物を用ひて……枕木の数……大軌では十六本……電車に於ては十三本が標準とされて居る。大軌の如き設計に至っては実に狂人の沙汰」（『大阪日日新聞』一九一四年三月二九日）などと批判した。
（11）『東京日日新聞』一九一八年三月二〇日。
（12）（20）（21）（95）遠藤楼外楼『銀行罪悪史』一九二二年、二九九～三〇〇頁、六一～六二頁、五六頁。

(13)『商業資料』一八九四年三月一〇日。
(14)(15)(18)(24)『大阪毎日新聞』一九一五年二月一五日。
(16)(17) 明石照男『大正銀行史』一九三八年、九頁。
(19) 山路愛山『現代富豪論』一九一四年七月、二四一頁。
(22)(41) 吉弘茂義編『高倉藤平伝』大阪日日新聞社、一九二一年、二四八頁、二七〇～二七一頁。
(23)(26)(27) 小林一三『逸翁自叙伝』産業経済新聞社、一九五三年、二二〇～二二三頁。
(25)『中外商業新報』一九一四年一二月一六日。
(28) 近江鉄道と北銀の関係については拙稿「近江鉄道の資金調達と北浜銀行――明治三四年恐慌の信用連鎖を中心に――」『滋賀大学経済学部附属史料館研究紀要』四一号、二〇〇八年三月参照。『日野町史　近現代編（予定）』第二章第五節に別稿予定。
(29) 当該名簿の推定される性格と、主な記載内容については、前掲拙稿「明治三〇年代における北浜銀行の融資基盤と西成・唐津鉄道への大口投融資」参照。その後に気づいた補足・誤謬等は本章に織り込んでいる。
(30) 浮田桂造は「五龍円本舗の百万長者……浮田君は北浜銀行の監査役に名を列して居る。されば北銀不信の風聞が、漸く社会に喧伝さるる事となった当時、役目柄頻りに心配憂慮して『何うだ』『何うだ』と其模様を銀行に就て問糺」(『大阪日日新聞』一九一四年五月三日) したが、日銀救済申請の前日にも「専務の小塚君を銀行に訪ふて、念を押したのである。然るに小塚君……唯大丈夫の一点張りで浮田老人を誤魔化した」(同上) 経緯から日銀への三〇〇万円保証にも「浮田監査役一人は、頑として調印しない」(同上) ため、同行幹部をやきもきさせた。この点は日銀「北浜銀行救済ノ顛末」でも岩下は日銀の聴取に対して「藤田ノ承諾ヲ得ルコトニ就テモ確カニ成算アリ。然レドモ監査役浮田桂造ノミハ尚承諾ノ意ヲ表明セズ、同人ニ対シテハ岩下ニ於テ極力交渉シ承諾ヲ得ルニ努ムベケレバ……」(顛末、二五一頁) と回答したと記している。日銀大阪支店長も「浮田ノ人格ニ徴スレバ此場合ニ際シ同人ノ承諾ヲ得ルコト或ハ困難ナラン」(顛末、二五一頁) と推測した。一九一四年四月二八日日銀大阪支店長に対して永田仁助（浪速銀行）は「監査役浮田桂造ハ去二十四日同行ヨリ手形ノ裏書ヲ強ラレタル際、窃ニ余〈永田仁助〉ヲ訪ヒ其事ヲ語レリ。依テ余ハ同人ガ重役ノ班ニ列スル以上ハ此際調印ノ已ムベカラザルヲ答へ、同人ヲシテ自宅ニ帰ラシメ……改メテ浮田ヲ訪ヒ懇諭数刻ニ及ビ辛フジテ承諾シタルモノナルガ……同人ノ養子忠次郎モ亦……裏書調印ニ関シ頑強ニ反対シツツアルモノナリ」(顛末、二五三頁) と語った。四月二九日「知事ハ浮田ヲ招キ懇諭数刻ニ及ビ浮田ハ漸ク其意ヲ諒シタルモノ如ク……浮田ハ知事ヲ辞シ監査役田島信夫ト相携ヘテ帰宅シタルガ、其後居所ヲ晦マシ所在不明ヲ名トシテ遂ニ手形ニ調印ヲナサザリキ」（顛末、二五五頁）。

(31) 開業、廃業年月等は『大株五十年史』一九二八年の巻末「取引員開廃業一覧表」によった。うち一名高橋松三郎は大株仲買人を一八八九年廃業済の「有価証券仲買」業者。

(32)(33) 岡村周重『黄金の渦巻へ』一九二四年、一七三〜一七五頁。

(34) 『大阪日日新聞』一九一四年四月二〇日。

(35) 『銀行通信録』一九一一年六月一五日。

(36) 『谷口房蔵翁伝』一九三一年、一〇七〜一三三頁、伝、第二編、五七〜五九頁。

(37) 加藤正世『幻の翼　二宮忠八物語』雲華社、一九六八年。

(38) 磯野小右衛門は堂島米穀取引所理事長、大阪株式取引所理事長、一八九六年一二月北銀創立総会で監査役選任。

(39) 『近畿実業家列伝』一八九九年、一〇頁、『工場通覧』一九〇四年、二四四頁。

(40) 「梅津製紙現況」一九一三年一一月三日『日出新聞』、『証券通覧』山一証券、一九二五年、三〇三頁。宗像裕太郎〔土佐堀、空欄、貸〕は梅津製紙取締役。同様な京都府葛野郡所在の観光企業の嵐山三軒家への北銀関与先の見込み違いは拙稿「企業勃興期における京都観光資本家の目論見と違算――料亭・嵐山三軒家株式会社の発起を中心に――」『跡見学園女子大学マネジメント学部紀要』第一一号、二〇一一年三月参照。

(42)(51)(96) 『三十年之回顧』商業興信所、一九二二年、一五〇頁、二四〇頁、二二六頁。

(43) 伊牟田敏充「明治前期の会社機構に関する一考察」『経済学雑誌』五九巻一号、一九六八年七月、四七頁。

(44) 『日本全国商工人名録』四版、一九一一年、三三一頁。

(45)(47) 宮本又次『大阪商人太平記』明治後期上、一九六二年、一三五頁、一六四頁。

(46) 『財界二十五年史』帝国興信所、一九二六年、四一二頁。

(48)(85)(87) 『日報』第一三〇一号、一九〇三年一月六日。

(49) 『電気大観』一九一六年、六六頁。

(50) 守山又三は拙稿「〝虚業家〟守山又三のハイ・リスク行動と京都財界」『京都学園大学経済学部論集』第一二巻第二号、二〇〇二年一二月、参照。
(52)(54)『大阪日日新聞』一九一三年九月三〇日。
(53)中川勝蔵は中川製硝合資無限責任社員、日本金剛砥、大阪製菓各専務、天満織物常務（『大阪現代人名辞書』四九二頁）。
(55)(56)古川浩『会社問題の理論考察』一九五六年、五五八頁、五四七頁。二宮秀は京都競馬倶楽部、阪神競馬倶楽部各常務理事、東讃電気軌道、垂水土地各取締役、門司築港、生駒電気鉄道各監査役などクセのある問題企業役員を務めた。親分の長田桃蔵一派の活動の一端は拙稿「近江商人系資本家と不動産・観光開発——御影土地を中心として——」『彦根論叢』第三七五号、二〇〇八年一一月参照。
(57)『日本冷凍史』日本冷凍協会、一九七五年、二六頁。
(58)『明治大正史』第一一巻、一九三〇年、三三四頁。
(59)前掲『谷口房蔵翁伝』八四頁。桜組取締役支配人藤村義苗は岩下、小塚らも加わった万歳生命の発起人総代となった人物である。
(60)絹川太一『本邦綿糸紡績史』第六巻、一九四二年、二八七頁。
(61)『株式年鑑』一九一二年、雑二〇頁。
(62)(63)(89)(92)(97)杉山元之助『片岡直輝翁記念誌』一九二八年、一九頁、一五頁、二七〇頁、二二四頁。
(64)(65)(66)岸清一回顧、前掲『片岡直輝翁記念誌』三一三～三一六頁。
(67)(79)『大阪現代人名辞書』一九一三年、一二三一頁、三三七頁。
(68)前掲『大阪商人太平記』明治後期下、二〇九頁、三二七頁。
(69)漆正二郎『大阪財界一百人』株式研究会、一九一七年、二八六頁。
(70)朝比奈知泉編『財界名士失敗談』一九〇九年、八四頁。
(71)北銀『第五期報告書』一八九九年三月、三頁。
(72)「京北鉄道起業目論見書」『鉄道省文書（京北鉄道）』。
(73)京北鉄道は拙稿「明治中期における近江・若狭越前連絡鉄道敷設計画の挫折と鉄道投機——小浜商人主唱の小浜鉄道と東京資本主導の京北鉄道の競願を中心に——」『滋賀大学経済学部附属史料館研究紀要』第三一号、一九九八年三月参照。

(74) 北銀『第六期報告書』一八九九年九月、一八頁。
(75) 『報知新聞』一九〇一年一月二二日。
(76) 『本邦生命保険業史』保険銀行時報社、一九三三年、一三七頁。
(77)(78) 『福井県議会史』一九七五年、一六一～一六三頁。
(80) 前田仁平の回顧、報知新聞社経済部編『相場実話』千倉書房、一九三二年、二二三頁。
(81)(82) 山本検事論告。
(83) 「煤煙余抹二二」『門司新報』一八九七年九月五日。
(84) 『日本全国商工人名録』三版、一八九八年、二〇四頁。
(86) 小松光雄編『今西林三郎遺文録』一九二五年、一五頁。
(88) 浜崎永三郎は「鉄道電車、船、紡績――なんでも来いと株を持って……土地も買はされ、山も持たされ……儲け仕事をもちかけられると、キット一口乗ったものだ。そして何れにも、殆ど総てに、よく騙されて失敗した」(前掲『黄金の渦巻へ』一三五頁)と評されている。
(90) 宇田川文海『大阪繁昌誌』一八九八年二月、下二三六頁。
(91) 大久保透『最近の大阪市』一九一一年、七二頁。
(93) 天川三蔵は「置屋(柳川楼)」(『商業資料』一八九五年四月一〇日)経営者で日本共立保険専務。
(94) 『日本現今人名辞典』一九〇〇年、六頁。
(98) 『東京日日新聞』一九二八年三月二〇日。
(99) 拙稿「『企業家』と『虚業家』の境界――岩下清周のリスク選好度を例として――」『彦根論叢』第三四二号、二〇〇三年六月参照。本章の校正過程で八〇歳の高齢でエベレストを征服した三浦雄一郎氏の報に接した。三浦氏のハイリスク志向の強烈さは分野を異にするとはいえ、岩下に一脈相通ずるものを感じる。

(付記) 本章の執筆時点以降に時間が経過したため、筆者は所属大学が変り、所属学科もファイナンスから観光に移動した。岩下と観光業の接点は本章では若干言及したにすぎず、他日を期したい。本章のテーマである資本家における構想と妄想の峻別の一環として、主要な関心分野となった観光デザイン領域に力点を置いた筆者の最近の関連論文として拙稿「〃観光デザイナー〃論――観光資本家における構想と妄想の峻別――」（『跡見学園女子大学マネジメント学部紀要』第一四号、二〇一二年一〇月）なども参照されたい。

第6章　後藤新平の東アジア鉄道構想——南満洲鉄道と『東亜英文旅行案内』——

老川 慶喜

はじめに——台湾総督府民政長官、満鉄総裁、そして鉄道院総裁に——

後藤新平は、一八五七年七月二四日（安政四年六月四日）、陸中国胆沢郡塩竈村（現在の岩手県奥州市）に生まれた。一八七四（明治七）年二月に福島県の須賀川医学校に入学し、卒業後は愛知県の公立愛知病院長兼医学校長となった。そして、一八八三（明治一六）年一月には内務省御用掛衛生局照査係副長となって、一八九〇年四月から九二年六月までドイツに在官のまま留学した。帰国後一八九二年一一月に内務省衛生局長に栄転し、日清戦争後の九八年三月に台湾総督府民政局長（のち民政長官）となった。

後藤が鉄道とかかわりをもつようになったのは、台湾総督府民政局長在任中のことであった。後藤は台湾で「生物学的植民地経営」を実践し、台湾統治の基礎づくりを行ったのであるが、そのためのインフラ整備事業の一環として港湾の増改築、道路の改修・延長などとともに、基隆港から高雄港にいたる台湾縦貫鉄道の敷設に取り組んだ。基隆港と高雄港を増改築して日本はもちろん海外との海上交通の利便性を向上させるとともに、両港を鉄道で結び、縦貫鉄道と道路を連絡させて陸上交通の整備をはかろうとしたのである。(1) 台湾縦貫鉄道の敷設は、日本が領有する前の一八八七年に清国政府から派遣された台湾巡撫劉銘傳によって着工され、一八九三年には基隆~台北~新竹間約九九・三㎞が開業していた。しかし、劉銘傳によって敷設された鉄道は急勾配や急曲線の区間が多く、縦貫鉄道の一部を構成する鉄道としては十分ではなかった。(2) そこで後藤は、一八九八年一一月八日に臨時台湾鉄道敷設部を鉄道部に改組し、みずから部長に就任して本格的に台湾縦貫鉄道の敷設事業に乗り出したのである。

日露戦争後の一九〇六年三月に鉄道国有法が成立すると、同年一〇月から一九〇七年一〇月にかけて、北海道炭礦鉄道、日本鉄道、関西鉄道、山陽鉄道、九州鉄道の五大私鉄をはじめ、日本の主要私鉄一七社が国有化された。また、一九〇六年六月に日露講和条約によって獲得した旅順~長春間の鉄道およびその支線、これに付随する一切の権利・財産、撫順・煙台の炭鉱をもとに、南満洲鉄道会社(満鉄)が設立されると、後藤は台湾総督府民政長官を辞して、同年一一月に満鉄の初代総裁となった。

一方国有化後の鉄道は、一九〇七年四月に設置された帝国鉄道庁が管轄するところとなった。しかし、帝国鉄道庁は逓信省の一部局にすぎず、逓信大臣の更迭のたびに方針が変わる恐れがあり、なによりも四八三四・三㎞の路線、一一一八両の機関車、三〇六七両の客車、二万八八四両の貨車、そして四万八四〇九人の職員を擁する巨大な鉄道事業を経営するには、庁という組織では不十分であった。また、官設鉄道や一七私鉄から集まった従業員を一体化し協働させるためにも、強力な組織が必要であると考えられるようになった。そこで一九〇八年一二月、内閣に直属し、省からは独立した官庁として新たに鉄道院が誕生した。鉄道院は鉄道庁よりも強い権限をもち、監督機関であった逓信省鉄道局の業務も吸収した。この鉄道院の初代総裁に就任したのが後藤新平であった。後藤は、一九〇八年七月に第二次桂内閣の逓信大臣となったが、「鉄道院官制」が公布・施行されると鉄道院総裁を兼任することになったのである。

「鉄道院官制」によれば、鉄道院は「内閣総理大臣ニ隷シ鉄道及軌道ニ関スル事項並南満洲鉄道株式会社ニ関スル事項ヲ統理」するものとされていた。したがって、後藤は満鉄総裁の職を辞して鉄道院総裁になったのであるが、満鉄からまったく離れてしまったというわけではなく、むしろ日本内地の国鉄と満洲の満鉄を統括する立場に立ったということができる。満鉄副総裁で、のちに後藤の後任として第二代満鉄総裁となった中村是公も、満鉄総裁を辞任した後藤の立場について「故ニ我社ハ一面総裁ヲ失ツタ訳テアリマスルカ、又一面カラ見マスルト内閣ノ一人トシテ中央ヨリ我社ヲ指導セラルルト云フ次第テアリマスカラ、却テ従来ヨリ便宜ヲ得ル様ナ訳テ喜フヘキコトデアルト存シマス」(3)と述べていた。また、一九〇九年一二月一六日には「鉄道院官制」が改正され、日本政府が朝鮮で経営していた鉄道も鉄道院の管轄下に入ることになった。こうして後藤新平は、日本内地の鉄道と南満洲鉄道、それに朝鮮鉄道を管轄下におくことになったのである。

後藤新平に関しては、きわめて多くの研究があるが、御厨貴は、同編『時代の先覚者　後藤新平』(藤原書店、二〇〇四年)の「序」で、信夫清三郎『後藤新平──科学的政治家の生涯』(博文館、一九四一年)と北岡伸一『後藤新平──外交とビジョン』(中公新書、一九八八年)という二人の政治史家による後藤の評伝を取り上げている。御厨によれば、信夫は後藤を「調査の政治家」「科学の政治家」として捉えていた。後藤新平が台湾総督府民政長官時代に、台湾統治のために詳細な旧慣調査を実施したことはよく知られている。また、南満洲鉄道総裁時代には満洲の植民地統治のために満鉄調査部を設立し、巨大な調査機関に育て上げた。後藤の植民地統治は武力の発動のみに依存するのではなく、このような科学的な調査に立脚して行われていたのである。信夫清三郎は、後藤のこのような側面を強調して、後藤を「調査の政治家」「科学の政治家」と呼んだ。

また御厨によれば、北岡は「外交指導者」として後藤新平を捉え、その外交戦略は「日本外交の主流であった親英米路線でも、アジア主義でも、あるいは単独の発展論でもなく、日中露（ソ）提携論」であったとしている。北岡は、後藤の外交戦略のユニークさを「日中露（ソ）提携論」に見出し、後藤を「外交指導者」と位置づけたのである。

ここでは、こうした御厨の指摘を手がかりに、後藤新平が満鉄総裁および鉄道院総裁として鉄道事業にどのようにかかわったのかを検討し、とくに鉄道院総裁時代の一九一三年から一七年にかけて刊行した『東亜英文旅行案内』(An Official Guide to Eastern Asia) という旅行案内書に注目しながら、日本の「帝国」形成期における後藤の鉄道事業の特徴を明らかにしたい。というのは、同書の刊行事情には、「調査の政治家」「科学の政治家」、そして「外交指導者」としての後藤の特徴がいかんなく現れているにもかかわらず、これまで本格的な検討がなされてこなかったと思われるからである。(4)

1　南満洲鉄道と「文装的武備」論

(1)　南満洲鉄道の「特殊の使命」

満鉄は、日本の満洲支配のための国策機関として知られているが、後藤が満鉄総裁に就任したころの満洲は、租借地に置かれた関東州総督府（のちに都督府）と外務省の出先である大使館、それに満鉄という「三頭政治」が、清国側の東三省（満洲）総督や巡撫（地方長官）の支配とせめぎあう地であった。また、一敗地にまみれたとはいえ、ロシアの影響力も強く残っていた。こうしたなかで、後藤は「抑々植民の事業は健全なる国家の政治的発展である」(5)という観点から、日本の満洲における「特殊の使命」について次のように述べた。(6)

何れの国に於きましても植民事業は其形式が色々ありまして、或は武断的、経済的或は軍事的、商業的、農業的、又は和蘭式、英吉利式、仏蘭西式と云ふやうに学者の説も種々ありますけれども、大抵は植民地若くは保護領土に対して本国が有して居る所の特殊の使命を全うすることを得べき組織並に其機能と活動とに依頼することに外ならぬのであります、之を要するに植民事業の最終の目標はと言ひますれば何れの国も博愛にあると申しますけれども同時に自国の利益を図らざるものはないのであります。我満洲も其部分であります、此租借地の面積は五千八百七十四万八千三百十五坪と今算せられて居ります、而して日本人の住つて居る者は軍隊を除きまして七万人と註せられて居るのであります、現在の所では斯様になりますが、最初の吾人の計画にては急に百万の人を移したいと云ふ考へを持ち少くも農商業に従事する者と鉄道を運転する者と石炭山を掘る者と五十万人位は移殖したい考へであった。

後藤は、このように満洲における日本の「特殊の使命」を捉え、満洲の租借地に農商業者、鉄道従業員、炭鉱労働者など、日本人一〇〇万人を移植するとしていた。そして後藤は、日露講和条約の締結以前から「此土地を取ったならば鉄道を中心として経営策を建てなければならぬ(7)」と考えており、満鉄総裁就任後それを実践に移したのである。また後藤によれば、満鉄は「日・満・露・欧・米を連結する世界的規模の鉄道の一部として、世界経済の一つの要に位置する機関であり、同時にそれは、混乱する清朝の秩序化と活性化も促す、世界政策の拠点(8)」でなければならなかった。後藤は、このように考えてさまざまな施策を実施した。まず、若くて優秀な人材を抜擢し、鉄道の広軌化、沿線の駅市街地整備、築港、炭鉱経営、病院・医学堂の建設などの計画を綿密に立て、外債発行で資金を集め、部下に一任して実行させた。また、科学と文化にもとづく世界政策を実現するため、満鉄調査部、東亜経済調査局、満鮮歴史地理調査部などを設置した。

こうして、満鉄は満洲における開拓鉄道としての役割を担うことになった。満鉄の社員であった伊藤武雄は、この点に関連して「ロシヤは満洲で鉄道を軍事的進出の機関としてつかった。これにかわって、日本は満洲の土地を開拓し、開発するというわけです。満鉄という会社はそのための開拓鉄道だ、というふうにきかされました。……略……それで社員は、満鉄が日本の植民地的利益のほかに原住民の利益にも役立つものだという観念をもたされることになります(9)」と回顧している。

(2) 文装的武備論

このような後藤の満洲統治策は、「文装的武備」論として知られている。文装的武備とは、「文事的施設を以て他の侵略に備へ一旦緩急あれば武断的行動を助くるの便を併せて講じて置く事」で、その中心は広義における「経済的発展」にあった(10)。ただし、それは満鉄の営業成績があがり、配当が多くなるということだけではなく、満洲そのものが経済的に発展することを意味していた。しかも、「文装的武備」は経済的な側面にのみ局限されるのではなく、教育、衛生、学術など、広い意味における文化社会が建設されなければならないのであった。こうして、日本の大陸政策が、全満洲の民衆生活に徹底され、民衆的基礎を得ることになったとき、後藤の文装的武備は、真の意味で実現することになるのであった。

さらにいえば、後藤の「文装的武備」は「武装的文弱」に対するものでもあった。それは旅順を一大商港として発展させようという、後藤の考え方によく表れている。旅順はロシアの重要な軍事的拠点であった。そのため、日露戦争後も日本軍が旅順、大連に入り、軍事的な要塞として使用し、鎮守府が置かれていた。後藤はこれを批判し、日本の大陸政策は文化的・人道的でなければならないので、軍事的な施設を文化的な施設に変え、旅順を経済ならびに文教の中心地として発展させなければならないとした。すなわち、旅順を軍港から商港に変貌させて大陸の経済発展に備えるとともに、旅順工学堂、南満医学堂、中央試験所、東亜経済調査局、地質研究所などを開設し、武備一点張りの主張に対し文化施設を尊重すべきであるとしたのである。

しかし、後藤の文装的武備論は、広義の国防論でもあった。後藤は、「植民政策のことは、つまり文装的武備で、王道の旗をもって覇術〔武力の業〕を行う」ことで、「文事的施設をもって他の侵略に備え、一旦緩急あれば〔ひとたび緊急事が起こったならば〕武断的行動を助くるの便を併せて講じ置く事」とも述べていた(11)。

このような後藤の「文装的武備」論が受け入れられ、「此南満洲経営は租借地に都督府と云ふ全権の政府の出店を置くに拘らず、主体は南満洲鉄道でなければならぬと云ふことになつた(12)」のである。

2　「欧亜の公道」論と大陸横断鉄道

(1)　ロシア訪問

一方後藤新平は、満鉄を「世界運輸交通の大幹線」にすべきであると考えていた。日露戦争後のロシアの反感を緩和し、日露の了解のもとに中国の和平統一を促すとともに、満鉄とロシアの東清鉄道、西シベリア鉄道、欧露鉄道を連絡して、世界運輸交通の大幹線を築き上げること、それが後藤新平のもうひとつの満鉄像であった。すなわち、「欧亜の公道」にして「世界運輸交通の大幹線」たる満鉄の地位を築こうというのである。後藤はこのような満鉄を実現するため、一九〇八（明治四一）年四月二一日、午後六時半、新橋発の列車に乗ってロシア訪問の旅に出た。同行者は、満鉄理事の法学博士岡松参太郎、満鉄大連病院長の医学博士岸一太、満鉄工務課長の堀三之助・菊池忠三郎、および秘書役の杉梅三郎らであった。

一九〇七年七月、満鉄はロシアと交渉を重ね、露都サンクト・ペテルブルグで「南満洲鉄道及東清鉄道停車場間ノ連絡運輸ニ関スル両会社間ノ協定」を締結した。これによって日露間の連絡運輸がすぐにでも成立するかにみえたが、ロシアが極東における鉄道政策を変更したため実施にはいたらなかった。ロシアは、日本の勢力が日露戦争後の満洲で増大するのを牽制するようになったのである。

そもそもロシアの極東政策は一八九〇年代から本格化し、ウラジオストックを中心に展開されていた。しかし、ウラジオストック港は冬季に凍結するという決定的な弱点をかかえていたため、ロシアは旅順、大連の租借権および東清鉄道と旅順、大連を結ぶ南満洲支線（南満洲鉄道）の敷設権を獲得し、極東政策をウラジオストック中心主義から大連中心主義に転換したのである。しかし、日露講和条約で長春〜旅順間鉄道の租借権を日本に譲渡したため、ロシアはやむをえず大連中心主義を放棄して、再びウラジオストック中心主義を採用せざるをえなくなった。このようななかで東清鉄道と南満洲鉄道の連絡運輸を成立させれば、満洲における日本の勢力が増大し、そうでなくても条件の悪いウラジオストックの繁栄が妨害されると考えたのである(13)。

一方日本の立場からすれば、東清鉄道との連絡運輸が実現しなければ、満鉄はアジアにおける主要幹線ルートからはずれ、単なる地方鉄道にすぎなくなり、経済的にも軍事的にもみるべき価値はほとんど失われてしまうのである。後藤の訪ロは、このようななかで実現したのであった。

後藤は中国の和平統一を重視し、そのためには日露の諒解が重要な先行条件であると考え、訪ロを決断した。日露戦争に破れたロシアの反感を緩和し、東洋の平和維持に協力させることが日本にとってもっとも賢明な策であると考えたからである。後藤に与えられたもうひとつの具体的な使命は、南満洲鉄道と東清鉄道、シベリア鉄道、ならびに欧露鉄道の連絡運輸であった。後藤は、「欧亜の公道」にして「世界運輸交通の大幹線」たる満鉄の地位は、これによってはじめて達成されると考えていたのである。

後藤がシベリアを横断してロシアに向かうと、ロシア側は特別列車を用意するなどして大歓迎で出迎えた。『南満洲鉄道株式会社十年史』には、ロシアの歓迎ぶりが次のように紹介されている(14)。

此旅行ニ際シ、東清鉄道会社ハ、其所属線路内ハ勿論、同会社ノ列車ノ進入スルイルクーツク迄ハ乗車賃ヲ要求セザリシノミナラズ、一行ノ乗用トシテ特別車一両ヲ供シ、他線旅行ノ際モ常ニ之ヲ連絡運転シ、又運輸監督、列車給仕ヲ同乗随セシメ、一行露都滞在中モ同ジク露都ニ淹留シテ一行ノ便宜ヲ計リ、尚一行ノ露都ヲ発スル前日、同社副総裁ウェンツェル氏ハ、同社ヲ代表シ、七宝ヲ嵌入シタル黄金製ノ東清鉄道会社名誉終身乗車章ヲ後藤総裁ニ贈呈スル等、其一行ヲ遇スル懇款ヲ極ム。

後藤新平は、一九〇八年五月一三日にモスクワに着き、一五日にロシアの首都サンクト・ペテルブルグに到着した。サンクト・ペテルブルグに到着した後藤は、精力的に日程をこなした。『時事新報』には、サンクト・ペテルブルグに到着した後藤新平一行の様子が次のように伝えられている(15)。

後藤総裁の一行中なる某氏より、五月廿二日露都発の来信に依れば、同一行は五月十五日ペテルブルグ着以来、日課を定め毎日午前十時頃より夕刻まで各方面の視察に従事し、十六日の夜、我大使館における日本食晩餐会を初めとし、十八日は大蔵大臣、十九日は東清鉄道及び露清銀行、二十一日は商工大臣、二十三日は我大使館の正式宴会あり、二十三日は当方より在留邦人を招き、次週土曜日より、露国人を始め諸外国人を招待して答礼する筈にして、日日訪問応対に忙殺されたりと。

こうして、後藤は、満鉄と東清鉄道との連絡運輸の開始についての交渉を始めた。そして、五月一六日に東清鉄道副総裁のウェンツェル氏と第一回目の会見をして、日露両鉄道の連絡について次のような口約束を交わした。(16)

第一、欧亜及米国間ニ於ケル交通大動脈ノ一トシテ、南満鉄道トノ直通連絡ヲ為ス事。

第二、第一ノ目的ヲ達スル一手段トシテ、南満鉄道ハ成ルベク速ニ大連ニ於ケル設備ヲ完全ニシ、露国ヲ経テ欧州ニ達スル一門戸ト為スヲ怠ラザルベキ事。

第三、同ジク第一ノ目的ヲ達スル為メ、東清鉄道会社ハ当分ノ内、毎週二回イルクーツクヨリ寛城子マデ及寛城子ヨリイルクーツク迄急行列車ヲ発シ、浦塩ト莫斯科、彼得堡間ヲ走ル急行列車ニ直接連続セシメ、且ツ哈爾賓、寛城子間ノ鉄道ヲ改良シ、浦塩、露都間ノ線ニ劣ラザル一等二等客車ヲ設備スベキ事。

第四、両鉄道ハ無用ノ競争ヲ避クルノ目的ヲ以テ、「タリーフ」ノ協定ヲ為スベキ事。

以上ノ用件ニ基キ、「タリーフ」其他詳細ナル事項ヲ協定スル為メ、東清鉄道会社ハ哈爾賓駐在ノ同会社職員中ヨリ全権委員ヲ指定シ、南満洲鉄道会社ハ大連ニ於テ同委員ヲ任命シ、至急協議ヲ為サシムル事。

以上ノ外、海陸共同運輸連絡等ニ就テハ、陸上交通機関ノ完成ト旅客貨物ノ増加ヲ待テ、更ニ協定スル所アルベキ事。

こうして後藤は、南満洲鉄道と東清鉄道の連絡運輸を実現し、鉄道による欧亜連絡を達成しようとしたのであり、ロシア訪問はその端緒となったということができる。後藤の訪ロを斡旋した夏秋亀一(17)も、「伯は露都滞在中においてココフツォフ氏とは何回となく会見されました。また東清鉄道の最高幹部たるウェンツェル氏とはこの滞留中に親しく会談し、日露国際連絡運輸に関する基礎的工作に着手(18)」したと当時を回想している。また、後藤新平自身も、訪ロの目的と意義について次のように述べている(19)。

西比利亜鉄道は、斯くして出来上がり、戦争中に更に大改良を加えて、今は哈爾賓からモスコーまでは、十昼夜で容易く到着が出来る様になつたから、欧羅巴と極東との間の交通は、今後全くこの鉄道に由る様になるのは当然である。否今でも最早大抵さうなつて居る。是はその筈で、神戸から欧羅巴の最も近い港まで、最も早い汽船で行つても、今日では五週間かゝるのに、西比利亜を通れば、僅に二週間で到着する事が出来るから、之が世界交通の大動脈となるのは勿論である。そこで、哈爾賓から、この世界交通の大動脈は何處へ接続するかと云ふに、支那は勿論の事、我が日本へ往来するにも、南満洲鉄道に係り、大連に誘ひ、事業家は先づ満洲の富源開拓に誘ひ、普通の旅客には、清朝発祥の地である所の満洲を見せ、また日本にても西端から中部まで通過の道すがら観光の目的を達せしめ、斯くして欧羅巴と米国との間を往来する旅客にも、必ず之を誘うて極東を経由せしむる様にするのが、余輩の責任である、余が今回露西亜へ行つたのも、又以上の意志を携へて出懸けたのである。露国でも意見は之と一致して、今後は殊に彼の東清鉄道と、我が南満鉄道とは、提携して世界大動脈の實を挙ぐることに努むる筈である。すると是は余が為めには、此上も無い露西亜からの御馳走と言はねばならぬ。

当時、日本からヨーロッパまでの所要時間は、海運では五週間ほどであったが、満鉄と東清鉄道、シベリア鉄道などを経由する陸路では二週間ほどであった。こうして、満鉄は「世界交通の大動脈」と位置づけることができ、後藤はそれを実現するために訪ロの旅に出たのである。

のちに検討する『東亜英文旅行案内』の企画も、こうした後藤の欧亜連絡鉄道の構想から生まれたものといえる。後藤新平によれば、「世界交通の大動脈の一要部を大連に出して日本と接続し、又大連から亜米利加と接続し又南洋と接続するやうに大動脈の吻口を作ると云ふことは、あらゆる地点から文明と物貨の吸収経済の便宜の使命を全ふする為めに必要である」と認識され、「其結果此世界交通地図並に旅行案内が出来たのであ」る。[20]

(2) 日満連絡運輸・日露連絡運輸と欧亜連絡運輸

後藤新平は、鉄道院総裁に就任したのちも、日露連絡運輸など国際連絡運輸の実施をもっとも重要な施策のひとつとして位置づけていた。一九〇八年一一月、後藤はサンクト・ペテルブルグで開催された日露連絡運輸会議に、鉄道院、満鉄および大阪商船の代表を派遣した。同会議は三カ月にもわたったが、南満洲と北満洲、北満洲および沿海州と日本内地、ロシアの各鉄道と日本内地間の手荷物連絡運輸に関する協定が結ばれた。その結果、旅客・手荷物については東清鉄道、満鉄、朝鮮鉄道、関釜連絡線、大阪商船、および露国義勇艦隊によって、ウラジオストックおよび釜山経由でロシアの各鉄道と日本内地の鉄道との間に直通連絡運輸が開始された。貨物に関しては、日露両国鉄道の利害関係と両国の法規の差異などのため一般的な協定を結ぶまでにはいたらなかったが、満洲からの輸出品である大豆などの重要穀類は満鉄、東清鉄道、大阪商船、露国義勇艦隊で、木材、石炭、セメントなどについては満鉄と東清鉄道で連絡輸送を行うという協定が結ばれた。[21]

一九一〇年五月には第二回日露連絡運輸会議が同じくサンクト・ペテルブルグで開かれ、同年七月にはベルギーのブリュッセルで第五回シベリア経由国際連絡会議が開催された。日本からは、鉄道院、満鉄、大阪商船の代表者が初めて参加し、①カナダおよびシベリア経由世界一周連絡、②欧州と日本、朝鮮、中国、ロシアの連絡、③シベリアおよびスイス経由周遊連絡の旅客および手荷物に関する連絡運輸が協定された。

また、欧亜間にはシベリア鉄道経由の国際列車が走り、東半球の一周旅行やシベリア鉄道とカナダ太平洋鉄道経由の世界一周旅行などを可能にする、さまざまな協定が結ばれつつあった。[22]当時、シベリアには烏蘇里鉄道、黒龍江鉄道、東清鉄道、後貝哥爾《バイカル》鉄道、トムスク鉄道、オムスク鉄道、アーチンスク・ミヌシンスク鉄道、亜爾泰《アルタイ》鉄道、クルヂン鉄道、コリチュギノ鉄道などが開通し、その大部分は「所謂大西伯利横断鉄道の幹線を組成するもので、欧亜交通上最も肝要な線路」となっていた(23)。このシベリア鉄道を利用して、大連、朝鮮、ウラジオストック経由の日満旅客運輸、および日満露旅客連絡運輸などのサービスが実施されていた。日満旅客連絡運輸は、日本の鉄道院線とロシアの東清鉄道線および烏蘇里鉄道線とに発着する旅客のために設けられたのであった(24)。

一方満鉄は、大連～長春間の三フィート六インチの軌間を一九〇八年五月までに、また安奉～奉天間の二フィート六インチの軌間を一九一一年一一月までに四フィート八インチ半の広軌に改築し、釜山～長春間に直通列車を走らせた。これによって、釜山経由は大連経由と並ぶ有望な路線と期待されたが、東清鉄道との連絡が緊密にならないかぎり、十分に利用するのは難しかった。そこで一九一二年五月にハルピンで開催された会議で、日本はハルピン～長春間の列車運行の改善を要求し、同区間に満鉄本線と同じ速力の列車が運行されるようにした。鶴見祐輔著『正伝　後藤新平』によれば、「かくのごとくにしてわが国有鉄道は、漸次世界交通経路の主要線と化し、かつ日本と海外諸国との経済的ならびに文化的接触を緊密にし、かねてわが国際的立場の向上を計らんとする伯の多年の志は、着々として達成せられつつあったのであ」る(25)。

3　業務研究調査会議の設立と広軌改築論

後藤新平は、鉄道院においても「調査の政治家」「科学の政治家」の名にふさわしく、調査・研究を重んじた。鉄道院総裁に就任すると、後藤は議会の協賛を経て多額の線路調査費を設け、全国鉄道網の調査・測量にとりかかり、職員を派遣しただけでなくみずからも陣頭に立って全国を行脚した。その結果、①鉄道幹線（普通鉄道）、②地方線

（普通鉄道、軽便鉄道）、③市街線（軌道）からなる鉄道体系を構想し、鉄道幹線はもっぱら国家が敷設・経営し、地方線を国有線の培養線として重視し、民間の軽便鉄道を奨励するため軽便鉄道補助法を制定した。

後藤は熱海線や東京市内高架線など新線建設に力を注いだが、そのためには既設線中の重要路線に改良を施して収益の増加をはかり、新線建設のための財源を確保しなければならなかった。後藤が構想する鉄道改良のなかで、広軌改築はもっとも重要な施策であった。後藤は桂内閣の逓信大臣に就任するさい、広軌改築の重要性について「此機運ニ乗ジテ、下ノ関ヨリ青森マデノ幹線ヲ広軌ニ改ムルノ胸算ナリ。此軌道ノ改良ヲ断行セザルトキハ、軍事上経済上共ニ鉄道ヲ国有トセル真価ナシト謂ウベシ(26)」と述べていた。

また後藤は業務調査会議を設立し、鉄道業務の諸問題を調査・研究させた。一九一〇（明治四三）年三月二九日に業務調査会議の規則を定め、平井晴二郎鉄道院副総裁が委員長に就任した。これまで鉄道院では主に外国の鉄道の法制や経営、技術などを研究してきたが、業務研究調査会議が設立されてからは積極的に鉄道に関する内外の諸問題が検討されるようになった(27)。広軌改築問題もその一つで、石川石代技師は、一九一〇年七月、後藤に命じられて「東京―下関間準軌道狭軌道比較」という報告書を提出した。この調査報告を受けて後藤は、一九一〇年一〇月一三日には九州都城の旅館攝護寺で国有鉄道広軌改築案の骨子を起草したのである。そして、後藤は広軌改築費を二億三〇〇〇万円、改築期間を一九一一年から二三年までの一三年間とし、これを既定の建設改良費に加えて一九一一年一月の帝国議会に提出した。そのさい桂太郎首相は、「東京下関間帝国鉄道幹線を広軌式に改築し、以て満洲朝鮮に於ける鉄道と連絡を保ち、遥に欧州経済市場との交通の大道に一大改良を加ふるの計画を立て、其実行に着手する」と述べた(28)。

一九一一年八月二五日に桂内閣が総辞職すると後藤も逓信大臣、鉄道院総裁を辞任したが、翌一二（大正一）年一二月二一日に第三次桂内閣が成立すると後藤は逓信大臣兼鉄道院総裁兼拓殖局総裁となった。その後一九一三年二月八日に桂内閣が総辞職すると後藤も逓信大臣などを辞任したが、一六年一〇月九日に寺内正毅内閣が成立すると、後藤は内務大臣兼鉄道院総裁となった。こうして後藤は三度鉄道院総裁となったが、一九一六年一二月二三日に鉄道院の会議室で、技監、各局長を招集して広軌改築案について意見を交わし、二五日の閣議で広軌準備復活を稟請して一九一七年一二月に広軌改築を決定した。しかし後藤は一九一八年四月に外相に転じ、内閣は九月二一日に総辞職した。後継の原敬内閣は広軌改築を否定したので、後藤の構想は実現しなかった。

4　ジャパン・ツーリスト・ビューローと『東亜英文旅行案内』

(1)　ジャパン・ツーリスト・ビューローの設置

鉄道院官制が施行されてから四年後の一九一二（明治四五）年三月一二日、鉄道院運輸部営業課長の木下淑夫が中心となって「ジャパン・ツーリスト・ビューロー」が設立された。一九〇七年一〇月に米国留学から帰国した木下は、国際親善と日本の経済振興をはかるには、外国人旅行者の誘致を斡旋する機関の設置が必要であると説き、鉄道、汽船、ホテルの経営者および外国人とかかわりの強い劇場や商店などの賛同を得て、ジャパン・ツーリスト・ビューローを組織したのである。

ジャパン・ツーリスト・ビューローの会長には鉄道院副総裁の平井晴二郎が就任し、林民雄（日本郵船専務兼営業部長）、新元鹿之助（台湾鉄道工務部長）、林愛作（帝国ホテル支配人）、堀啓次郎（大阪商船副社長）、大道良太（鉄道院文書課長）、三本武重（朝鮮鉄道営業課長）、木下淑夫（鉄道院営業課長）、日比翁助（三越百貨店専務）、白石元治郎（東洋汽船取締役兼支配人）、杉村正太郎（大阪市電気鉄道部長）、清野長太郎（南満洲鉄道理事）らが理事となった。理事の構成をみると、国内および植民地（台湾、朝鮮、満洲）の鉄道経営にかかわる人々、汽船、ホテルなどの経営者、鉄道院関係者などからなっているといえよう。なお、幹事は鉄道院技師の生野団六、主事は同営業課旅客主任の三上真吾および同技師の中村次郎で、ビューローの運営の実務には鉄道院の職員があたった。とくに幹事の生野団六はビューローのゼネラルマネージャーとして活躍し、平井晴二郎や木下淑夫の信頼が厚く「ビューロー初期の嶄新な企画と的確な処置は殆んど氏の創意と旺盛な実行力によるものであった(29)」とされている。

木下淑夫は一八九八年に東京帝国大学工科大学の土木工学科を卒業したのち、同大学大学院で法律・経済を専攻し、大学院在学中の一八九九年に鉄道作業局工務部主記課に鉄道技手として採用された。鉄道作業局では早くから運輸業務を研究し、官設鉄道の旅客営業の近代化を推進してきた。実務的な手腕と計画的な才能をあわせもった「有能な官僚」で、一九〇四年九月に欧米出張を命じられ、アメリカでペンシルバニア大学のエモリー・R・ジョンソン（Emory Richard Johnson）から近代的な交通理論や企業運営の理論を学び、引き続きドイツ、イギリスに留学した。この間、一九〇五年五月にワシントンで開催された第七回万国鉄道会議には委員として出席した。欧米留学から帰国後、後藤新平鉄道院総裁のもとで運輸部営業課長の地位につくと、旧私鉄一七社の不統一な業務を調整するなど、鉄道国有化（一九〇六〜〇七年）後の国有鉄道における運輸業務の改善に尽力した。また、『国有鉄道の将来』（鉄道時報局、一九二四年）を著わし、自動車時代の到来を予測して国鉄の経営改革を主張したことでも知られている。

ジャパン・ツーリスト・ビューローは、一九一二年五月に本部を鉄道院庁舎の一階に置き、一三年度中には日本国内はもちろん、京城、大連、台北および欧米の主要都市に支部を置いた。そして、一九一四年一二月の東京駅の開業にともない本部を東京駅内に移し、外国人旅行者に対する時刻表・案内書・地図などを配布するとともに、一五年一月一日からは乗車船券の委託販売を始めた。

(2)　『東亜英文旅行案内』の企画と刊行

以上述べてきたように鉄道院は、日露戦争後の一九一〇年代にジャパン・ツーリスト・ビューローを設置し、外国人旅行者の誘致活動を活発に展開するようになった。表1は、一九一三〜二一年における訪日外国人数の推移を国別にみたものである。第一次世界大戦の勃発にともなって一九一四〜一六年には落ち込むが、一七年以降は増加に転じている。鉄道院総裁の後藤新平は、こうした外国人旅行者誘致熱の高まりのなかで、"An Official Guide to Eastern Asia"（『東亜英文旅行案内』）という英文版の東アジアに関する旅行案内書の発刊を鉄道院に指示したのである。

旅行案内書のなかでは、ドイツ人のベデカー Karl Baedeker（一八〇一〜五九）と、イギリス人のマレー John Murray（一八〇八〜九二）によるものが著名で、前者は一八二八年、後者は一八三六年に、それぞれ地域別の旅行案内書をシリーズで刊行しはじめた。とくに、ベデカーの旅行案内書は、記述内容の水準の高さ、地図の正確さ、さらには赤表紙の小型ポケット版といった体裁によって高い評価を獲得しており、ドイツ語版ばかりでなく、英語やフランス語にも翻訳されている。(30)『東亜英文旅行案内』は、このベデカーの旅行案内書に範をとったといわれている。また、体裁は携帯に便利なポケット版であった。

日露戦争で大国ロシアを破った日本は一躍世界の列強と伍していくことになり、日本を欧米にアピールする必要が生じた。また、南満洲鉄道、シベリア鉄道、東清鉄道などによって、ヨーロッパと東アジアが鉄道で結ばれるよ

表1　訪日外国人数の推移

（単位：人）

年	イギリス	アメリカ	ドイツ	フランス	ロシア	中国	その他	合計
1913	4,123	5,077	1,184	363	2,755	7,786	598	21,886
1914	2,399	3,769	805	361	3,075	6,030	588	17,027
1915	1,977	2,960	35	168	2,917	5,313	476	13,846
1916	3,604	4,225	9	242	4,803	6,266	759	19,908
1917	3,868	5,196	—	431	7,780	9,621	1,529	28,425
1918	3,693	3,572	1	665	8,165	11,455	2,089	29,640
1919	3,953	5,664	78	710	4,681	11,392	2,723	29,201
1920	4,238	6,821	234	513	3,830	13,202	3,267	32,105
1921	2,857	3,772	263	245	2,983	13,082	1,839	25,041

出典：日本交通公社社史編纂室『日本交通公社七十年史』1982年、30頁。

うになった。後藤新平は、こうしたなかで『東亜英文旅行案内』の刊行を思い立ったのである。

鶴見祐輔『正伝　後藤新平』によれば、後藤は一九〇八年に満鉄総裁としてサンクト・ペテルブルグを訪問したときに、ロシアの蔵相ココフツォフ Kokovtsov, Vladimir Nicolaovich（一八五三〜一九四三）に「完全なる東亜案内書を、英文をもって編纂出版し、もって東洋の事情を世界に紹介し、シベリア鉄道経由の旅客増加を援助すべし」という約束をかわしたが、その約束を『東亜英文旅行案内』の刊行で果たそうとしたのである。ただし、その目的は「単純に鉄道収益を増加しようという実利的なものではなく」、これによって「日本文化と日本精神とを全世界に宣伝し、よってもって伯のいわゆる「世界の日本」より「日本の世界」への躍進に資せんとするにあった」のである。(31)

後藤新平の調査好きはつとに有名であるが、『東亜英文旅行案内』の編集にあたっても、徹底的な調査・研究がなされた。鉄道院は、後藤新平の指示を受けて同書の編纂に二〇万円の予算をつけ、各地に人を派遣して実地についての材料を収集させ、まず日本語で執筆したのち英文に翻訳し、英国人二名の校閲を経て印刷に付したのである。(32)

鉄道院は、一九〇八年から〇九年にかけて専門家を朝鮮、満洲、中国、インドシナ、南洋諸島に派遣し、多くの貴重な資料を収集した。『東亜英文旅行案内』の魅力は、このようにして集められた膨大な資料によって執筆され、最新のデータや情報が利用されていることにある。また『東亜英文旅行案内』は、内容とともに美しい文体で知られているが、翻訳を請け負ったのは横井時雄であった。横井は、幕末の儒学者で福井藩の藩政改革を指導した横井小楠の嫡男で、若くしてエール大学で学び、マシュウ・アーノルドの文章と思想に傾倒し、後藤から『東亜英文旅行案内』の翻訳を依頼されると「渾身の力を傾けて」取り組み、のちにアメリカのチャールズ・エー・ビアード（Beard, Charles Austin 一八七四〜一九四八）博士の賞賛を得ることになった。(33)

『東亜英文旅行案内』の各巻ごとの出版年を示すと表2のようであるが、当初は全三巻の計画で、第一巻を満洲と朝鮮、第二巻を日本、第三巻を中国、インドネシア、南洋諸島にあてることになっていた。しかし、編集の過程で、第一巻を満洲・朝鮮、第二巻を南西部日本、第三巻を北東部日本、第四巻を中国、第五巻を東インド（フィリッピン・仏領インドシナ・蘭領東インドシナ・海峡植民地）とし、全五巻の計画に修正された。なお、第一巻（満洲・朝鮮）は一九一三（大正二）年八月、第二巻（西南部日本）と第三巻（北東部日本）は一九一四年六月、第四巻（中国）は一九一五年三月に刊行された。そして、最終巻の第五巻は第一次世界大戦末期の一九一七年四月に刊行され、フィリッピン、仏領インドシナ、蘭領インドシナ、海峡植民地などの情報を収録している。

『東亜英文旅行案内』刊行の趣旨は、第一巻の「はしがき」で述べられている。それによれば、同書はヨーロッパやアメリカから東アジアへの旅行者が、旅行中に出くわすものをより楽しく鑑賞できる情報を提供することを目的とし、東アジア地域の自然や人情、旅行者の好奇心をそそる伝統的なお店や美術品などを紹介していた。また、東アジアの貿易や産業についても詳しく紹介していた。というのは、同書は欧米の実業家や資本家に、東アジアでの事業や投資に新たな道筋を開くことにも注意を払っていたからである。また欧米の旅行者も、同書によって東アジアの貿易や産業に関する有益な情報をみつけることを期待していた。

表2　『東亜英文案内』の概要

巻	収録地域	頁数	刊行年月
第1巻	満州・朝鮮	350	1913年10月1日
第2巻	南西日本	370	1914年7月1日
第3巻	北東日本	488	1914年7月1日
第4巻	中国	415	1915年4月3日
第5巻	東インド	519	1917年4月1日

第一巻は、第一部「序言」、第二部「満洲」、第三部「朝鮮」という構成をとり、第一部ではヨーロッパと東アジアを結ぶ交通路が紹介されている。それによれば、ヨーロッパと東アジアを結ぶ交通路には、西ヨーロッパや北アメリカからシベリア経由で東アジアにいたる大陸横断ルート（欧亜連絡鉄道）と、スエズ運河経由および北アメリカ経由の海洋のルートがあった。オーストラリア経由のルートもあり、これらのさまざまな交通路を利用した「世界一周旅行」や「東半球旅行」なども紹介されている。

第二部と第三部では、満洲と朝鮮に関する地理、歴史、交通、気候、通貨・旅費、ホテル、レストラン、言語、運輸、郵便・電話、産業・生産など、旅行者に必要なありとあらゆる情報が提供されている。また、満洲や朝鮮にはハルピン、大連、安東、新義州など変化の著しい都市があり、綿密な調査にもかかわらず、これら諸都市の変化を正確に伝えるのは困難であったとされている。

第二巻と第三巻では、日本が近畿地方を境に「南西部日本」と「北東部日本」に分けて収録されており、台湾は南西部日本に含まれている。日本が世界の注目を浴びるようになったのは、日露戦争後から第一次世界大戦にかけての時期と思われるが、『東亜英文旅行案内』は日本の美しい自然景観と、絵画、漆器、陶器、青銅器などの美術品、皇室、武士道、愛国心、忠誠心など、欧米社会とは異質な慣習や思想であった。ペデカーの旅行案内書は旅行の便覧となることを目的にしていたが、『東亜英文旅行案内』は美術、哲学、茶の湯、庭園、演劇、能・狂言にいたるまで、日本文化の特色を各方面から委細に説明しており、「その構想はペデカーより遥かに雄大であった」といわれている。(34)

第四巻には中国に関する情報が収録されている。中国に関しても徹底した資料の調査と収集がなされ、一九一三年の夏に専門家を派遣して最新の資料を収集したが、その後山東地方に大きな変化が生じており、このような変化を反映できているかどうか心配であると記述されている。当初はこの巻で南洋諸島も扱う予定であったが、中国に関する情報量が増え、南洋諸島を扱う余地がなくなってしまった。また第一次世界大戦の影響で、オセアニア諸島に関する最新の情報を獲得するのが難しくなった。そのため将来事態が好転するまで、南洋諸島に関する情報を別の巻で刊行するという計画はあきらめざるを得なくなった。

中国に魅力を感じる旅行者は年々増えており、編者は中国に関する旅行案内書としては先駆的な試みであると自負していた。すなわち、旅行に必要な一般的な情報のほか、中国の政治機構、社会階級、慣習、宗教、教育、貿易・産業などについて詳細に記述されているのである。事実、第四巻（中国）は、一九六六年にナジェールが『中国案内』を出版するまで、他に類書がなく貴重な存在となっていた。(35)

第五巻は三上信吾と鶴見祐輔の編集によって、フィリピン、仏領インドシナ、蘭領インドシナ、海峡植民地などが扱われている。三上眞吾は群馬県出身の士族で、京都の同志社大学理財科を卒業して日本鉄道に入社し、一九〇二年に運輸課勤務となった。その後ほどなくイギリス出張を命じられるが、一九〇四年に帰国すると営業部乗客掛長心得、同掛長となった。国有化後は鉄道作業局に転じ、一九〇八年に鉄道院運輸部営業課勤務となり、この年の九月に交通調査のため、香港、シンガポール、仏領サイゴンなどの南方に派遣されている。その後一九一五年に運輸局旅客主任、ついで同旅客課長となり、一九一七年には東京鉄道管理局運輸課長に転出し、一九年にはシベリア鉄道管理問題に関連してシベリアに派遣された(36)。一方鶴見祐輔は岡山県の出身で、東京帝大法科大学政治学科を卒業後、内閣拓殖局を経て鉄道院に勤務した。その後は後藤新平の秘書や通訳を務め、後藤の長女と結婚し、後藤新平の伝記も執筆している。これらの地域については、当初は「中国編」の補遺として扱う予定であったが、三上、鶴見の調査によって多くの資料が収集されたため、別巻で独立して扱うことになったのである。この巻の刊行をもって、『東亜英文旅行案内』の刊行事業は完結した。

おわりに――外交政策・大陸政策と鉄道事業

本章では南満洲鉄道と『東亜英文旅行案内』に重点を置いて、後藤新平の東アジア鉄道構想について検討を加えてきた。そこには、後藤に独自な外交政策、大陸政策が色濃く反映されていた。最後に本章で確認しえたことをまとめて結びとしたい。

後藤の外交政策は日本外交の主流であった親英米路線でも、アジア主義でもなく、ましてや日本単独の発展論でもなかった。後藤の外交政策は「日中露（ソ）提携論」であり(37)、その上に立って「文装的武備」論といわれる植民地政策を採ったのである。そしてそうした植民地経営の理念のもとに、後藤新平は満鉄の経営や国際連絡運輸の整備、さらには『東亜英文旅行案内』の刊行などを実施し、日本を広大な海外領土をもつ大陸国家に改造しようとした。後藤新平が満鉄総裁を辞任したのち鉄道院総裁や鉄道大臣、外務大臣に就任したのも、みずからの大陸政策を実現するためには「満鉄総裁という政治的立場では十分ではなく、中央政界に一定の地歩を築く必要があ(38)」ると考えたからである。後藤が東京~下関間をはじめとする幹線鉄道の広軌改築を推進しようとしたのも「内外輸送一致の為(39)」、すなわち南満洲鉄道やシベリア鉄道など大陸の鉄道と、国内の鉄道との一貫輸送を実現するためであった。

また、後藤新平はみずからの東アジア鉄道構想を実現していくために、満鉄で満鉄調査部をはじめ多くの調査研究機関を設置したことはよく知られているが、国内においても鉄道院に業務研究調査会議を設置するなどして、緻密な調査・研究を実施した。ここにも、後藤の「調査の政治家」「科学の政治家(40)」としての面目が遺憾なく発揮されているように思われる。

注

(1) 伊藤潔『台湾――四百年の歴史と展望――』中公新書、一九九三年、七七~九八頁。なお、「生物学的植民地経営」とは、植民地支配は植民地の旧慣や民情を科学的に調査したうえで、それに応じた統治をすることが肝要で、内地の法制をそのまま適用してもうまくいかないという、後藤に特徴的な植民地統治論である。

(2) 野田正穂・原田勝正・青木栄一・老川慶喜編『日本の鉄道――成立と展開』日本経済評論社、一九八六年、一二七~一二八頁。

(3) 「中村是公副総裁ノ帰任挨拶」(満鉄会編『満鉄四十年史』吉川弘文館、二〇〇七年、四七九頁)。

(4) 『東亜英文旅行案内』については、旧日本国有鉄道の、いわば正史ともいえる『日本国有鉄道百年史』でさえ「内外人のため最も必要な旅行案内については鉄道院は大正二年一〇月英文案内『東亜旅行案内』満洲朝鮮部を発行、三年七月、日本部、四年四月、支那部、六年四月、東インド部を発行した」とごく簡単に触れているだけである(日本国有鉄道編『日本国有鉄道百年史』第五巻、一九七四年、四八九頁)。

（5）後藤新平『日本植民地政策一斑』一九一四年（中村哲編『日本植民地政策一斑・日本膨張論』日本評論社、一九四四年、七一頁）。
（6）同前、七三頁。
（7）同前、七六頁。
（8）同前、七一頁。
（9）伊藤武雄『満鉄に生きて』勁草書房、一九六四年、一二頁。
（10）前掲『日本植民地政策一斑』七八頁。
（11）鶴見祐輔著・一海知義校訂『正伝　後藤新平』第4巻、藤原書店、二〇〇五年、二六〇～二六一頁。
（12）同前、七七頁。
（13）鉄道省運輸局『国有鉄道国際連絡運輸史』一九三七年、八～九頁。
（14）南満洲鉄道株式会社編『南満洲鉄道株式会社十年史』一九一九年、一二七頁。
（15）『時事新報』一九〇八年六月一一日。
（16）前掲『南満洲鉄道株式会社十年史』一二七頁。
（17）後藤新平の腹心で、満鉄社外理事格として後藤の親露政策にそって活躍した（十川信介「解題」、『近代文学研究資料叢書（5）坪内逍遥・内田魯庵・二葉亭四迷』所収、日本近代文学館、一九七五年、一九頁）。
（18）前掲『正伝　後藤新平』第四巻、五八九頁。
（19）立石駒吉編『後藤新平論集』一九〇八年、二二七～二二八頁。
（20）前掲『日本植民政策一斑』一〇五～一〇六頁。
（21）前掲『正伝　後藤新平』第五巻、二三五～二三六頁、前掲『国有鉄道連絡運輸史』一三頁。
（22）前掲『国有鉄道連絡運輸史』二四～二五頁。
（23）鉄道院編『西伯利鉄道旅行案内』一九一九年、一五頁。
（24）同前、六九頁。
（25）前掲『正伝　後藤新平』第五巻、二三六頁。

(26) 後藤新平「入閣後覚書ノ二」(前掲『正伝後藤新平』第五巻、六五頁)。
(27) その成果は、『業務研究資料』という雑誌で公表されている。
(28) 中川正左『帝国鉄道政策論』鉄道研究社、一九二八年、一〇九頁。
(29) 日本交通公社総務部総務課編『四拾年乃歩み』財団法人日本交通公社、一九五二年、五頁。
(30) 岡本伸之「旅行案内書」(下中直人編『世界大百科事典』二〇〇六年改訂版、第二九巻、平凡社、七二四頁)。
(31) 前掲『正伝　後藤新平』第五巻、二三七頁。
(32) 御厨貴『後藤新平大全』藤原書店、二〇〇七年、五二頁。
(33) 前掲『正伝　後藤新平』第五巻、二三八〜二三九頁。なお、『東亜英文旅行案内』の美しい文章は、第二版以後通俗的・実用的目的のため書きかえられており、初版にみられた横井時雄の名文は影をひそめることになった。
(34) 前掲『正伝　後藤新平』第五巻、二三七頁。
(35) 前掲「旅行案内書」(『平凡社百科事典』七二五頁)。
(36) 社団法人日本交通協会鉄道先人録編集部編『鉄道先人録』日本停車場株式会社出版事業部、一九七二年、三四一頁。
(37) 北岡伸一『後藤新平』中公新書、一九八八年。
(38) 小林道彦「後藤新平の大陸政策」(御厨貴編『時代の先覚者　後藤新平一八五七―一九二九』藤原書店、二〇〇四年、一二五頁)。
(39) 後藤新平「(広軌改築について)」(前掲『正伝　後藤新平』第五巻、三〇四頁)。
(40) 信夫清三郎『後藤新平――科学的政治家の生涯』(博文館、一九四一年)。

【参考文献】

立石駒吉編『後藤新平論集』一九一一年
後藤新平『日本植民地政策一斑』一九一四年
鉄道院編『西伯利鉄道旅行案内』一九一九年
鉄道省運輸局『国有鉄道国際連絡運輸史』一九三七年

信夫清三郎『後藤新平——科学的政治家の生涯——』博文館、一九四一年
日本交通公社総務部総務課編『四拾年乃歩み』財団法人日本交通公社、一九五二年
伊藤武雄『満鉄に生きて』勁草書房、一九六四年
南満洲鉄道株式会社編『南満洲鉄道株式会社十年史』一九七四年
北岡伸一『後藤新平』中公新書、一九八八年
御厨貴『時代の先覚者後藤新平　一八五七—一九二九』藤原書店、二〇〇四年
鶴見祐輔『正伝　後藤新平』第四巻、第五巻、藤原書店、二〇〇五年
御厨貴『後藤新平大全』藤原書店、二〇〇七年
満鉄会編『満鉄四十年史』吉川弘文館、二〇〇七年
老川慶喜「後藤新平の大陸政策と『東亜英文旅行案内』」（復刻版『東亜英文旅行案内・解題』Edition Synapse, 二〇〇八年）

（付記）本章は、二〇一二年五月二六日から二七日にかけて国立台北大学人文学院で開催された国際学術会議「近代東亜的区域交流與秩序再編」での筆者の報告に若干の修正を加えたものである。司会の張勝彦氏（台北大学歴史系兼任教授）、貴重なコメントをいただいた張隆志氏（中央研究院台史所副研究員）に心からの感謝を申し上げる。また、諸々の事情で刊行の順序が逆になってしまったが、筆者は本章をもとに「後藤新平」（小池滋・青木栄一・和久田康雄編『日本の鉄道をつくった人たち』悠書館、二〇一〇年）なる小論を著している。

第7章　堤康次郎における駿豆鉄道支配の背景と戦略

西藤 二郎

はじめに

堤康次郎の事業経営の基本には土地開発がある。したがって土地開発に付帯して行われるインフラ整備、たとえば道路や鉄道、電力や水道などの整備事業は、土地の付加価値をあげるための必須事業である。しかも彼のおこした土地開発事業の初期段階にあっては、鉄道事業や道路開発は早い段階から企図されており、本格的事業として手がけた軽井沢の土地開発においては、創業と同時に電気鉄道と索條鉄道の敷設を申請している。もっともこれは実現には至らなかった。しかしこの地における土地開発事業を成功させるためにはどうしても必要な鉄道事業として、まさに狙いを定めて取得した鉄道事業がある。ここで取り上げる駿豆鉄道であり、鉄道事業進出の第一号となったものである。

本稿では堤康次郎が駿豆鉄道を奪取するその方法がどのようにして行われたのかについて、その背景と彼が取った戦略の意義を考察することを目的とする。

1　三島地区の交通事情と豆相鉄道の事業展開

そこでまずこの地における鉄道敷設の歴史について整理しておこう。さて箱根越えと下田への分岐点として栄えてきた三島町は、東海道線が御殿場回りで全通した一八八九年以降、東京から修善寺方面への旅客は沼津駅から三島宿までの間を乗り合い馬車または人力車で後戻りするルートを取ることとなり、いきおい昔日の殷盛は影をひそめていた。そのため三島町の商業団体「三島町商業懇話会」のメンバーたち(1)は、鉄道局に対して停車場の位置を現在の下土狩駅の位置から薄原への設置変更を数十回にわたって陳情を繰り返したが、当局は認めることはなかった。

こうした折に、一八九三年五月、甲州系鉄道資本家の雨宮敬次郎、岩田作兵衛、水戸の代議士で水戸商業銀行頭取の小山田信蔵ら(2)は、各地で生じていた鉄道熱そのものの、まことに壮大な計画を当地に企てている。その計画によれば「国府津ヲ起点トシテ小田原、吉浜、門川、熱海ヲ経テ日金嶺ヲ横貫シ大場ニ出テ三島ヨリ沼津ニ至ル本線及ビ大場ヨリ分岐シテ南条ニ至ルノ支線ト小田原ヨリ分岐シテ箱根湯本ニ至ルノ支線ヲ布設シ水力電気ヲ以テ運転」するというもので、資本金五〇万円、軌間四呎八吋半の「豆相電気鉄道株式会社(3)」という内容であった。

しかしこの計画は建設資金が多額に上るうえ、収支の見込も立たないところから、「国府津ヨリ小田原湯本ヲ経テ箱根嶺ヲ貫キ（同嶺ニ隧道ヲ穿チ）三島ニ出テ沼津ノ官線ニ連絡スル(4)」案に変更している。しかしこれも箱根を隧道で貫通する計画であることには変わらず、収支は償わないことは明らかであった。かくして一八九三年九月三〇日の創立総会において、「小田原線ト三島線ノミヲ敷設シ中間伊豆山ノ東西連通線ヲ敷設セサル（こととし）、小田原線ハ早川ノ水力ニ依リ三島線ハ稗川ノ水力ニ依リ発電シ(5)」電力を全線路に配送する計画を申請することにした。

ところが当時、電気鉄道の技術はいまだ確立したものではないという判断からか、一八九四年四月一八日付で電気鉄道での計画を「軽便鉄道」の案に修正し、会社名も「電気」の名前を削除、資本金一八万円の「豆相鉄道株式会社」とし、路線を「神奈川県下ノ路線ハ当分其敷設ヲ見合セ」さらに静岡県下においても下戸狩より三島町・南条等を経て大仁に至るまでの間の軽便鉄道敷設計画に変更して出願した。

このように計画の基本は、縮小方向に二転三転したが、三島町としては何にも替え難い計画であったので、同社に対して、この路線の起点を下土狩薄原に変更してもらえるなら、薄原より錦田村界までの土地を無償提供するという条件を申し出たところ豆相鉄道ではこれを歓迎し、両者の間で契約の運びとなった。かくして、資本金を二五万円、軌間三呎六吋、路線を中泉～田中間の普通鉄道と変更して申請した結果、一八九六年五月二三日、本免許状が同社に下付されたのである。

この間、会社が測量に着手した一八九六年二月から駅の位置をめぐって町を二分する激烈な対立が生じ、三島町会は、土地提供契約を取り消す決議を（八月三一日）可決し、町長は引責辞任に追い込まれた(6)。しかし地元の第三者的な集団(7)による斡旋運動でようやく収拾（九月二五日）したという経過がある。

かくして本免許状が下付されて創立総会を開き、役員を選出した結果(8)、小山田信蔵らの水戸商業銀行系の人物と地元三島の駅設置請願者を加えた人々が選ばれた。しかも技師長も甲武鉄道系の人物(9)が担当して進められ、小山田らの意向が色濃く反映される経営陣となった。工事は三島町から両方面に起工したが、一八九八年六月一五日、官設東海道線に三島駅停車場（現JR下土狩駅）が置かれたのを機に、これに接続すべく三島駅～三島町駅間（二・五km）の部分開通を見ており、さらに一八九九年七月に南条駅～大仁駅間（五・二km）を開業した。これが静岡県で初めての民営蒸気鉄道となったのであるが、経営の実態は地元銀行家を資金供給源として加えてはいるもの(10)の、地元を纏め上げる強力な主体はほとんどいなかった。

しかも発足した企業における業績はあがらず、「当初の資本二十五万円は已に消費したる上にも十三万円の負債あり株式の払込をなさしむることも出来ず社債を起こすことも出来ず[11]」という状況であった。さらに南条〜大仁間の土地が高騰し、買収が難航することになり、金策に奔走せざるをえなかった。このため相当高利の社債二〇万円を発行してようやく全線開通を果たすことになった。

短い路線に多額の借入をして行う経営は非常に厳しく、一九〇一年四月には運賃（三等）を値上げして対応している。あまつさえ重役の不正が発覚したのを期に社内紛議が持ち上がり、東海道線への乗り入れに関する保証金も滞納し、七月には東海道線との連帯輸送の中止にまで追い込まれている。この結果、その責任を取るということで同年一一月、小山田社長は退陣し、代わって古山政治が社長に就任した。

経営状態について『日本鉄道史（中篇）』には淡々と記述されているものの、その苦しさが尋常な事態ではないことは十分に窺い知ることができる。それによれば、「資本金ハ二十五万円ナリシカ物価騰貴ノ為建設費ニ不足ヲ告ケ明治三十年三月之ヲ四十万円ニ増加シ三十四年マデニ其ノ全額ヲ払込タリ、社債ハ三十二年以来二十万円ニ上リ一時借入金ハ四十年ニ至リ十九万千二百六十七円ニ達シ[15]」ており、とうとう一九〇三年には、「機関車、貨車全数ト客車六両ノ所有権ヲ三島銀行ニ移シテ、豆相鉄道ハ同銀行ヨリ之ヲ借受ケ使用セリ[16]」と記されているとおり、単なる担保にとって資金融資を受けたのではなく、所有権を移す、いわゆる譲渡してそれを借り受けて営業せざるを得ないという異常な経営状態となっていた。

この間の事情については、当時の新聞や専門雑誌が「借金で有名な……豆相、豊川の両鉄道の如きは輸送連絡の結果、官線に対する運賃の勘定を自分のところで取っておき……催促すると今金がないから暫く待ってくれという有様[17]」とその困窮状況だけではなく、その打開の手口の欺瞞性について書き立てている。

そして打開策を講じるべく一九〇三年一一月三〇日に開いた臨時株主総会において、「営業継続ノ見込ミナキヲ以テ総財産ヲ伊豆鉄道株式会社ニ譲渡シ、（中略）ソノ価格ノ協定ハ精算人ニ一任[18]」することを決定し、一九〇七年七月一八日付で豆相鉄道は解散し、翌日から全線が伊豆鉄道の経営となった。

ところで、この伊豆鉄道というのは、実に不透明な存在で、既存会社の任意解散による「新会社」とみるか、新規出願者防止策として組織された「姉妹会社」と見るか、見方は分かれるところであるが、当時の地元での一般的な理解としては、沼津～三島間に複数の出願があったことに対抗して、三島町の花島兵右衛門、伊豆銀行頭取の蛭海文平、河島新兵衛、河合龍節と豆相鉄道の小山田社長、辻村専務などが合同発起をして新規出願防止策として組織した姉妹会社であるとされている。[19]しかしその実体は明らかではなく、状況を克明に分析した小川功[20]は、豆相鉄道が以下に述べる駿豆鉄道に直接売却して、債務の返済をするという通常の方法ではなく、両社の間に伊豆鉄なる「正体不明のブローカー」を介在させ、このブローカーにまず豆相を買い叩かせて安く仕入れた鉄道一式を最終ユーザーの駿豆に高く売却しようとしたのではないかと推論し、小山田が仕組んだプライベートカンパニーとしての鉄道ではないかと論じている。

このように、豆相鉄道は、確かに三島地区の相対的地位低下をなんとしてでも挽回したいと念願して誘致した鉄道ではあるが、実質上の経営の展開から見ても、地元の産業の振興を図る姿勢はほとんど見受けられず、起業家の野心を叶えるために資金供給源として地元を利用するだけに終始する実態となった。

2　駿豆電気鉄道――その内紛の原因――

不透明な体質の豆相鉄道の経営を横目に、地元の三島には非常に元気な企業家がいた。小柳津五郎・仁田大八郎・渡辺万介・贄川邦作らである。彼らは、すでに一八九六年には駿豆地方に電灯事業を展開すべく駿豆電気株式会社を起こしているが、これは当初から発電事業を起業しようとしたのではなく、明治の新産業として台頭してきた製糸工場の設立を目論み、そのために柿沢川の用水を利用して水力発電所をつくる計画をしたところ、建設のために招かれたシーメンス＝シュッケルト社の技師に、これからは製糸会社より電灯会社のほうが将来性があると助言されたことがきっかけで、平井に発電所を作ることになったとされている。(21) 彼らはこれを契機に一九〇一年一月、資本金二〇万円の駿豆電気株式会社（本社三島）を設立している。社長には地元函南の大地主である仁田大八郎が就任し、地元の有力者たち(22)が集結した。中でも注目されるのは、取締技兼師長に野口遵(23)も加わっている点である。そして同年一〇月には熱海発電所を買収し、続いて一九〇三年には、水力による平井発電所（二七五kW）が完成して本格的に事業展開しており、その配電範囲も、三島・沼津・修善寺・熱海・湯河原までひろげる県下の野心的な企業(24)であった。

折しも、東京市街鉄道の専務を辞任したばかりの藤山雷太を一九〇二年七月駿豆電気の相談役に迎え経営陣の補強をはかった。社長には佐分利一嗣(25)を招き、常務に小柳津五郎以下、地元の発起人が経営の任にあたったが、一九〇五年の三月には互選の結果、藤山が社長に就任した。そのときの経営陣容は、常務取締役：渡辺万介（田方郡）、取締役・支配人に贄川邦作（駿東郡）、取締役：浦田治平（東京府）、保田久道（田方郡）、監査役：矢田長衛（田方郡）、山口次郎（田方郡）、前田兼七（東京府）、技師長：川村千里（田方郡）のとおり、地元と東京の実業家を加えた顔ぶれとなった。

同社ではこれを契機に伊豆鉄道買収の手がかりの模索がはじめられ、電気鉄道敷設と旅客貨物の運輸業を営むことが検討され始めている。すなわち一九〇五年六月、臨時株主総会における第一号議案として「伊豆鉄道線路賃貸借ニ関シ同発起人ト仮契約承認之件」(26)を上程している。その契約の条件とは、①期間を二〇年とし、さらに二〇年間更新できる、②賃貸料は一年一万九五〇〇円、③電気鉄道に変更すること、④工事費は本会社（駿豆電気）の負担とする、⑤期限中譲渡の場合は、金二五万円以下で評価することなどである。

ところで、もともと駿豆電気はその定款に示されるとおり、「電燈及電力ヲ供給シ兼テ電気器具ヲ販売スル」ことを目的とするものであったが、藤山を相談役に招いてから経営方針が急遽変更された背景には、単に電力の大口需要化との関係強化のためを目的とするだけではなく、東京市街鉄道における合併論と非合併論をめぐる藤山と雨宮の対立があったからである。[27] それは藤山が駿豆電気に加わったとき、東京市街鉄道の共同主唱者であった佐分利一嗣を同社の社長に迎えていることからも容易に推察される。このように、駿豆鉄道が雨宮らが関係する伊豆鉄道を手中にしようとする背景にはこのような経緯があったと考えられ、当初の地元産業の振興という考え方が変質していったことはこの会社を見る場合に注目しておかなければならない。

ともあれ、さきに示された議案は承認され、初めての電気鉄道事業への進出が決められた。しかし、私設鉄道法のもとでは線路の賃貸借は不可能と判明し、実現にはいたらなかったものの、これを機に電気鉄道の敷設について強い姿勢が確認された。[28] すなわち一九〇五年、第一〇回株主総会において一気に非常に多くの路線敷設を内容とする事業計画を提案し、承認をえると、翌年六月の臨時総会において、「伊豆鉄道三島停車場に達する線路」と「伊豆鉄道を横断して三島官幣大社に達する線路」[29] を出願し、ついで一二月には三島六反田から修善寺にいたる修善寺線の電気軌道敷設を決議し、「之に要する資金は社債若しくは借入金を以ってし之が償還は増資による」[30] ことを決めている。このように積極果敢な経営姿勢に対して、疑問視するものがあったが、名は体をあらわすべく一九〇六年一〇月には、社名も実体に即して「駿豆電気鉄道株式会社」と商号変更した。その翌月の一一月、三島六反田～沼津駅前間（約六・五㎞）に静岡県で初めての民営電気鉄道（軌道線）を開通させ、また一九〇八年六月には三島広小路から三島田町停車場にいたる市内を走行する軽便鉄道の市内電車を開通させた。

このように同社の経営は非常に積極的で収益も上がり、配当率も七～八％とまずまずの成績をあげていたが、さらなる事業展開をはかるべく矢継ぎ早に発電力の増強と営業区域の拡張が行われた。[31] すなわち一九〇八年に平井発電所の出力を二二〇kWに増強、一九一一（明治四四）年に梅木発電所に四四〇kW発電機設置、一九一二年には同発電所に

表1　駿豆電気鉄道の需要と収益（1905〜13年）

（単位：千円）

	電燈需要		電力需要		払込資本金	固定資本金	社債借入金	収入				支出	利益金	払込資本金利益率	配当率(%)
	需要家数	灯数	電動機 台数	電動機 馬力数				電燈料	電力料	電車料	合計				
1905（明治38）	1,332	4,960			200			26			35	19	16	9.00%	
1906（明治39）	1,202	5,533			269			41			55	29	27	11.3	
1907（明治40）	1,376	5,536	2	5 kW	275	394	153	45			48	29	19	7.0	8.0
1908（明治41）	1,518	6,983	7	25馬力	350	427	154	41	1	20	66	37	29	9.3	7.2
1909（明治42）	1,684	7,800	11	70	393	264	150	47	2	21	76	44	32	8.6	7.0
1910（明治43）	1,817	8,991	16	130	439	550	242	50	3	20	79	45	34	8.1	7.0
1911（明治44）	2,463	10,782	37	213	500	522	561	69	8	21	107	52	55	11.6	8.0
1912（明治45）	10,486	25,721	62	232	875	1,384	1,087	123	13	25	216	142	74	10.8	8.0
1913（大正2）	13,054	31,477	81	396	1,164	1,402	1,207	177	17	28	324	551	△226		

資料：『関東の電気事業と東京電力』168頁による。

五〇〇kWの発電設備を増設するなど矢継ぎ早の設備拡張に踏み切った。また配電区域についても、駿東・田方両郡の各町村に加えて、神奈川県足柄郡にも進出する拡張政策がとられた。さらに鉄道部門でも一九一一年一〇月、伊豆鉄道買収と設備完成目的として一五〇万円を増資したうえで、伊豆鉄道の三島〜大仁間を買収し、駿豆鉄道の軽便鉄道部として経営し、翌年三月に営業を開始している。まさに一気呵成の拡張戦略がとられた。

ところが電力増強をめざして建設した梅木発電所では予定の水量が得られず出力不足が明らかとなり、電力不足は避けられない状況となった。しかもこの拡張計画は増資によって実現する計画であったにもかかわらず、日露戦後の反動不況によってこれも見込みが狂ってしまい、財務的にも非常に苦しい状況となった。いまその状況を示したのが表1である。

駿豆電気鉄道におけるこのような拡張計画が増資による調達を前提にしていたが、肝心の株式払込みが遅滞するにつれて資金調達はますます難しくなり、急増する資金需要を自己資本で賄うことができなくなった。あらゆる金策を講じるものの、結局、鉄道財団を抵当として東京海上火災株式会社から資金を借り受けたのである。その結果、一九一一年以降は社債や借入金などの負債が急激に増大し、しかもそれは払込資本金を大幅に上回るようになるなど財務内容はきわめて不健全なものとなった。

こうした状況の中で経営陣の不遇が重なり、経営の推進力は年々弱くなっていった。すなわち一九一〇年七月、藤山は「大日本精糖の社長に就任してその整理の衝にあたる[32]」必要から辞任して相談役となったのを機会に、渡辺万介が社長、贄川邦作が専務につき、創立当初の陣容で伊豆鉄道の買収には成功したのであったが、「はからずも渡辺社長は上京中に客死（中略）、代った西沢も事業上の失敗（東京の繊維問屋が破産）から会社を退[33]」く事態となっている。

3　地域内の求心力としての岡野の役割

このように藤山を中心として推進された駿豆電気鉄道の拡大路線は、社債・借入金の増大路線でもあったが、それは高利の資金に頼らざるをえないことでもあった。ちなみに一九〇八年末では社債・借入金残高は一五・四万円となっているが、借り換えのためにさらに社債を発行せざるをえず、いずれも九・〇％から一二・〇％の高利なものであった[34]。資金調達にはあらゆる手づるが頼られたが、東京海上火災の総支配人である各務鎌吉の実兄[35]が駿豆電気鉄道の監査役をしている関係も利用して行われた。もちろん同社への融資はこれら中央の大金融機関だけではなく、当然地元の銀行に依存したが、それは「銀行という銀行から悉く融資を受けている[36]」状態であった。

いま地元金融機関の岡野喜太郎から見た駿豆電気鉄道の経営手法は「もともと経営に暗い政治家たちで、きわめてハデなやり方をやっている[37]」会社として映っていたが、「常務の二人が会社の金を費い込[38]」むという事件が重なったため、大幅な欠損を出してしまった。このため東京海上は、抵当権を実行して競売を実施する方針を駿豆電気鉄道に伝えた。そのため駿豆電気鉄道の顧問弁護士は数万円の融資を受けている駿河銀行の岡野喜太郎に支援を依頼した。

岡野は同社の経営のあり方について必ずしも好感をもっていたとはいえないながらも、「会社の株券は大部分は地方の人が持っている。鉄道を東京海上に取られるとなると、その株券の値は零になる。当時、一地方で百万円からの株券が零になるということは、地方経済の大問題である[39]」として、地方経済救済の観点から、駿豆電気鉄道の救済に奔走した。そこで債権者銀行八行を集めて「まず損失の額を明らかにして、その半分は重役、あとの半分は株主が持つ。東京海上の年賦金は、債権者銀行の方で按分比例でさらに融資して立替え払いにする[40]」という整理案を出した。提案に対して地元銀行での議論は百出したが、産業銀行だけがどうしても結論がでなかったという。しかし岡野の強い一言[41]で全行の賛同が得られることになった。

この整理案を駿豆電気鉄道の株主総会にかけたものの、「初めて事の真相をきき、あまりのことに誰一人発言するものがなかったが、やっと函南の素封家仁田大八郎が口をきって満場一致、整理案を承認[42]」することになったという。これは、この企業のこれまでの拡張路線が仁田ら発起人たる人々の意見ではなく、彼ら以外の意見によって動かされてきたことの証左であるが、ともあれこれによって東京海上による抵当権を実施して行う競売は避けられ、駿豆電気鉄道の経営危機はひとまずはおさまった。

このとき（一九一三年）における同社の役員を見ると、社長には西沢善七（東京）、専務取締役には贄川邦作（駿東村）、取締役には渡辺勝三郎（東京）・芹沢多根（駿東郡）・各務幸一郎（東京）・石川甚作（東京）・石橋尚松（田方郡）、相談役に仁田大八郎（田方郡）・太田黒重五郎（東京）・市原求（東京）という布陣で、地元色は強まったが、財務状況は極度に悪化していた。

ところで駿河銀行というのは一八九五年これまでの貯蓄組合を改組してできた根方銀行（資本金一万円）を前身とし、日清戦後の好況を契機に駿東実業銀行（資本金六万円に増資）として沼津に経営の基盤を置いていた。そして一九一二年七月、駿東実業銀行を駿河銀行と改称し、資本金も六〇万円に増資しているが、自称「日本一の小銀行[43]」と称するとおり、零細な金融機関であった。しかし同行も順風満帆であったわけではなく、一九〇〇年の金融恐慌のおりを受け、熊本第九銀行の支払い停止を契機に各地の銀行の破綻が連鎖していった。同行もその影響をうけ取引先の倒産によって貸付金が焦げつき、そうすれば取り付けが始まることは必定であった。それは駿東の財界に非常な迷惑が及ぶとも限らないとして、岡野は果敢にも「岡野家の田畑を担保に入れ他の大きい銀行から一時融資してもらう[44]」手法で地元における弱小預金者の安心をとりつけている。もちろん弱小銀行にとって大きな損失であったが、「姑息なやり方を排し三十五年下半期は無配として損失を償却し、足らざるところは積立金でこれを埋め[45]」る、という実に直截的な手法で信用を保持している。この姿勢は、その後の関東大震災時にも遺憾なく発揮され、そのときも「非常時にも平常のように営業するのが銀行の使命である。お客様から預かった大切な預金を、この災害で金のいる時に支払いできるのに支払いできぬというはずはない。この際、必要なのは復興である。復興の資金である[46]」という姿勢をもって積極的払い戻しを行ったことが、結果的に預金増を産む結果となったと述懐する中にも確認できる。

岡野のこうした尽力によって駿豆電気鉄道の破産はひとまず回避されたが、このことから「銀行家の本領として事業家を援助してもその事業に深入りしてはならない[47]」との経営観を持つようになったという。もちろんこれよりのち、駿豆電気鉄道の後身となる駿豆鉄道の取締役に迎えられることをもって、信条とは異なった行動と見ることも可能であるが、同社がいま一度、地元本位のローカルな事業活動となった段階で、地元経済支援の観点からの役員就任や株式取得を続ける、いわゆる「付かず離れずの姿勢[48]」を保ったからこそ「その後の二十年近く、頭取の足手まといとなって、苦しめ[49]」ることになったものと考えられる

ともあれ拡大路線に走った駿豆電気は地元金融機関の支援によって、きわめてローカルな企業として再建の道を歩むことになったのであるが、先に延べたとおり経営陣の不遇が重なり、一九一六（大正五）年一〇月に、富士水電に合併され、同社の鉄道部となった。しかし翌年一一月には同社の子会社「駿豆鉄道」として分離されることになった。資本金三〇万円とし本社を三島に移転し、さらに富士水電の軽便鉄道（三島～大仁間）部分をも併合した地元密着型の企業としての再出発となった。

4　富士水電による買収

ところで日露戦後の不況を経験した日本経済では新しい産業の勃興と同時に電力供給が急成長をとげていたが、水流の豊かな静岡県には水利権を求めてこの地に参入するものが増え、中には水利権のみを得ることを目的とするものなどがおり、町村を巻き込んだ紛争となる場合があった。こうした中、一九〇六年三月、富士郡一円への電力の供給を目指して富士電機株式会社が設立されると、次いで一九〇七年一一月、富士水電株式会社が富士製紙に電力を供給することを目指して創立され、一九〇九年一〇月、猪之頭に発電所を建設して運転を開始した。さらに相前後して一九〇七年、四日市製紙株式会社が社内に電気部を作り芝富村西山に発電所を建設して電力供給を開始している。

このうち富士水電では「富士製紙株式会社ノ電働《ママ》機械据並製紙荷重増加ノ予定計画大イニ遅レ随テ其ノ電力数量ハ契約ノ最小限度ニモ達セサルノミカ殆ント其ノ三分ノ一位」(50)に止まったうえ、大口需要家として予定していた「富士鉄道株式会社ノ電鉄系各モ大ニ後レ」(51)たため、大口需要家への供給ができず、仕方なく、電力の一般供給の認可を得るとともに、中駿電気への電力卸売りで急場を凌いだ。

こうしてこれら三社が相互に有利な電力供給先を求めて競争を展開していた一九一〇年、静岡市では電力市営化と同時に、従来の火力発電から水力への切り替えの問題が起こり、電力市営化と非市営化をめぐる政争にまで発展した。このため静岡市では営業区域の協定(52)を結ばせることにして一応の決着をつけた。

しかしそれぞれの企業の内部事情によって、競争の様相はさらに外部に広がりを見せ、他社の吸収や合併という事態に発展した。すなわち富士水電では資本力にものをいわせて芝川水系に次々と発電所(53)を建設した。さらに富士電気が建設した発電所およびその営業区域も自己の手中に収めた。しかし相次ぐ発電所の建設と買収をしながら、なおか

表2　富士水電の経営状況（1910～23年）

（単位：千円）

会計回	年度	払込資本金	固定資本金	社債・借入金	積立金	収入 電燈料	収入 電力料	収入 合計	支出	利益金	払込資本金利益率	配当率（%）
第5回	1910（明治43）上	150	943	971			29	31	54	△23		
第6回	1910（明治43）下	150	1,042	976			57	60	36	24	32.0%	10.0%
第7回	1911（明治44）上	150	1,090	1,041		1	62	65	54	11	14.0	10.0%
第8回	1911（明治44）下	210	1,181	1,066	1	22	65	88	62	26	28.7	12.0%
第11回	1913（大正2）上	900	1,651	1,034	12	68	83	157	93	64	14.1	12.0%
第12回	1913（大正2）下	900	1,867	1,140	18	68	90	163	99	64	14.1	12.0%
第13回	1914（大正3）上	900	1,972	1,192	25	75	93	172	109	64	14.2	12.0%
第14回	1914（大正3）下	900	2,031	1,256	31			181	117	64	14.2	12.0%
第15回	1915（大正4）上	900	2,140	1,275	37			215	149	66	14.8	12.0%
第16回	1915（大正4）下	900	2,196	1,477	44			212	147	65	14.4	12.0%
第17回	1916（大正5）上	1,900	2,321	900	51			349	189	160	22.8	12.0%
第18回	1916（大正5）下	2,785	4,765	2,190	67			917	660	258	22.0	12.0%
第19回	1917（大正6）上	2,785	5,425	2,851	93			640	279	360	25.9	12.0%
第20回	1917（大正6）下	2,785	5,255	3,202	131			666	297	369	26.5	12.0%
第21回	1918（大正7）上	2,785	5,869	3,971	169			506	265	241	17.3	12.0%
第22回	1918（大正7）下	3,235	8,324	5,568	199			694	351	243	22.8	12.0%

出典：前掲書『関東の電気事業と東京電力』281頁。一部および富士水電「各期報告書」による。

つ一〇～一二%の配当を続けるための資金を社債の発行(54)で賄ったため、社債・借入金残高は、払込資本金を上回るなど、財務状況は決して良好ではなかった。その状況を示したのが表2である。

ところで創立直後（一九〇八年時点）の富士水電を動かす人的な側面を確認しておこう。経営陣は取締役に小野金六（東京）、白井新太郎（東京）、色川誠一（静岡）、市川文蔵（山梨）、監査役に松平容大（東京）、三枝守富（豊多摩郡）となっているが、小野・白井はいずれも同社の発起人であり、色川・小野は富士製紙の役員でもあることから推しはかれるとおり、当該企業は富士製紙の傍系会社としての性格を有しており、小野らの属する甲州財閥系の人脈によって設立され経営されている企業である。

また資本金は六〇万円（一五万円払込資本金）となっているとおり、当初は富士製紙の発電部門と考えられる程度の企業であった。しかし電灯・電力需要の拡大に応じて、資金力に物をいわせて、近隣地域の周辺事業を矢継ぎ早に合併して規模拡大をはかった。

ところで小野金六においては鉄道事業の国家的な役割の

重要性から、同郷の雨宮とともに多くの鉄道にかかわりを持ってきているが、東京市街鉄道についても、ともに腐心したことは周知のところである。その意味でこの地における電鉄事業にも興味をもっていた。

さて大正初期（一九一三年末）の三島地方に眼を移すと、藤山らを中心として経営してきた駿豆電気鉄道が拡大主義の結果、破綻寸前になっている状況があったが、小野らの陣営がこの機を逃す手はなかった。その表れが一九一五年一一月、まず藤田謙一[55]を駿豆電気鉄道の取締役として送り込んでいることに見られる[56]。

そして翌年四月、同社を富士水電に吸収すべく彼に陣頭指揮を執らせ、駿豆電気鉄道の社長に就任させている。そして同年一一月、駿豆電気鉄道を富士水電に合併させ、一二月には富士水電の取締役に就任させている。

もちろん駿豆電気鉄道側に何の抵抗もなかったわけではない。株主集会を開いて大いに反対するものの、その反対理由は電車運賃の上昇や本社の移転に伴う税収（五三〇〇円）減、物品購入の減少など[57]非常につつましい理由にもとづくものであって、地元密着のこれら次元の異なる株主意見は、ほとんど聞き容れられる余地がないものであった。

ともあれ実質的には乗っ取りという形式であったが、一九一六年一一月、富士水電は駿豆電気鉄道を併合し、駿豆電気鉄道を解散させた。富士水電では鉄道部門だけを分離・独立させて別会社とすべく、同年一二月に社名を「駿豆鉄道」として発足させた。新会社・駿豆鉄道は一九一七年六月、沼津～三島間の軌道線を、一一月には下土狩～大仁間の軽便鉄道線を譲り受け、一九二四年八月に軽便鉄道線を修善寺まで延長して開業している。

ところで新発足なった駿豆鉄道は、資本金一〇〇万円、その経営陣容は、代表取締役に白井新太郎（東京）、取締役に淺川六郎（富士郡）、岡野喜太郎（駿東郡）、石橋尚松（田方郡）、藤田謙一（東京府）、白井龍一郎（東京）、監査役に渡辺真幸（富士郡）、芹沢多根（駿東郡）という布陣であって、富士水電の役員を兼務しているのが、白井新太郎・岡野喜太郎、藤田謙一の三人であった。さらにこの布陣は少なくとも一九一八年から一九二三年上半期までほとんど変わることはなかった。その意味で駿豆鉄道は富士水電の子会社であり、地元重役が参加するものの、どちらかというと白井色の強い企業[58]となっていたと見ることができる。

5　駿豆鉄道の経営権争奪

ところが、一九二三年六月の定期株主総会を境にその経営陣の構成は大きく揺らいでくる。『堤康次郎傳』においては、「当時富士水電の子会社であった駿豆鉄道に経営権の争奪をめぐって重役間に紛争が生じていた。このとき、たまたま箱根土地の会長である藤田謙一が同社の取締役でいた関係で、堤もこの紛争に介入し、当時の社長、白井龍一郎と経営権の争奪戦を演ずるようになった。（中略）結局鉄道大臣床次竹次郎の女婿佐藤重遠や対大化会会長の岩田富美雄、牧野泉などの仲裁によって解決し、経営権は完全に堤の手中におさまった。大正十三年の秋もすでに終わりに近いころのことであった[59]」、とある。

しかし各回の営業報告書の中から見る限り、たとえば経営方針をめぐる大きな対立とか、収益構造が大きく変化しているとか、配当が大きく落ち込むとかの観点では大きな変化を見出すことはできない。その概要を示したのが表3である。この経過から見る限り、むしろ経営的には表面上、安定的な推移のなかで、突如、経営交代を迫る動きがあったと見ることができる。ただ一つ、一九二二年一一月段階における株式関係の指標で、全株主数および株主名義書換え数が大きくは変わらないのに、その株式数は二万二〇五株にも上っている。これは、大株主の名義書換えがあったことを意味しており、おそらく藤田謙一の株式譲渡に相当するものと考えられる[60]。そしてその後も株主の集中化傾向が見て取れる。

さて一九二三年六月二六日の定時株主総会において、取締役および監査役の任期満了に伴う改選が行われたが、その翌月七月三一日、臨時株主総会が開催され、まったく新たに取締役七名と監査役四名が指名され、当選・就任して

表 3　経営諸指標

（単位：円）

		第10回	第11回	第12回	第13回	第14回	第15回	第16回	第17回
		T. 11. 5. 31	T. 11. 11. 30	T. 12. 5. 31	T. 12. 11. 30	T. 13. 5. 31	T. 13. 11. 30	T. 14. 5. 31	T. 14. 11. 30
B/S 関係（借方）	建設費	1,453,088	1,429,750	1,221,325	1,449,077	1,444,036	1,978,454	2,014,470	2,019,860
	仮払金	326,545	407,823	581,540	177,672	168,535	307,379	327,612	320,217
	柏久延長工事費				559,724	711,617			
	合　計	2,001,276	1,993,318	1,847,901	2,280,585	2,480,287	2,501,635	2,525,361	2,899,856
（貸方）	株金	1,000,000	10,000,000	700,000	1,000,000	1,000,000	1,000,000	1,000,000	1,500,000
	借入金	750,000	770,000	816,627	872,719	853,348	908,189	952,211	930,380
	未払金	34,499	22,435	19,399	29,480	86,928	96,932	83,664	38,606
	支払手形			33,975	133,000	290,000	265,000	281,990	239,000
	前期繰越金	17,837	18,327	19,802	20,188	5,852	7,304	27,099	5,009
	当期利益金	82,490	83,474	69,142	49,163	90,452	79,295	38,060	57,245
	合　計	2,001,276	1,993,318	1,847,901	2,280,585	2,480,287	2,501,635	2,525,361	2,899,856
P/L 関係 利益関係	鉄道収入	180,816	184,328	183,932	151,397	204,047	244,742	212,486	204,380
	軌道収入	44,782	48,445	49,505	55,027	58,009	56,681	55,835	56,440
	合　計	225,593	232,774	233,438	206,424	262,057	311,424	268,321	260,822
損失関係	鉄道費	109,189	11,360	114,789	118,083	128,336	172,539	176,882	153,209
	軌道費	33,913	35,694	36,262	39,177	43,268	49,590	53,378	50,367
	合　計	143,132	149,299	151,052	157,246	171,604	222,129	230,261	213,576

当期利益	当期利益金	82,493	83,474	82,385	49,164	90,452	79,295	38,064	57,245
	前期繰越金	17,837	18,327	19,802	20,188	5,852	7,304	27,099	5,964
	合　計	100,327	101,802	102,188	69,352	96,304	86,599	65,159	62,255
利益処分	役員賞与金	5,000	5,000	5,000		5,000	2,500	2,650	1,000
	社員退職給与金	2,000	2,000	2,000	1,000	2,000	2,000		
	株主配当金	60,000	60,000	60,000	42,000	49,000	35,000	31,500	45,000
	特別配当金	10,000	10,000	10,000	18,000	21,000	15,000	13,500	7,500
	後期繰越金	18,327	9,802	20,188	5,852	7,304	7,000	5,009	5,755
株式関係	前期末株主数	410	405	406	404	302	291	290	282
	現株主数	405	406	404	302	291	290	282	307
	株主名義書換件数	46	36	47	268	41	62	28	60
	株数	2,493	20,205	3,433	39,341	6,064	11,769	3,105	19,046

いるが、その中に、堤康次郎の名前が唐突に出てくる。しかし白井らの対抗勢力によってその無効の手続きが取られ、裁判所から職務執行停止命令が下された。かくして同年一一月一〇日、全員が辞任している。この後しばらくは双方が役員を選出しては辞任するという泥仕合が繰り広げられたが、最終的には政治家や右翼団体[61]の仲裁によってお互いの陣営からの役員を立てて間合いを計る中で、堤康次郎の所有株はさらに増えていったものと考えられる。康次郎が支配権を確固たるものにしたのは、一九二五年五月八日および一九日の臨時株主総会において五〇万円の増資を上程し、翌月一九日の重役会で決定した段階である。この増資によって、康次郎の所有株が一気に増大することになったことは、言うまでもない。そして同年六月専務取締役の牧野泉が辞任した後を永井外吉が取締役に就任したことに伴

表4　株式の規模別・地域別分布（大正11年5月）

（単位：人）

人	500以上	499～100	99～50	49以下	合計
東　京	8	9	2	62	81
静　岡	2	66	25	161	254
その他	1	6	1	62	70
計	11	81	28	285	405

（単位：株）

株数	500以上	499～100	99～50	49以下	合計
東　京	24,240	1,738	136	527	26,641
静　岡	3,315	14,813	1,441	1,587	21,156
その他	505	1,028	55	615	2,203
計	28,060	17,579	1,632	2,729	50,000

表5　株式の規模別・地域別分布（大正13年11月）

（単位：人）

人	500以上	499~100	99~50	49以下	合計
東　京	13	26	2	52	93
静　岡	1	25	7	105	138
その他	1	3	1	55	59
計	15	54	10	212	290

単位（株）

株　数	500以上	499~100	99~50	49以下	合計
東　京	35,625	5,041	130	391	41,187
静　岡	2,080	4,568	400	808	7,858
その他	0	378	55	1,165	955
計	37,705	9,987	585	2,364	50,000

って、名実ともに堤の支配になるものとなった。重役会においては、役員の報酬の削減ならびに社員の整理を断行し経費の削減と業務の刷新を図る姿勢が示された(62)。

この間の株式の移動を資料的な制約のため完全な形では検証できないが、できる限り事件直近の資料で明らかにしておこう。いま経営権を奪取される前の数字として一九二二年五月を、そしてと経営権奪取後の数字として一九二四年一一月をあげ、株主の分布状況を比較したのが表4、表5である。これに明らかなとおり、静岡など地方の株式が東京在住者に吸収され、同時に東京の小株主が東京の大規模所有者に吸収されているのが見て取れる。これをさらに具体的に見ると、この東京の大株主とは、一九二二年五月段階では、白井龍一郎・白井新太郎らの関係者と考えられる人々であり、その株式が一万九一九五株（全株式の三八・四％）である。これに富士水電関係者の小野金六・安田善五郎らのそれを加えると二万二二四七（同四四・三％）となり、東京在住者の全所有株二万六六四一株の八三・一％にのぼっていた。それが一九二〇年一一月の段階になると、白井柳太郎・白井新太郎のそれは、一万五五六一株（同三一・一％）と減少し、富士水電の関係者の株式も消滅している。それに代わって、箱根土地関係者の所有株が一万七四四株（同二六・一％）と非常に唐突に増えている。そして増資後においては、堤康次郎およびその関係者の株式は合計で一万九一四四株と、総株式数のほぼ四分の一を所有することになった。[63]

経営権をめぐる紛擾の限りなく中心人物の藤田は、一九二三年一二月の定時株主総会後に経営陣の一角に名前を見つけることができないことと考え合わせると、この間に康次郎に大半の株式を譲渡して同社の経営権奪取の糸口をつけて退いたものと考えられる。

6　この時期の意味

それでは堤康次郎としてはなぜこの時期に駿豆鉄道の経営権奪取を図らなければならなかったのか、それをとく鍵は一九二三年ごろにおける堤康次郎の事業展開を振り返っておかなければならない。別稿にも記したとおり、一九一七年における軽井沢開発を皮切りに、一九一九年には箱根の開発、そして一九二〇年には芦ノ湖の湖上交通をめぐる紛争解決を通じてこの地の「将来ノ発展トニ鑑ミ湖上交通機関ノ統一」[64]を実現した。さらに、一九二一年には湯河原、三島、伊豆半島での土地経営の賃借契約[65]に着手しているが、箱根の全面的な開発には熱海と箱根を道路で結ばなければならないと考えていた。[66]

それというのも、この地で交通移動は自動車の時代へと向かいつつあり、すでに一九一三年、小田原電気鉄道が付帯事業として国府津駅を起点として強羅にいたる間と宮之下から箱根町に達する区域で五台の貸切自動車を運行していた。さらには富士屋ホテルの二代目山口正造が、一九一五年にホテル客専用の自動車を提供する目的で、富士屋自動車株式会社（資本金五五〇〇円）を設立しており、一九一九年六月になると今度は国府津～箱根町間に乗合自動車の運行を開始、さらに一九二二年になると宮ノ下～仙石原間にまで延長している。同社がわずか三台の自動車ではじめた貸切自動車事業は、このとき三六台にまで増えている。一方、小田原電気鉄道でも小涌谷～箱根町間にバスの運行を開始し、まさに「箱根山交通戦争[67]」の前哨戦が繰り広げられており、康次郎がこの中に割って入る余地はほとんどなかったからである。

ところで箱根の道路といえば小田原から三島にいたる東海道が東西に貫いているが、南北に通ずる道は一本もない、したがって康次郎としては熱海から北に箱根峠にいたる道路を作ることこそ箱根を制覇できる道であると考えたのである。そのための資金をどこから引き出すか。もしこの道路が完成した暁は「箱根と密接な関係にある駿豆鉄道にやらせるのが一番よい[68]」、そこで駿豆鉄道から資金を捻出しようと考えたのである。そのためには何としても駿豆鉄道の経営権を手中にしなければならない。つまり、鉄道の本来的な輸送機能や沿線開発効果を直接の目的としたのではなく、箱根に駆け上る近未来的交通手段の建設のために必要としたのであり、インキュベーション機能としての取得であった。一九二三年七月三一日の臨時株主総会以降の経営権をめぐる攻防は、まさにこのゆえであった。

経営権をかけた攻防がようやく堤康次郎の手中に落ちかけていた中で、箱根への自動車道路競争は熾烈を極めていた。先の富士屋自動車では、一九二四年六月には沼津～三島～箱根宮ノ下間の乗合自動車の運行を開始しており[69]、しかも「長尾峠から芦ノ湖西岸の外輪山の尾根伝いに湖尻峠、三国山、山伏峠、箱根峠を越え、十国峠から熱海に下る専用道路[70]」を実地測量のうえ内務省に申請していたのである。このように箱根をめぐってはすでに小田原電気鉄道と富士屋自動車の二社が激しい競争を展開しており、その競争は、自動車専用道路の建設競争にまで展開していたからである。

富士屋自動車の山口正造は、若くしてアメリカ、イギリスを遊学し、その見聞にもとづいてホテル経営をしていたが、堤としては引くわけにはいかないし、ことは急がなければならなかった。そこで外国の自動車専用道路の建設に向けて慎重な準備と研究を行った。そこでその研究をさせるため、中島陟をドイツに派遣し調査させている。

堤の計画によれば、熱海峠～箱根峠間、および元箱根～湖尻～大涌谷～小涌谷に私的専用道路を建設するという内容で、一九二五年には第一期計画として箱根峠と熱海峠を結ぶ自動車専用道路の新設を内務省に申請している。道路復員は六メートル、建造費は四五万円という見積もりであった。この出願はさきの富士屋自動車のそれと競願となった。

しかし自らの土地に道路を建設するというものとは全く異なり、道路を作って金を取るというもので、これを判断する基準法がない。康次郎の「独特のねばりと闘魂」(71)に内務省もついに折れて、「明治四年太政官布告第六四八号の『橋銭を徴する規定』をおし広めてこれを適用する」(72)ことになり、ようやく出願から五年経った一九三〇年七月、熱海峠～箱根峠間、いわゆる十国自動車専用道路（九・九キロ）の建設許可が下りた。

正式認可を得る直前の一九三〇年六月二七日の株主総会において、定款を「自動車による一般の運輸業を営むこと並びに自動車専用道路業を経営すること」(73)と変更している。道路は着工以来三年を費やしながら、一九三二年八月七日に開通した。ついで一九三五年、第二期工事としてさらに元箱根～湖尻～大涌谷～小涌谷間（延長一九・八キロ）の専用道路の建設許可を、今度は箱根遊船会社を使って取り付け、建設に取りかかった。その結果、一九三六年一月に開通している。

しかし問題はこの資金をいかにして調達するかである。その任に当たっていた一人が大場金太郎であった。彼は康次郎が芦ノ湖の湖上交通をめぐる年来の対立をまとめて箱根遊船株式会社（資本金四〇万円）を設立するにあたって、地場を代表する非常な功労者で、康次郎の信任は厚く、中島陟は東京方面の担当者、大場は箱根を中心とした神奈川県以西の担当者とされていたようである(74)。その彼が後年述懐するところによれば、「駿豆鉄道の資本金が百五十万円で、

表6　駿豆鉄道貸借対照表

（単位：千円）

会計回	年　　度	資産・負債総額	負債		資産		備　考
			株金	借入金	鉄道・軌道建設費	自動車専用道路建設費	
第27回	1930（昭５）下	2,840	1,500	1,000	2,130	524	
第28回	1931（昭６）上	2,844	1,500	1,030	2,126	531	
第29回	1931（昭６）下	2,934	1,500	1,220	2,127	597	
第30回	1932（昭７）上	3,145	1,500	1,129	2,127	666	
第31回	1932（昭７）下	3,274	1,500	1,263	2,127	805	
第32回	1933（昭８）上	3,076	1,500	2,283	1,931	810	
第39回	1936（昭11）下	3,759	1,500	1,879	2,015	1,550	
第40回	1937（昭12）上	3,844	1,500	1,946	1,995	1,656	
第41回	1937（昭12）下	3,948	1,500	1,988	2,005	1,748	
第42回	1938（昭13）上	4,699	1,500	2,344	1,996	2,024	
第43回	1938（昭13）下	4,708	1,500	2,321	1,982	2,007	
第44回	1939（昭14）上	4,630	1,500	2,269	1,957	1,919	東方更迭
第45回	1940（昭15）下	4,638	1,900	2,198	1,895	1,919	

十国専用道路の建設に百五十万円必要とするのであるから、株主総会でもめるのも当然であるし、その内訳—手元の在り金を知っている私たちにして見れば尚更のこと、あけても暮れても金勘定に追われる毎日[75]」であったとしている。この間の状況を表わしたのが表6である。

こうして箱根にいたる有料道路の建設が駿豆鉄道と箱根遊船の両社に名目上分けて建設されたわけであるが、「箱根と伊豆は相互関係にあり二つの観光地を近くして結び開発するにはどうしても合併することが必要[76]」であるとして、一九三七年一二月、両社は合併し、「駿豆鉄道箱根遊船会社」になった。しかしのち戦時体制もあって、社名をもとの「駿豆鉄道」に戻している。合併時の経営陣は、社長は空席とし、常務に東方友次郎、取締役に山名義高、中島陟、小島正治郎、安井喜三郎、監査役に仁田大八郎、小高義一、永井外吉が就任したが、翌年の安井が辞任したのを受けて、新たに大場金太郎と日比重順が常務に座った。日比は同社が興銀から資金融資を受けるときに同行から送られた役員であった。また一九三八年下期になると駿豆鉄道は帝國金産からも資金の融通をうけていたので、同様な関係から石川博資を取締役として迎えており、一九三九年一月には東方が専務となった。まさに康次郎の腹心たちとお目付役で構成されることになった。

さてその建設資金をめぐって、康次郎の経営観を象徴する事件がおきている。それは一九三七年に駿豆鉄道が小涌谷～湖尻間の道路をつくるとき、その資金を興銀から借り入れているが、そのことをめぐって東方は非常に危機感をもって大場を説得しようとした。東方が言うのには「駿豆では十国専用道路をつくったが、さらに早雲山～小涌谷間専用道路をつくろうとしている。このために更に興業銀行に融資を仰いでいるが、こんなことをしていると今に会社が潰れてしまうのでこの計画には絶対反対しなければならない」[77]。大場も同調しろ、として詰め寄ったという。大場からの報告を受けた康次郎は、すぐさま興銀に駆けつけ東方らの画策を未然に防止し、改めて融資の依頼をした。その結果興銀側では「十国専用道路や早雲山・湖尻・元箱根間専用道路を完成させ、あれだけの大仕事をし遂げ得たのは決して誰にでもできることではない。もう一度やらせてみようと見事反転し」[78]たという。

確かに経営内容としては、払込資本金に匹敵するような外部資金のあり方としてはきわめて不健全であって、東方の主張は正論そのものである。

駿豆鉄道の実質的な経営主体たるは箱根土地にとって、大正末から昭和初期にかけての時期、すなわち第一次大戦景気から反転して関東大震災に続く金融恐慌の中、強気一途の開発方針で事業を進めてきたが、一九二六年三月、ついに資金不足に直面し、第三回物上担保付社債二〇〇万円を償還するため第六回の物上担保付社債を発行したが、社債受託銀行であった神田銀行が金融恐慌の渦中に巻き込まれて破産したため、箱根土地もほとんど破産に近い状況となった。この社債の受託会社としての神田銀行を引き継いだのが日本興業銀行であるが、日本興業銀行の斡旋により、箱根土地と社債権者との間で、同社が担保の土地・建物を出資して設立（一九三〇年）した日本温泉土地㈱の株式と社債とを交換することで和解が成立（一九三一年五月）している。

もちろんこのように社債権者に対して土地と社債を交換する形での和解が通常的に行われたのではなく、原則論としてはやはり社債権者に対しては単独に償還を請求することができるという判断[79]が下されているが、堤の土地開発の経営手法は、当時の有力金融関係者の間では支持されていたものと考えることができるし、この和解案をのんだということは、当時の受託会社や社債権者が、担保物件の将来性について評価している証左[80]であるといえよう。

この和解案を作るべく処理に当たったのが栗栖赳夫であったが、彼の回想によれば、「此の社債は箱根の強羅、軽井沢および沓掛等一帯の土地とホテル其の他の建物を一番抵当としたものであって、折柄の金融恐慌の為一時的に利払等に差支へたといへ、籍すに若干の時間を以てすれば、其の更生および発展は充分に見込まれた。又堤社長の熱意も頗る強いものがあった。それでわたくし共は単に利払等の遅滞を免除するとともに、社債権者の希望によって社債を株式に振換えて会社の発展を待つことが社債権者の為にも又会社の為にも有利であると考へた[81]」としている。

栗栖はのち興銀総裁（一九四七年）となり片山内閣の大蔵大臣となった人物である。この事件を処理するときの総裁は鈴木嶋吉であるが、十国専用道路をめぐる興銀とのやり取りの時点では、総裁はすでに結城豊太郎に交代している。堤康次郎の正史として『堤康次郎』を編纂した由井常彦は、おそらく結城豊太郎による一九三八年ごろの堤評であろうとして、「……（中略）堤康次郎君ノ事業経営振ヲ見ルニ同君並ビニ同君ノ幕僚ハ常ニ堅忍不抜ノ意気ヲ有シ其仕事ニ関シ十分ノ熱ヲ持テ着々其地盤ヲ固メ数年ナラズシテ今日ノ大ヲ致シタルハ常ニ敬服スル所デアル[82]）」と高く評価する一文をあえて紹介している。

このように考えると、駿豆鉄道における外部資金依存型の開発は、開発型の土地を担保とするものであって、単に土地を担保とするもの以上に成長性が見込まれるものへの融資として、いわば土地本位主義の経営手法が高く評価される先鞭となったといえる。

おわりに

鉄道事業への第一歩となった駿豆鉄道は、鉄道自体による輸送力の観点からこれが重要であったというよりは、大正期から以降の交通手段として必ず自動車交通が大きな役割を果たすと見て、その事業を興すためには、拠点事業が必要であった。それが駿豆鉄道であったことが明らかにされたと考える。また駿豆鉄道の経営権は、「いずれかの時点で」取得できればよかったのではなく、まさに「箱根山交通戦争」の前哨戦が展開された一九二二年から二三年の時期でなければならず、だからこそこの時点で一気呵成に株式取得を通じて経営権奪取を計ったと考えられる。

それにしても、富士水電の経営する駿豆電気鉄道に藤田謙一が関与してきたからこそ、このピンポイント的な時点での経営権奪取がはかれたことを考えると、康次郎にとって藤田の存在は非常に大きなものであったとことが窺われる。さらに資金破綻時における興銀の結城豊太郎や栗栖赳夫さらには市来乙彦など政府系金融機関の人物との接点がなければ、こうした展開は不可能であった。これも康次郎の資質が評価されたからではあろうが、彼が当時の与党政治家として活躍していたことも与って大きいものがあると考えられる。

注

（1）「三島停車場設置請願委員」三浦丈八郎、河辺宰兵衛、島田保作、栗原宇兵衛、花島兵右衛門、間宮清佐衛門。

（2）雨宮敬次郎（東京市）、森清右衛門（東京市神田区）、横山孫一郎（東京市麹町区）、南部助之丞（東京市芝区）、小山田信（東京市本郷区）、辻村熊吉（神奈川県足柄）、岩田作兵衛（日本橋橋区）。

（3）（4）東京府第三課文書（一八九三年）。

（5）「第四回鉄道会議議事速記録第十号」一八九四年六月一四日、三四頁。

(6)『三島市誌』下巻、一九五九年、一七一〜一七二頁。
(7) 中立的な立場を守った、久保町・裏町・新谷町の関係議員とその有志および市ケ原の草茅仁三郎、河辺富助、村上伝右衛門、藤池浅次郎、河島新経得、安達彦太郎、小出太三郎らによる斡旋で、九月二五日、和解が成立。
(8) 社長：小山田信蔵、取締役：岩田作兵衛・南部助之丞・辻村熊吉、監査役：山内豊尹・花島兵右衛門、相談役：阿部彦太郎・伊東茂右衛門・山中新。
(9) 菅原恒覧は、甲武鉄道の技師・建設課長を歴任している。『帝國銀行会社要録』一八九八年版。
(10) 三島銀行、一八九九年現在、資本金一五万円、預金一〇・六万円、貸付金・貸越金二二・五万円、頭取：花島兵右衛門の地方的金融機関。
(11)『静岡民友新聞』一八九八年九月四日付。
(12) 小川功『企業破綻と金融破綻――負の連鎖とリスク増幅のメカニズム』九州大学出版会、二〇〇二年、一四六頁において豆相鉄道の社債発行の事情を詳述している。
(13)『静岡民友新聞』一九〇一年六月八日、一三日付「昨年九月中、重役間に於て二万三千円不正負債あると此頃に至りて発見し之を動機として一紛議持ち上がり」(中略)「内部の魂胆愈愈露見」とある。
(14)『静岡民友新聞』一九〇一年八月一五日付。
(15)(16)『日本鉄道史』中篇、六〇九頁。
(17) 野田正穂他編『鉄道時報』八朔社復刻版、一九〇二年一月一八日付。
(18)『日本鉄道史』中篇、六一〇頁。
(19) 前掲『三島市誌』下巻、一七四頁。
(20) 小川功、前掲書、一五五頁および「明治・大正期の困窮私鉄再建と生保金融」『彦根論叢』二九八号、一九九五年一一月、二一一〜四〇頁。
(21) 平井長寿会『平井誌』一九六九年一〇月、一九四頁、『函南町誌』上巻、一九七四年、二五一頁。
(22) 西原勇次郎編『藤山雷太伝』一九三九年、二五六〜二五九頁、経営の陣容は、社長：仁田大八郎、常務取締役：小柳津五郎、取締役支配人：山口次郎、取締役：渡辺万介・贄川邦作・保田久造、取締役技師長：野口遵、監査役：花島兵右衛門・矢田

長衛ら野口を除いて地元の有力者で構成されていた。また前掲『平井誌』では創立の際、平井の株主として岩崎藤次郎、岩本定七がいたとしている。

(23) 吉岡喜一著『野口遵』一九六二年七月、西原勇次郎編『藤山雷太伝』一九三九年、二五六〜二五九頁、野口は一八九八年にシーメンス・シュッケルト日本出張所に入社しており、同社から非常な信頼を得ていた。

(24) 同前『藤山雷太伝』一九三九年。

(25) 東京市街鉄道は東京電気鉄道（雨宮派）、東京電車鉄道（三田派）および東京自動車鉄道（星派）の合同になるものであるが、藤山、佐分利は三田派の共同主唱者である。

(26) 前掲『函南町誌』二五六頁。

(27) 明治三〇年代半ば、東京の市内電車として東京電車鉄道株式会社、東京市街鉄道株式会社、東京電気鉄道株式会の三社が鼎立した時、合併案をめぐって雨宮と藤山が大きく対立した事件。

(28) 沼津三枚橋より三島広小路にいたる旧東海道往還、三枚橋より沼津停車場にいたる市街線との連携敷設、三島広小路より大中島・小中島両町を経由して三島町にいたる市街線、小中島町より分岐して伝馬町にいたる大社線、さらに沼津〜鈴川線、沼津〜江ノ浦線、三島〜湯本線、鈴川〜静岡線、吉原〜甲府線、修善寺〜湯ケ島〜伊東線であった。前掲『三島市誌』下巻、一七五頁。

(29) 『鉄道時報』一九〇七年一〇月二六日付。

(30) 『鉄道時報』一九〇七年一月一九日付。

(31) 一九〇八（明治四一）年、平井発電所の出力を二二〇kWに増強。一九一一（明治四四）年、梅木発電所四四〇kW建設。一九一二（明治四五）年、同発電所に五〇〇kWの増設。

(32) 前掲『藤山雷太伝』二五九頁。

(33) 前掲『三島市誌』下巻、一七八頁、なお藤山の辞任は一九一〇年七月（前掲『藤山雷太伝』年表、六七二頁）。

(34) 日本興業銀行特別調査室編『社債一覧』一九七〇年三月、五六九頁。

(35) 橋本求『岡野喜太郎伝』一一一頁、ただし『日本全国銀行会社役員録』一九一三年版では、各務の実兄、幸一郎は取締役となっている。

(36) 橋本求『岡野喜太郎伝』一一〇頁。
(37)〜(39) 同前。
(40) 同前、一一三頁。
(41)「産業銀行一行のためすべてが駄目になって静岡県の財界に恐慌が起こる」ことになる、といって、地方経済の観点から整理安の審議をすべきことを強く説いた。『私の履歴書』三二頁。
(42) 前掲『岡野喜太郎伝』一一四頁。
(43) 同前、八九頁。
(44)(45) 同前、九七頁。
(46) 前掲『岡野喜太郎の追想』一七六頁。
(47) 芹沢光治良『岡野喜太郎伝』九八頁。
(48) 小川功「明治・大正期の困窮私鉄再建と生保金融――豆相鉄道の資産継承会社の性格を中心に」『彦根論叢』第二九八号一九九五年一一月、三八頁。
(49) 芹沢光治良『岡野喜太郎伝』九八頁。
(50)(51) 富士水電『第五回報告書』三〜四頁。
(52)『富士宮市史』下巻、一九八六年、七〇六〜七〇九頁。
(53) 白糸発電所：一九一五年竣工、六五〇kW／h。足形発電所：一九一八年竣工、一八〇〇kW／h。内野発電所（一九一八年竣工：一八〇〇kW／h）。狩宿発電所：一九一九年竣工、三二〇〇kW／h。『富士宮市史』七〇八頁。
(54) 前掲『社債一覧』九三頁、一九一五年一一月：九〇万円（八％）、一九一八年三二〇万円（七％）。
(55) 一八七三年弘前に生まれる。天狗タバコの岩谷商会の理事を歴任後、名古屋の豪商小栗家の破産整理に携わり、鈴木商店の諸事業に関与しつつ、製塩・製糖毛織物業さらには映画などに関わっている。また弘前商工会議所『藤田謙一』一九八八年、二一九頁。
(56) 藤田謙一は後藤新平との強いパイプを有していた。台湾における事業の関係からか、鈴木商店における顧問格の重鎮であって、多くの事業に関わりをもっており、大戦景気における実業界において精力的・野心的な活動した人物である。また小野金六は、台湾鉄道や東京市街鉄道の敷設において後藤新平と太いパイプがある。このような背景があって、藤田に白羽の矢が立ったのではないかと推測される。
(57) 『静岡民友新聞』一九一六年六月五日付。
(58) 東洋新報社『大正人名事典』によれば、彼は、一八九六〜一九〇六年には台湾商工公司顧問、土木建設請負業に携わる。内地帰国後、富士水電創設に携わり、大正六年代議士に当選、「大政翼賛の任にあたり、国士の面目を発揮するに至れり」とある。
(59) 筑井正義『堤康次郎傳』一九五五年、七五〜七六頁。
(60) 同前、一一六頁によれば、一九二二年一一月現在での藤田の課所有株式数は五一〇〇株となっており、白井新太郎・岡野喜太郎について第三位の大株主であるとしている。
(61) 同前、一一七頁。
(62) 駿豆鉄道『第十七回報告書』一九二五年下期、三頁。
(63) 堤康次郎（箱根土地株式会社専務名義）：八九六二株、小高義一：四〇〇二株、堤康次郎：二七六〇株、永井外吉：一七〇〇株、川島与右衛門：一〇〇〇株、山名義高：四二〇株、藤田謙一：三〇〇株。
(64) 箱根土地株式会社『第五回報告書』二頁。
(65) 同前、三頁および『第六回報告書』二頁には、それぞれ「貸借契約」「借地契約」とあり、進出の布石としてまず借地契約を交わしているのであって、土地購入には至っていない。
(66) 前掲『堤康次郎傳』六一頁。
(67) 箱根温泉旅館協同組合『箱根温泉史』一九八六年、一八〇頁。
(68) 前掲『堤康次郎傳』六四頁。
(69) 前掲『箱根温泉史』一〇三〜一〇七頁。
(70) 同前、一八二頁。
(71) 前掲『堤康次郎傳』六二頁。
(72) 同前、六三頁。

(73) 駿豆鉄道『第二十七回報告書』一二頁。
(74) 大場金太郎『箱根開発の思い出』一九七四年、三七頁。
(75) 同前、四七頁。
(76) 同前、三八頁。
(77) 同前、三六頁。
(78) 同前、三七頁。
(79) 野田正穂「一九二〇年代の担保付社債——箱根土地社債ディフォルトについて」、『経営志林』法政大学経営学会、34巻3号、九頁。
(80) 松尾順介「戦前におけるディフォールト社債処理」『証券経済研究』㈶日本証券研究所、第七巻、一九九七年五月、七三頁。
(81) 栗栖赳夫『商法社債法の研究』栗栖赳夫著作集第2巻、一九六七年、三八一頁。
(82) 前掲『堤康次郎』二五八〜二五九頁。

第8章　中部日本地峡部の南北を結ぶ近代交通の諸動向

——勢江ルートとしての鉄道・運河構想をめぐって——

武知京三

はじめに

I　鉄道——勢江ルートの鉄道構想と三岐鉄道の展開——

明治政府は、鉄道導入にあたり、政府部内に「私鉄論」があったものの、これを退け、「鉄道国有主義」「幹線官設主義」を原則とした。わが国の鉄道は、一八七二年一〇月（旧暦明治五年九月）新橋～横浜間鉄道が官設鉄道として開業式を挙行したことに始まる。引き続いて京阪神地方で開業した一八七〇年代の鉄道も官設官営であった。当時の社会的状況から、鉄道は軍事的機能と経済的機能を同時に充たすことが課題とされねばならなかったため、私設鉄道の建設は少し遅れた。

本稿は、まず鉄道時代の幕開けとともに、既設の官設鉄道を介して浮上する勢江ルートの鉄道構想を取り上げることから始め、明治後期に至る諸計画を概観する。次いで国鉄線の勢江鉄道誘致運動の動向とその推進主体などを瞥見する。さらに勢江鉄道の変形としての私鉄「三岐鉄道」の展開などにも言及する。この鉄道は、改正鉄道敷設法の予定線の一つとして、その一部が実現したといえるからである。

1　鉄道時代の幕開けと勢江ルートの鉄道構想

京阪神間の官設鉄道は、一八七四（明治七）年から七七年にかけて全通し、さらに日本海と京阪神地方とを結ぶ重要なルートである京都～敦賀間も、八四年四月には柳ヶ瀬隧道の完成によって、長浜～金ヶ崎（敦賀港）間が開通した。長浜～関ヶ原間開通（八三年五月）に続いて、関ヶ原～大垣間も八四年五月に開通し、ここに太湖汽船による大津～長浜間の湖上連絡を介して、京阪神地方から敦賀または大垣に至る輸送が始まった。

このように鉄道網の形成が進む中で、鉄道局長井上勝が東西連絡幹線鉄道に付随した支線鉄道計画を主張していたことを察知した三重県四日市では、八三年五月に港湾修築事業の先駆者稲葉三右衛門が地元の有志と図って「鉄道線路布設之義ニ付上申」を工部卿佐々木高行宛に提出した。大垣経由ではなく四日市直結の鉄道敷設計画を願い出たのであり、上申書から鉄道による敦賀港と四日市港の連絡構想を読み取れる(1)。同年一二月三重県令岩村定高は内務卿山県有朋宛の伺いで、鉄道が関ヶ原まで延びた現在、「関ケ原ヨリ四日市ニ達スル支線ハ僅ニ二十一、二里程ニ過ス、仰キ願クハ関ケ原四日市間鉄道支線ノ布設官費ヲ以テ速ニ御施行相成度」と地元の悲願を訴えた。民営による場合は、利子保証、その他政府の援助を仰がねば見込みがないことを付け加えていた(2)。この件についての工部卿の意向は、「中仙道幹線計営ノ上ニ於テ実際必要ノ儀」と認めたものの、「四日市港関ケ原支線」よりも「名古屋熱田ニ向ヒテ支線ヲ布クノ利得遠大ナルヲ取ルヘキナリ」とし、名古屋支線を優先するとした(3)。

四日市支線についても、一応「伺ノ趣官設起工ノ儀聞届候条、其経費ハ中仙道線建築費ノ中ヲ以テ支弁候儀ト心得速ニ工事ニ着手スヘシ(4)」という回議文があるものの、官設案実現を困難と受け止めた地元では、今度は一八八四（明治一七）年四月諸戸清六ら五〇名の発起によって、濃勢鉄道（四日市～垂井間）という私設鉄道による支線敷設を請願した(5)。将来的にも海陸結節点としての四日市港の重要性を視野に入れながらも、四日市から関ヶ原に直結するのではなく桑名経由で垂井への鉄道支線を敷設し、官線に接続して敦賀港延長を希求したのである。この計画は諸戸をはじめとする桑名の有志が主導者といわれ、桑名経由としたのであろう。当時の「本港ト関ケ原トノ間ハ依然トシテ一小船ヲ揖斐川ノ浅瀬ニ棹シ旅客物貨ヲ運送スルヲ以テ、常ニ遷延遅緩之憾ミアルノミナラズ一朝風雨大水等ノ節ハ、為メニ日ヲ空フスル事又少シトセス、物貨ノ運搬ヲ渋滞シ行旅ノ往来ヲ不便ナラシムルハ、実ニ国家経済ノ要旨ニ悖戻致シ候」という実情を踏まえて、河川舟運から鉄道への転換を図ろうとしたところに特徴がある。

資本金一五〇万円、本社を四日市に置くとした濃勢鉄道の発起人は、三重県（四〇％）、東京府（三六％）の在住者が群を抜いて多く、以下滋賀県、大阪府、京都府、岐阜県と続く。「代印」が多いものの、三重県では稲葉三右衛門はもとより、北勢地区在住の有力資産家（諸戸清六、三輪猶作、九鬼紋七、伊藤伝七）、さらに東西財界を代表する大物事業家（東京―渋沢栄一、大倉喜八郎、安田善四郎、大阪―藤田伝三郎、広瀬宰平、松本重太郎）が名を連ねていることも注目される。

当時四日市港では、三菱会社と渋沢らの共同運輸会社が「乗客周旋屋」・荷物取扱所を巻き込んで乗客誘致に努めていた時期であり、「彼らが四日市港と東西幹線鉄道を結ぶ私設鉄道に関心を示したことも首肯しうる」とし、これら地域交通体系の整備は「県さらには全国規模で構想されていた」ともいわれる(6)。

右の願書について、八四年五月鉄道局長井上勝は工部卿佐々木高行宛に「四日市線ハ断然官設ト決定セラレ、速ニ起工ノ下命相成候」と上申した。すなわち、この線路は「西ハ京阪神戸ヨリ西北ハ越前敦賀港ニ通スル既成ノ官設鉄道ニ連絡シテ其欠線ヲ補フ者ニシテ、（中略）且ツ中仙道鉄道布設ニ要スル物品材料運搬ノ便ヲ与フル甚夕大ナルニ依リ、該線工事ノ会計上ニ許多ノ利益ヲ得ル事亦随テ相伴フ可ク、（中略）敦賀四日市ノ両港ヲ連按スル一点ニ就キテ之ヲ観レハ正シク幹線ノ性格ヲ有セリ」と述べている。結局、「四日市垂井間鉄道敷設ハ官設候ニ付、私設之義ハ難聞届候事」という結論で幻に終わった。(7) なお八六年（明治一九）七月東西を結ぶ幹線ルートは中山道から東海道へ変更される。

一八九二（明治二五）年六月、政府は鉄道敷設法を制定して、将来官設鉄道として建設すべき予定線路を決定した。同時に、諮問機関としての鉄道会議を設け、会議の決議を原案に帝国議会の協賛を得るという方策をとった。日清戦争前後の第二次鉄道熱は、官設予定線路以外の主として地方中小鉄道の設立をめぐって展開されることになる。

この時期、勢江ルートとしては、養老鉄道と勢越鉄道の私設計画が浮上した。前者は、一八九五（明治二八）年一一月四日市町の井島茂作ほか二五名の発起によるもので、資本金一五〇万円、「三重県桑名郡桑名町ヨリ既成官線大垣停車場ヲ経テ岐阜県池田郡脛永村ニ至ル鉄道敷設」計画であった。後者も資本金一五〇万円、員弁郡阿下喜村の稲垣専八ほか六八名の発起によって、四日市（関西鉄道停車場）より岐阜県関ヶ原（官設鉄道停車場）に至る連絡ルートとして出願されたものである。本社を三重郡四日市町へ置くとしたこの私設計画は、ある意味では、明治一〇年代以来の悲願ともいえるが、その三か月前に桑名と大垣を結ぼうとする養老鉄道が出願されていたため、先願の養老鉄道に仮免状が下付され、勢越鉄道の願書は却下となった。鉄道会議では、両社の起終点は少し異なっているが、線路敷設の目的はほぼ同一と判断されたからである。また一部区間が官設鉄道と並行する問題点や「地方ノ状況未ダ敷設ヲ要シナイ」という意見も加わっていた。(8) なお仮免状を受け、本免状を申請した養老鉄道の計画も、この段階では実現せずに終わった。

のちの記録であるが、勢江鉄道は一八九七（明治三〇）年頃、九鬼紋七・平野太七・天春文衛・木村誓太郎が私設鉄道として計画したらしい。しかし、これは「経費の関係上収支償はざるを以て調査費数千円を投じたるも遂に中止」となった(9)。

一九〇七（明治四〇）年頃には、勢江ルートの私設計画が三種あったと伝えられる。「甲は中貫鉄道（大日本横貫鉄道――引用者）にして彦根―四日市間、乙は桑名谷汲間の養老鉄道を延長して四日市・敦賀に至らしむるもの、丙は東京の立川勇次郎、笠井愛次郎等諸氏の計画せる南北鉄道にして」といわれ、三者合同による一本化の動きもあったが、交渉は進捗せず、不況下「立消」「延期」の気配が観測されていた(10)。乙と丙を合同して、「桑名より四日市、大垣より敦賀までの南北横貫鉄道」構想も交渉中だったようで、養老側は、伊藤伝七・井嶋茂作ら四人を交渉委員としている(11)。このほか、三重県では官設を第一に、四日市～米原間の鉄道敷設を熱望していた(12)。

第二次鉄道熱期にも計画していた前述の養老鉄道は、再興を図り、一九一一（明治四四）年三月軽便鉄道法により具体化する。立川勇次郎社長の下、一三年七月大垣～養老間および大垣～池野間を開通、一九年四月養老～桑名間および池野～揖斐（脛永）間を全通させる(13)。この鉄道は、いわば「太平洋及日本海ノ連繋」を開く南北横断鉄道構想であったといえよう。

2　国鉄線誘致の頓挫と三岐鉄道の誕生

明治一〇年代以来の念願の勢江鉄道敷設運動は、大正中期に盛り上がりをみせた。一九一八（大正七）年二月国鉄線の勢江鉄道誘致に意欲を燃やしていた天春文衛（当時政友会系衆議院議員）は、四日市から米原に至る「勢江鉄道敷設ニ関スル建議案」を第四〇帝国議会衆議院委員会に提出した。提案理由としては、四日市港の外国貿易港指定を踏まえて、太平洋と日本海の「短絡」のメリットを強調している。さらに三重県下には、伊勢神宮や浄土真宗高田派本山寺等があり、これらへの参詣客の利用が期待できる、としている。鉄道省は地形上工費が高くなることや養老鉄道が大垣〜桑名間を建設中であること等の理由から、この路線の建設に消極的であったが、他の三重県選出議員の発言にも助けられ、建議案は可決され、帝国議会で決定をみた。(14) 政府は同年末に実地調査を行い、その結果、四日市から米原に至るルートよりも関ヶ原に出て、そこから北陸線の木ノ本に接続する方がよいということになる。

建議案通過を受けて、一九一九年六月に四日市商業会議所が中心となって、「勢江鉄道期成同盟会」(会長九鬼紋七)を結成し、関係当局に対して速成運動を続ける体制を整えた。発会式では役員選挙を終えるとともに、㈠本会は四日市市を起点として北陸線に通する勢江鉄道の速成を期す、㈡決議遂行に関しては其一切を役員に一任す、という決議案を可決した。しかし、会員募集は芳しくなく、会員一〇〇〇名程度であり、活動費の不足は否めず、有力者からの寄付と四日市市の予備金からの流用でまかなわれるという有様であった。運動は当初から足並みが揃わず、さらに政友会偏向の様相が強まるにつれて、同盟会役員間にも亀裂が生じてきた。このルートは「四日市市にとって、四日市港の培養線として重要であっても、関西本線が通じた後には一般市民にとれば、あえて希求せねばならないほどの利用価値」があったとはいえず、「市民は無関心」だったといわれる。積極的であったのは政友会系の代議士と市の上層部や一部有力者であり、同盟会発足二か月余りのちの一九年八月に市会の決議を以て、四日市市長は「勢江鉄道敷設ノ義ニ付請願」(四日市港〜北陸線木ノ本駅)を行っている。(15)

その後、再び天春文衛らが提出者となり、帝国議会衆議院委員会で「四日市関ヶ原木ノ本間鉄道速成ニ関スル建議案」が可決され、院議に付し、一九二二(大正一一)年三月原案の可決をみた。線路の短縮は「差当リ工費ノ余リカカリマセズ」ということで、将来の延長を視野に入れていた。この鉄道の意義は、次のように述べられている。(16)

四日市関ヶ原木ノ本間鉄道速成ニ関スル建議案

本鉄道ハ関西線四日市駅ヨリ東海道線関ヶ原駅ヲ経由シテ北陸線木ノ本駅ニ達スル線路ニシテ、本州中部ニ於ケル太平洋ト日本海トヲ連絡接続スル最短距離ノ横断線ニシテ、三重岐阜滋賀ノ三県ニ渉ル沿道ノ富源ヲ開発シ、国家産業政策上ニ資スルコト多大ナルノミナラス、四日市港ト敦賀港ノ接触ヲ保チ延テ浦塩方面元山方面トノ交通ヲ盛ニシ、更ニ軍事国防上一日ヲ緩フスヘカラサル重要ノ幹線ナリトス、政府ハ速ニ予算ヲ定メ敷設ニ着手セラレムコトヲ望ム

右建議ス

（『衆議院議事摘要大正一一～一二年版』）

一九二二年四月政友会内閣は党勢拡大をねらって、首班原敬の号令一下、地方農村向けの鉄道建設構想の計画を打ち出す。いわゆる改正鉄道敷設法の予定線一四九路線の一つに、勢江鉄道は「七五号三重県四日市ヨリ岐阜県関ヶ原ヲ経テ滋賀県木ノ本ニ至ル鉄道」として編入された。同年一二月の鉄道会議で予定線路中、敦賀・四日市両港を結び付ける短い連絡線たる「関ヶ原ヨリ木ノ本ニ至ル鉄道」の二三年度および二四年度着工が原案どおり可決され、帝国議会で工事着手決定線となった。しかし、関東大震災のため突如中止、その後の財政事情などから、事実上繰り延べ、変更されることになってしまう。

一九二七（昭和二）年一二月の鉄道会議において、今度は改正鉄道敷設法予定線七五号の一部として、より短縮した「四日市～阿下喜間鉄道」敷設が諮詢され、工事着手は三一年度、完成は三七年度とすることを決めている。この鉄道の意義について、本線の経過地の産業状況やセメント会社創立計画にも言及したあと、「暫ク線路ヲ此地点ニ止

メ専ラ沿道産業ノ発展ニ資シ、後日工事ノ進歩に伴ヒ、之レヲ延長敷設シ関ヶ原ニ達セシメ」ると展望している。[17]

しかし、右の計画も昭和恐慌下、繰延中止の状況が続いたため、一九三三（昭和八）年一一月名古屋・四日市・敦賀の各商工会議所会頭は連署して、鉄道大臣および名古屋鉄道局長宛に再び「関ヶ原木之本間鉄道速成建議」を行っている。予定線決定以降の変遷について言及し、「今日ニ至リタルハ其理由解スル能ハザルモノアリ」と訴えて復活遂行を請願したのである。結論部分は、この鉄道の意義を次のように総括している。[18]

関ヶ原木之本間鉄道速成建議

（略）

要之本線ハ東海北陸二線ヲ襷状ニ結ビ付クル三角形ノ一辺ニシテ、満洲国新京トヲ連結スル最捷経路ニシテ産業文化ノ必要線路タルコトハ、幾度カ起工ノ運ビニ臨ミタルニ徴スルモ瞭ナル所ニシテ、対満蒙通商航路ノ指定ニ伴ヒ更ニ重大意義ヲ加ヘタルモノト言フベシ、今ヤ運輸能率ノ増進ト交通経済ヲ目的トシテ鉄道政策ヲ樹立セラレツヽアル時、本線ノ如キハ最モ其趣旨ニ副フノミナラズ、其繋ル所帝国ノ生命線タル満蒙ノ天地ニ及ブモノトセバ、本線ノ建設ハ実ニ有意義ニシテ独リ地方産業ノ開発ノミニ止ラズ、延テ国家経済ニ貢献スル所重大ナルモノト言フベシ

以上具陳スル如ク本線ハ地方民ガ十数年ニ亘リ渇望セル所ニシテ、一ハ国家経済ノ大局ヨリ、一ハ地方産業開発ノ見地ヨリ既定計画ヲ復活遂行セラレンコトヲ懇願止マザル所ニ御座候　敬白

（『四日市商工会議所月報第二三三号』）

勢江鉄道の国鉄線誘致は頓挫するが、一方でセメント業界の統合時期、事業の拡充をめざす東の浅野セメントと西

の小野田セメントが藤原岳の資源開発に着目し、進出計画を立て、それぞれ製品や原料の運搬のための民営鉄道の計画を構想していた。

浅野は、一九二二年に四日市セメントを興して開発に乗り出した東海の大物事業家・伊藤伝七（一〇世）と結ぶが、同時に東京湾埋立株式会社による四日市港修築工事への参加を課題としていた。小野田セメントは、二五年愛知セメントを買収して開設した愛知支社への原料供給先としてこの地域への進出を企てたのであるが、県当局や地元からの熱望で工場建設も行うことになる。(19)

小野田と浅野の対立は、地元を巻き込んで激化した。藤原岳の採掘権をめぐる抗争は、遠藤柳作三重県知事の調停に委ね、多志田谷の南側は浅野、北側は小野田に採掘権を与えることで決着した。そして、小野田は「藤原岳で採掘した原石をもとに地元東藤原の工場でセメント製造を行い、製品を輸送する鉄道を富田～東藤原間に計画した」のである。一方、浅野は「石灰石原料を藤原岳から、セメント製造用粘土を三重郡川島村から、各々塩浜村旭のセメント工場に輸送する計画で、各地点を結ぶ原料鉄道計画を立案した」。このほか鈴鹿郡椿村・庄内村にも採掘計画地を得たようである。

これらの鉄道計画は、当初小野田は員弁鉄道、浅野は伊藤伝七（一一世）と結んで藤原鉄道を計画していたが、採掘権の調停に呼応して一本化され、一九二七年一一月に改めて藤原鉄道として免許申請を行った。翌年六月申請した四日市市～関ヶ原町間（本線）、四日市市～塩浜村間（旭浜線）、大長村～富田町間（富田支線）、三重村～川島村間（川島連絡線）が免許され、同年九月の創立総会で役員陣（社長伊藤伝七）、社名を三岐鉄道と改称することなどを決定した。一一月に会社設立登記を完了した。(20)

地方鉄道法により資本金六〇〇万円の三岐鉄道の誕生をみたが、出資者は小野田・浅野・地元有志の三グループに分かれ、それぞれ三分の一ずつを分担した。この計画に対しては桑名～六石間（一九三一年阿下喜まで延長）を開業していた北勢鉄道から、営業上少なからぬ影響があるとの陳情書が出されたり、また四日市・三重両鉄道へ及ぼす影響も調査されたが、影響は少ないとして認可された[21]。

免許路線の一部は変更して、一九三一（昭和六）年七月二三日、三岐鉄道は富田～東藤原間二三キロ余りの開業（旅客はガソリンカー、貨物は蒸気機関車）にこぎつけた。開業日は伊藤伝七が社長を兼務していた志摩電鉄（鳥羽～真珠湾間）の開業が二年前の七月二三日のことで、それに合わせたという。開業に先立って、駅長・助役予定者一四人は志摩電鉄で一か月間実習を受けた。ガソリンカーの運転士はバスの運転手を採用・転用し、国鉄を退職した二人の機関士の指導を受けさせており、またガソリンカーの車掌に若い女性を登用し、注目をあびた[22]。

小野田セメントは藤原村に四万五〇〇〇坪の土地を買収して操業に至るが、創業期の苦しみは大きかった。三二年一一月から小野田セメント藤原工場の操業開始に先立って、原材料の輸送を開始している。翌年一月には、待望のセメント出荷が始まり、セメント輸送が行われた。要するに、三岐鉄道は、いわゆる勢江鉄道の変形として民営で実現したもので、太平洋側と日本海側を最短ルートで結ぶ産業鉄道を目指したものといえようが、実質的には小野田傘下の鉄道であり、最初の構想とは別に経営上、西藤原（一九三一年一二月延長開業）止まりとなっている。

セメント輸送に重点を置く三岐鉄道は、開業後地方鉄道補助法により補助金を受けている。「ある年度には、政府補助金だけでその年の総人件費をまかないえたことがあった」という[23]。

これに対し、浅野の地域開発構想は挫折を余儀なくされる。東京湾埋立㈱の事業として認可を得た塩浜村旭の計画は用地買収でつまずき、小作人の用地買収反対運動が一九三〇年代に入っても未解決であったことに加えて、開発に意欲を示した創業者初代総一郎が三〇年に没したことも撤退につながったとみられる。さらに、東京湾埋立㈱自体が昭和恐慌の影響で業務の縮小に直面したことも、浅野のこの地域からの撤退につながった。四日市港内埋立地の一部は三岐鉄道に譲渡されたが、「東京湾埋立による埋立はわずかに塩浜村旭地先にとどまり、未施行のままの免許地は一九三九年一一月に四日市築港株式会社に継承された」のである。[24]三五年に川島連絡線など、そして三七年には西藤原～関ヶ原間が免許失効、このほかにも起業廃止はあるが、四〇年には旭浜線も起業廃止となる。その理由は、四日市築港㈱による工業港新設計画に伴い、「旭浜線ノ大部分ハ浚渫サレ海面トナリ」、鉄道敷設が困難となったためである。[25]

3　三岐鉄道の「戦時統合拒否」から戦後の復興へ

戦時統合問題に目を移すと、当然三岐鉄道も統合通知を受けていた。日比義太郎常務は強硬な統合反対論者であり、役員会で「統合拒否」を取りまとめた。取締役相談役の片山董は、当時を回顧して「私の旧友で統合推進論者であった松阪電鉄社長安保正敏氏（のちに統合会社三重交通の社長）から日比常務と面談の斡旋依頼があり、日比邸に案内、会談二時間ののち安保氏は日比常務の『統合拒否』の意志強固なことを知り、帰途『もうこれで三岐はあきらめねばならんなあ』と述懐。この日をもって県内での当社の統合への反対態度が明確にされた」と述べている。[26]日比・安保会談の日時は必ずしも明らかでないが、三岐は各方面に統合反対運動を展開する。一九四三（昭和一八）年四月五日「三岐鉄道統合意見書」を大阪鉄道局長前田穣宛に提出、これを三重県運輸事業統合審議会（委員長曽我梶松三重県知事）で審議してもらうことになっていた。意見書を提出したのは、「内容を読めば統合できる状態ではないと、了承してもらえるものと考えたから」であった。[27]

同年五月二五日、山田胖（東京駐在役員）が佐藤栄作鉄道省監督局長に面会を求め、かねてから依頼していた三岐鉄道の統合反対の回答をたずねたところ、「あの件は、当方から、三岐鉄道は将来のセメント増産に対する設備拡張の点と、事業成立の関係上、今回の統合基準にては具合が悪い。従って、この際、除外して他の統合を進めるよう、県および大阪鉄道局に通知しておいた」との返事を得ている。しかし、六月一〇日に日比義太郎を県庁へ呼び出した地元では、三重県警察部長・保安課長、大阪鉄道局長・業務部長・監理課長らが待ちかまえ、高圧的な態度で三岐の統合を迫った。三岐はBクラスで統合するということであった。意見書を提出したのは「統合に賛成した」と受けとめられたようだったが、日比常務は「請書」の調印を拒否し、二五日までに返事する旨を伝え、席を立った。三岐側は六月二二日に日比常務が広島に行き、広島鉄道局長三輪真吉（伊藤伝七社長の長女婿——引用者）と面談し、翌二三日に帰途大阪鉄道局に菅野業務部長を訪ねた。三輪局長から菅野部長への依頼の電話どおり、肩書きをなくして個人対個人としての打ちとけた話し合いになった。さきの三重県庁での高圧的な態度とは打って変わっていた。

社史で明らかにされた話の内容の真相は、こうである。すなわち、「菅野業務部長は『あのときは、ああいう具合に強くいわなければ、県庁側から僕が疑われる。決ったことは押しとおすしかなかった』といったあと、この統合について『僕は三岐を統合に入れるとは、いったいなんたることかといいたい。国家的見地からながめてもさようである。しかし、事態は切迫しているからこのまま『御請書』に調印しないで突っぱるのはまずい。まず判を押しておいて『三岐としては、鉄道建設のための資本金未払込分を徴収し、目鼻をつけるから、その間しばらく待って欲しい』と返事をし、時間かせぎをしたらどうだろう、三重県庁は、統合を急いでいるから、三岐がこんな状態なら後に残し、他の私鉄を先にまとめてしまうより仕方がない、ということになるのではないだろうか。本省へも、このことをあらかじめ話しをして了解を得ておくのだナ』という策をさずけてくれた。日比義太郎常務は伊藤伝七社長にこの話を報告、同意を得た」という。

六月二五日、三岐側は社長名で統合審議会委員長宛に「（前略）少々ノ点ハ大阪鉄道局ノ御裁量ニ一任差支無之候へ共、当社統合加入之時期ニ関シテハ、当社ニ於テ右態勢（時局柄国家の要請に応うるため施設の改良などを計画中——引用者）ヲ整ヘ終ル迄暫時ノ御猶予相成度候、尚ホ去ル十日御話有之候『御請書』ニハ何時ニテモ調印可致候間御承引願上候」との書簡を出している[28]。

七月二日に日比常務は鉄道省へ佐藤監督局長を訪ね、経過を報告し、指示を待った。一方、統合推進派の動きは活発であったが、最後の調整に入る頃には県側の高圧的な態度も打って変わり、鉄道省と三重県との意見も漸く一致することになる。七月二〇日「三岐は統合から除外する」旨の内示があった。社史は、統合問題について「広島鉄道局の三輪鉄道局長にはじまり、菅野業務部長、佐藤監督局長とリレーされ『統合』はくいとめられた。（中略）また『統合も止むなし』との気運の中、拒否をとなえ続けて解決した日比義太郎の功績はまことに大きい」と記している[29]。

統合の対象外となった三岐鉄道は、四四（昭和一九）年一一月東海軍需管理部長宛に貨車不足と荷役不良のため重要資材たるセメントの輸送実績が十分でない実状を具体的に示し、小野田セメント藤原工場向け貨車増車を懇願している。また同社は「戦力増強並ニ生産拡充物資ノ大部分」の輸送任務を遂行しているが、石炭・油脂の配給状態も途絶えがちで「輸送杜絶ノ状態ニ陥ル哉モ計ラレズ日夜痛心スル処ナリ」とつけ加えている[30]。

三岐鉄道の戦後のスタートも、苦難にみちたもので、一九四五年度の輸送比率は従来とは異なり、逆に旅客収入が貨物収入を大幅に上回る状態であった。燃料不足、疲弊した諸設備のため、伊勢治田～東藤原間の勾配では、しばしば立往生し、〝ナンギ鉄道〟と失笑を買っていた。四八（昭和二三）年三月から、蒸気機関車のけん引する貨客混合列車からガソリンカーによる旅客輸送になった。五四（昭和二九）年三月には電化に踏み切った。他方、急増するセメント輸送に対応するため、苦労して貨車増補したことによって、五一（昭和二六）年度にほぼ本来の経営形態に戻った[31]。

電化による列車運行が軌道に乗った頃、関西電力黒部川第四ダムの建設が始まり、五九年八月から六三年九月まで専用ダイヤを組んで建設用セメントが小野田セメント藤原工場から輸送された。セメント輸送列車は、東藤原から富田～関西線～名古屋～中央線～篠ノ井線～大糸線～信濃大町にいたるもので、一カ月約九万七〇〇〇トン、総計四一万七〇〇〇トンを輸送した。一九五九（昭和三四）年九月二六日の伊勢湾台風による国鉄富田〜名古屋間の不通時は、国鉄草津線を経由、桑名まで開通後は、近鉄養老線を経由して輸送された。この時期の貨物輸送比率は七五％前後であった。

七〇（昭和四五）年六月に近鉄富田連絡新線を竣工、二七往復の旅客列車を発着、利用客から好評を得た。従来の国鉄富田駅発着の旅客列車は五往復のみとなり、事実上の貨・客扱い駅の分離によって、国鉄富田駅構内での貨物列車組成作業が容易となり、藤原工場に当時世界最大のＳＰキルンによる新工場が完成、生産能力が倍増されたが、この輸送に対応することができた。半面、駅業務（主に出札・改札業務）を社員の家族などに委託し、人員の合理化と人件費の削減を行っている。六九年から七七年の間に八駅を委託化、これによって一三年間に約三五名の社員を削減した。

おわりに

以上、勢江ルートの鉄道構想、そして勢江鉄道の変形としての三岐鉄道の展開をみてきたが、前者の国鉄線誘致の頓挫は、政友会の原敬内閣以降、鉄道は政党政治と密接な関係をもち、とくに政友会の党利党略の道具とされてきた面を示唆しているといえよう。また政権の交代のたびごとに鉄道政策は揺れ動くのであった。後者はセメント産業の利害と結びついた経営という限界があり、南北横断鉄道の実現とは当初から乖離があったことは否めない。戦時の「統合拒否」から戦後の復興への動きも、やはり創業の理念が色濃く投影されている。

こうした歴史を踏まえて、高度経済成長期に太平洋岸と日本海岸とを結ぶ「日本横断運河構想」が浮上してくる。Ⅱで取り上げることにしたい。

注

（1）四日市市『四日市市史』第十二巻史料編近代Ⅱ（一九九三年）二五八〜二六〇頁。
（2）三重県『三重県史』資料編近代３産業・経済（一九八八年）三四七〜三四九頁。
（3）同前、三四九〜三五〇頁。
（4）前掲（1）二六二頁。
（5）同前、二六二〜二六七頁。以下、三木理史『地域交通体系と局地鉄道』（日本経済評論社、二〇〇〇年）一三一〜一三二頁を参照。
（6）同前、一三二頁。拙稿「四日市港をめぐる海運の動向」（山本弘文編『近代交通成立史の研究』法政大学出版局、一九九四年六月）を参照。
（7）前掲（2）三五一〜三五三頁。
（8）野田正穂ほか編『鉄道会議議事速記録』明治三〇年一月（日本経済評論社復刻版、一九八八年）四四〜五六頁。
（9）『伊勢新聞』一九一九年六月二七日付。
（10）同前、一九〇七年一月一二日付、三月一四日付。
（11）『鉄道時報』一九〇七年一月二六日付、二月二日付。
（12）『伊勢新聞』一九〇七年八月五日付。
（13）鉄道省『日本鉄道史』下篇（一九二一年）六七五頁。養老鉄道の変遷は、拙著『近代日本と地域交通』（臨川書店、一九九四年）で言及している。
（14）三木前掲（5）一四二〜一四三頁。
（15）以上、同前、一四三〜一四五頁、『伊勢新聞』一九一九年六月二七日付、前掲『四日市市史』第十一巻史料編近代Ⅰ（一九九二年）四七八〜四七九頁による。
（16）この辺の記述は、前掲（1）五〇一〜五〇二頁による。以下、五〇二頁を参照。
三木の論点を紹介しておくと、「勢江鉄道運動は、四日市港を中心とした地域振興策という一面とともに、政党政治に絡む一面をもっていた。かかる鉄道敷設運動の前後にあたる第一三回総選挙（一九一七年）と第一四回総選挙（一九二〇年）

では、ともに全国的には政友会の躍進が見られたものの、四日市市では政友会はいずれの選挙においても議席を確保できずにいた。一方、勢江鉄道の沿線にあたる郡部ではいずれも政友会が議席を得ていた。特に勢江鉄道に熱意を燃やした天春が、郡部選出の県内政友会議員の重鎮であったことから、四日市市への政友会勢力の拡張をねらってかかる運動を展開させていた可能性は高い」（前掲（5）四四頁）と述べている。

(17) 前掲（1）、五〇三～五〇四頁。

(18) 同前、八八六～八八七頁。一九三四年五月二六日の尾張大橋・伊勢大橋の連絡開通により、同年度の名古屋を中心とする同地方小貨物はトラックに奪われ、省線四日市駅の貨物取扱いは相当減少した（『伊勢新聞』一九三五年四月一五日付）。

(19) 以下、三木前掲（5）一五二～一五三頁、前掲（1）五二五～五二八頁。三岐鉄道株式会社『三岐鉄道50年の歩み』（一九八一年）三六～四一頁を参照。

(20) 三岐鉄道同前、四二～四六頁、前掲（1）五三〇～五三一頁。

(21) 前掲（1）五二八～五二九、五三一～五三二頁。

(22) 前掲（19）五〇頁。

(23) 同前、一一〇頁。

(24) 三木前掲（5）一五四～一五五頁。

(25) 前掲（1）一三九、八九六頁。

(26) 前掲（19）一一一頁。

(27) 同前、六六頁。以下、六六～六八頁による。三岐鉄道社内報『さんぎ』第四号――開業40周年記念特集号――（一九七一年七月）にも、戦時統合問題についての興味深い回顧談が載っている。

(28) 前掲（1）九三三～九三四頁。

(29) 前掲（19）六八頁。

(30) 前掲（1）九四一～九四三頁。

(31) 前掲（19）七〇～七二、以下、七九～八二、一一六頁による。

Ⅱ　運河──日本横断運河構想の顚末──

はじめに

運河を開削して太平洋岸と日本海岸とを結ぶ計画は古くからあったが、明治以降をみても、大阪と敦賀を結ぶ案が多い。

本稿のテーマのルートでは、一八九三（明治二六）年に中条信爾が伊勢湾と敦賀湾とを結ぶ運河建設を提起したといわれる(1)。第一次四日市港修築工事中の一九一五（大正四）年には「世界周遊ノ最捷路トシテ重要視セラル、ヲ期」して四日市〜敦賀間を運河建設によって結ぶ計画が立てられていた(2)。一九三三（昭和八）年には、田辺朔郎博士が大阪〜敦賀を結ぶ運河計画を発表しているが、ほぼ同じ頃に福沢桃介の伊勢湾〜琵琶湖〜敦賀湾を結ぶ運河計画が出た(3)。

戦後の高度経済成長期にも、伊勢湾と敦賀湾とを結ぶ運河計画が浮上する。本稿の課題は、この日本横断運河構想を取り上げ、その顚末を明らかにするとともに、高速道路への移行を展望することにある。資料的限界はつきまとうが、時代の変化を背景に、大規模プロジェクトがどのように推移したか、などをみていくことにする。推進主体の当事者の発信、政府・関係自治体の対応、地元の動向などを踏まえながら、曲がりなりにも意思決定の過程ないし政策決定の過程にも留意したい。

時期区分としては、㈠所管が建設省、運輸省の時期（一九六三〜六六年度）、㈡中部圏開発整備本部へ移行した時期（一九六七～六九年度）の二期に分けて検証していくことにする。

1　日本横断運河構想の経緯とサポート体制づくり

(1)　建設省・運輸省下での動向と運河建設促進のサポート体制

この運河計画は、[4] 一九五九（昭和三四）年四月にセントローレンス運河が完成したことにも触発されて、四日市市長の平田佐矩が自民党副総裁の大野伴睦に提案したのが発端であり、大野副総裁から建設省や運輸省などへ持ち込まれた。六一年九月一四日に運河計画ルート沿線地区の第一回五県三市（愛知・岐阜・福井・滋賀・三重・名古屋市・敦賀市・四日市市）代表者会議を名古屋市で開催し、さきに依頼していたパシフィックコンサルタント社への共同委託調査費分担について、協議のうえ、契約締結した。翌年八月一六日の五県三市代表者会議で同社から最終調査報告があり、「技術的に十分可能」との結論を得た。そこで中部運河計画協議会を発足させ、新たなメンバーに大垣・長浜・桑名の三市加入を決定した。[5]

八月二二日に、東京で大野伴睦と五県六市の協議会代表者会議があり、一週間後の六二年八月二九日には滋賀・福井・愛知・三重・岐阜の五県選出衆参両院自民党議員の参集を得て、結成大会を開き、「中部運河計画協議会議員連盟案」を可決して、名称を改め、正式に日本横断運河建設促進議員連盟（以下、国会議員連盟と略記することがある）を発足させた。会長は大野伴睦、副会長に早稲田柳右衛門（衆議院愛知二区選出）が就任した。[6] 事務局長には堀川恭平が就任することになる。

大野会長は、国会議員連盟結成の際の席上、「平清盛、豊臣秀吉もこの夢を抱きながら果せなかった。これは世紀の大事業である。しかし、近代技術の進歩によっていまや大和級の戦艦三隻分の工費でこの運河は完成するのだ。われわれの力でぜひともやりとげようではないか」と挨拶した。さらに「伊勢湾から琵琶湖を経て敦賀湾まで、延々一〇八キロに及ぶ大運河を建設し、三万トンの巨船を自由に航行させること」は「単に関係五県のものではなく国家的事業である」と述べた。運河の建設による派生的効果として、㈠日本海沿岸に大規模な臨海工業地帯が発達する、㈡運河沿岸に内陸工業が発達する、㈢琵琶湖の増水被害を減少させる、㈣太平洋岸、日本海岸とも良質な上水道源をもたらす、といったメリットをあげていた(7)。このように大野副総裁を中心とする自民党、河野建設大臣を中心とする政府各省が動き出し、池田首相も大きな興味と関心を寄せていた。

表1　日本横断運河建設促進期成同盟会役員名簿

役職	所属	氏名
会長　理事	自由民主党副総裁	大野伴睦
副会長　同	愛知県知事	桑原幹根
同	岐阜県知事	松野幸泰
同	三重県知事	田中覚
同	滋賀県知事	谷口久次郎
同	福井県知事	北栄造
同	名古屋市長	杉戸清
常任理事	四日市市長	平田佐矩
同	大垣市長	山本庄一
理事	桑名市長	水谷昇
同	長浜市長	金沢薫
同	敦賀市長	畑守三四治
監事	長浜市助役	山口幹
同	敦賀市収入役	岸丈太郎

出典：日本横断運河建設促進期成同盟会『横断運河』1号、20頁。

一方、地元でも、同じ六二年一一月一日に関係五県六市の知事・市長が集まって、日本横断運河建設促進期成同盟会（以下、期成同盟会、同盟会と略記することがある）を発足させた。国会議員連盟と密接な連繋をとることにし、自民党建設部会議員に顧問を委嘱、本会には幹事を置き、関係団体の職員の中から会長が委嘱している。幹事は本会の運営に関し、調査・企画・立案等を行うとした。会長は大野伴睦、副会長は五県の知事と名古屋市長の六名、常任理事は四日市市長と大垣市長、理事は桑名市長・長浜市長・敦賀市長、監事は長浜市助役・敦賀市収入役でスタートした（表1）。本部事務局は、局長堀川恭平、菅野俊夫が事務をとる(8)。

六三（昭和三八）年二月には、期成同盟会および国会議員連盟の本部事務局を東京都港区赤坂新町四丁目の三恵ビル内に設置した。

同月下旬には名古屋で、大野会長ら国会議員連盟のメンバー、関係県市の知事・市長、五県六市の幹事らが出席して第一回幹事会を開いており、運輸省・建設省から運河計画に関する説明を受けた。

幹事会終了後、二二〜二三日の二日間運河予定地の視察を行っている。大野会長以下、報道陣を含め、六〇人の視察団で、初日は養老泊り、運河の予定ルートのほぼ全コースを踏査し、翌日敦賀で現地解散した。視察団に同行した毎日新聞社経済課長の稲田正義は「大野さんの表情には、政治家一流のハッタリや広言というより、老政治家の生涯の悲願と素直に受取る方が当っていると思わせるだけの真剣さがあった。大野副総裁の政治力をもってすれば運河建設は決して夢だとばかりいえない。（中略）記者はこの二日間、終始大野副総裁に同行したが、その印象を一言でいえば『大変な事業だな』ということにつきる」と書いている。そして、平田四日市市長がこの大構想を発表して以来、その利害得失についての批判は山のように出ているが、論点を整理すると次のようになると記す。(9)

㈠太平洋と日本海を結ぶ連絡路の必要性は認めるが、とてつもない運河を建設するより、それだけの金で名神道路級のデラックスの高速道路を三本も四本もつくれる。道路整備の方がはるかに経済的だ。

㈡また運河を建設するとなると東海道新幹線や名神道路などをはじめおもな鉄道、道路だけでも十数本の路線を40メートル以上かさ上げせねばならない。その費用は膨大なものだ。

㈢琵琶湖の水を山間部の運河の航行用に利用するわけだが、そうすれば当然琵琶湖の水位は低下する。これは沿岸住民にとって死活問題となる。

㈣運河の掘削で地下水の水路がズタズタになるが、そこから不測の悪影響が生じないか。

このような大きな難点のほか、「さらに三千五百億円程度ではとうてい足りず、実際には切り開いた土砂の運搬など含めると六千億円はかかるという見方も有力だ。こう数え上げてくると、常識的にはやめた方がよさそうだという結論にならざるを得ない」とみる一方、将来の需要対策として「新しい角度からの建設意義が潜んでいるかもしれないのだ。したがって調査するだけの値打ちは十分にある。たとえ結論はどう出ようとも、虚心に十二分に基礎調査を進めるべきだというのが二日間の同行を終わったあとの記者のいつわらない感想である」とした。

一九六三年度の予算に関して、三月二二日に建設・運輸両省から各三名、期成同盟会から二名が出席して調査の方法や予算細目について、事前に検討を加えることなどを協議した。調査費の重複を避けるのがねらいであった。運輸省は、不足分の予算は港湾整備費の流用のほか、経済企画庁の調整費から出してもらうよう努力することで合意をみた。早速国会議員連盟副会長早稲田柳右衛門、幹事草野一郎平衆院議員、堀川恭平事務局長の三名が経企庁を訪ね、陳情している(10)。

初年度としては異例ともいうべき一〇〇〇万円の調査費が認められた建設省は、六三年七月一八日に経済調査委託先の各県および民間に対する説明会を開催し、各県の将来の開発計画と現況を聴取して調査委託の受入態勢を協議した。そして一一月二八〜三〇日の三日間、既開発地域が太平洋岸ベルト地帯のみに偏在している現状にかんがみ、太平洋側と日本海側とを連絡する日本横断運河建設計画に必要な調査を行っている。翌年二月にも、東大教授八十島義之助を団長とした調査団が現地視察をした。学識経験者（建設省委託）による学術調査団は大学関係者八名、実業界四名で、専門分担は港湾一名、交通一名、自然地理一名、経済地理一名、経済・経済計画・開発一般・河川各二名であった。六三年度の調査内容は、①中部日本の産業構造、②輸送形態変動調査の二つが社会経済調査研究会委託、③輸送原単位調査が電通名古屋支社委託、④地域別開発目標調査が関係各県委託であった。六四年度は、①運河通過船舶の将来輸送需要の推定、②地形調査、③治水利水影響調査を予定している(11)。

運輸省は、六三年度港湾事業調査費一〇〇〇万円と経企庁の調整費五〇〇〇万円、計六〇〇〇万円をもって、運賃体系調査と物資流動調査を実施、引き続き六四年度も輸送能力の実態、沿線の工業港開発適地の調査等、主として経済調査を継続することになるが、社団法人「経済調査会」に委託して去年一〇月から進めていた「物資流動の運賃体系調査」の結果を刊行した(12)。期成同盟会では、国会議員連盟と連携して国の予算獲得に向けての活動を活発に行っている。その結果、建設省は前年度の倍増の二〇〇〇万円、運輸省は二〇〇万円減の四〇〇万円の調査費を得た。

期成同盟会の常任理事である平田佐矩四日市市長が六三年九月一四日から一〇月四日までの二一日間、米国の港湾施設やセントローレンス運河を視察してきた。帰国後、内外情勢調査会福井支部などで講演をしており、月報14号に「横断運河とアメリカの運河」のタイトルで視察報告(要約)を載せている。

同年九月一七日、米国国務省の国際教育文化プログラムで来日中のロスコー・マーチン博士と建設・運輸両省の運河担当官との懇談会が開かれた。席上、「米国の運河事情に照らしていえば水運の将来は明るいのではないか。日本横断運河計画も慎重に調査がなされ建設されたら多大の経済効果が期待出来るだろう」と語った(13)。

九月一五日から一〇月一〇日まで東京晴海で開催された国土建設博覧会(主催日本経済新聞社・社団法人建設広報協議会、後援建設省)には、横断運河大模型を出品、人気を独占した感があり、好評を博した。運河建設促進のPRは大成功であった。この模型は縮小して、一〇月二六日から三一日まで四日市近鉄百貨店で開催された「四日市市勢展」でも展示された。とくに無線操縦により模型船がロックゲートを上下しながら伊勢湾・琵琶湖・敦賀湾を航行する光景は参観者を魅了したと伝えられる。観覧者に横断運河PR版を配布した(14)。このほか「日本横断運河シリーズ」(四回)のラジオ放送や「日本改造中」と名づけたテレビ放送などでもPRにつとめた。

六三年一二月には富山・石川両県が同盟会へ正式に加盟し、日本横断運河建設促進期成同盟会は七県六市で構成されるようになる(15)。六四年二月一八日の国会議員連盟幹事会では、今後の活動方針の一つに「地方議員連盟の設置を急ぎ、地元と中央との密接な連携を保つようにすること」を掲げており、二月二七日に地方議員連盟結成準備会を開いた。連盟規約によると、事務局は期成同盟会事務局内に置くとし、四月二日午前一〇時からの期成同盟会第三回総会に続いて、午後一時から地方議員連盟結成総会を開き、即日発足した。会長は橋本繁蔵（自民党愛知県議のち参議院議員）、副会長は西脇弘康（岐阜県議）、事務局長には堀川恭平が就任する。[16] ここに国会議員連盟との連携とならんで、運河沿線地域における世論喚起につとめることになったのである。

四月二日の期成同盟会総会では、㈠横断運河の建設で琵琶湖の水位低下が問題となっているので調査する、㈡月刊の機関紙『横断運河』の内容を充実、運動の徹底をはかること等を決めた。

地方議員連盟の動きとしては、事業計画案の検討（原案どおり決定）のほか、一九六四年五月に滋賀県代表幹事から期成同盟会・国会議員連盟・地方議員連盟の各会長宛に日本横断運河建設計画に対する要望書が提出された。内容は滋賀県および淀川水系下流の住民への影響その他を慮って、㈠琵琶湖水の利用は最小限に止め、利用後は復元のこと、㈡琵琶湖水を汚さないこと、㈢近畿地方建設局で構想している「堅田締切案」は、びわ湖航路の航行を不安定且不能とせしめるため、貴連盟において堅田締切案反対の意思表示をせらるるとともに、堅田締切案実現を阻止せられたいこと、いうものであった。[17] 一一月二〇～二一日の二日間、四日市商工会議所に集合、中部地方建設局馬場企画室技官の説明の後、バスで現地視察を行っている。参加者は三〇余名であった。[18]

建設省計画局が中心となってまとめた「日本横断運河の調査中間報告書」（「三十八年度調査中間報告」――引用者）の月報での公表は紙数の関係から遅れていたが、六五年に入って二回にわたって紹介された。全部で八項目からなる。一九〇五年八月実施の学術調査団（経済調査）の担当は、酒井正三郎（南山大学）・上野裕也（名古屋大学）・藤井隆（名古屋大学）・加藤晃（岐阜大学）・井関弘太郎（名古屋大学）であった。[19]

一九六四（昭和三九）年五月二九日保守政界の大物・大野伴睦が死去、この訃報は各方面に深刻な打撃を与えた。期成同盟会では急遽予定を変更し、『横断運河』15号を大野会長追悼号とした。池田勇人総理大臣の弔詞、早稲田柳右衛門国会議員連盟副会長、平田佐矩同盟会常任理事の追悼文、そして評伝を載せている。[20] のちに同盟会事務局の菅野俊夫も「これですべてが終った。『伴睦死して運河死す』との観があり、意気消沈してしまった[21]」と当時の心境を語っている。

後任会長には、まず国会議員連盟、続いて期成同盟会の方も、大野伴睦の盟友、自民党の長老、衆議院議員の益谷秀次が就任することになる。さらに請われて、益谷は地方議員連盟名誉会長にも就任する。益谷は、国会議員連盟の一員で、会長就任にあたり、「新しい決意をもって、重責を果して行く所存であります。（中略）私はみなさまの御指導、御協力の下に、運河建設計画を全国民的な運動に盛りあげるべく全力を傾倒する覚悟であります[22]」と抱負を語った。

期成同盟会の臨時総会で、河野建設大臣が挨拶の一節で「大野氏の急逝により一部に横断運河建設に対する反対の動きもあったが、私としてはあらゆる角度から強力に調査を進め、科学的な調査結果に基づいて着工の可否を決めるべきであると思う。調査もしないで反対するのは筋違いであり、政府としても出来るだけ多くの調査費を計上してひきつづき徹底的な調査を行なうつもりだ」（要約）と述べている。[23]

日本横断運河の建設は世紀の大事業であり、その実現に向けて政界・官界の組織体によってサポート体制ができていたが、さらに日本横断運河建設促進財界期成同盟会（仮称）の結成を図るべく、創立趣意書案、規約案などをまとめ、一九六五年三月一五日付で、既設の期成同盟会、二つの議員連盟会長が設立発起人代表（益谷秀次、橋本繁蔵）となり、参加を広く呼びかけていた。四月一五日財界期成同盟会設立準備委員会（発起人会）開催にこぎつけた。[24] しかし、結成には至らなかった。実はワイズマン国連調査団（国連技術援助計画に基づいて編成された専門家調査団）の中間報告書（六四年四月二五日）を契機として、中部経済開発促進懇談会などで中部広域経済圏の総合開発と地域社会の福祉向上をめざす〝中部圏づくり〟の方向が一層盛り上がっていた。さらに〝中部は一つ〟の合言葉で結ばれた中部九県知事会議による協力体制と同じく中部九県の国会議員連盟が発足して、法律制定への協力活動が押し進められていたからであろう。

当初、地元では「中京圏（愛知・岐阜・三重）調査」としていたが、開発の可能性に着目したワイズマンは広域経済圏の観点から北陸を含めた中部圏構想を打ち出す。中部圏の地理的優位性から「中部圏を経由する関東・近畿圏相互間の強力な経済的交流とふたつの臨海地域、すなわち伊勢湾地域と北陸地域をむすぶ新たな流れは、中部圏の将来の開発像の骨格を形成するものである」と指摘し、それぞれを結合する内陸高速度輸送網は道路・鉄道などの高速輸送機関でむすびつけられることが望ましい、と述べている[25]。そして「内陸水路は現代ではあまり重要でない。びわ湖を経て日本海に通ずる運河が提案されている。このような運河の是非については慎重に調査をすべきである」と消極的な表現をとっている[26]。

筆者は不詳だが、「時事解説」によると、右の内陸水路についての表現は一般論として述べたもので、「横断運河計画は別問題とみていると解釈するのが至当であると思われる」と冷静に受け止め、とくに六四年度の調査費は前年度に比べて倍増しているのであるから、運河計画実現の可能性は十分あるとみていた[27]。しかし、最終報告書（六五年八月一五日）に接して報告内容に変化はないが、同盟会事務所は、一転強い論調で「運河無用論の根拠なし」とワイズマン報告への疑問を呈した。予算要求の時期であり、ショックであったことは否めないが、一応「将来の参考資料にする程度という見方がつよい」との姿勢は持続していた[28]。

(2)　運河建設促進活動とアンダーソン技師による技術調査

一九六五（昭和四〇）年度の予算案は財源難や健全均衡予算という建前から、どの事業もかなり厳しく査定され、運河予算（建設省）の第一次内示額は要求額の半分にあたる一〇〇〇万円で、大蔵省側はこれ以上はビタ一文追加できぬという強い態度だった。復活要求で、復活額五〇〇万円増が認められ、第二次内示で、計一五〇〇万円となった。当時建設省内部には「運河関係はこのくらいでオリたらどうか」という消極論も出たようだが、担当の計画局地域計画課は頑として譲らず、あくまで全面復活を主張した。そして、注目の事務次官折衝で、山内一郎建設事務次官（のち参議院議員）は難色を示す大蔵省側に対してねばり強く全面復活を要求、要求全額を獲得したのであった。益谷会長以下、関係議員らの努力と山内次官以下建設省の熱意が実を結んだものといわれる。(29) 運輸省は前年度と同額の四〇〇万円であった。

六五年七月七日から八月一日まで、地方議員連盟メンバーを中心に一四名からなる視察団（団長は代議士・早稲田柳右衛門）がソ連運河事情を視察してきた。二本の視察記が『横断運河』25号臨時号に載っている。

六五年一二月六日期成同盟会常任理事、四日市市長の平田佐矩が急逝、一二月一一日四日市市民ホールで市葬が執り行われた。後任は、翌年一月二一日の市長選で九鬼喜久男が当選、同盟会常任理事に就任することになる。

ワイズマン報告の衝撃の一方で、来るべき中部圏開発整備法の公布を視野に、一九六六年五月に建設省計画局計画課では「日本横断運河建設計画調査の概要」(30)をまとめている。これまでの調査結果に基づく、検討中のルートの全長は一一三・二キロ（名古屋側開削区間〈桑名～長浜〉は七三・〇キロ、琵琶湖利用区間は一八・五キロ、敦賀側開削区間〈琵琶湖北端～敦賀〉は二一・七キロ）となっている。運河は三万トン級船舶と三〇〇〇トン級船舶の二つを対象とし、単線として設計する予定であるが、通行容量を増大する必要から、伊吹山麓～長浜間および琵琶湖内の区間約二〇キロは複線とする計画となっている。六六年度の調査方針は、調査費八五八万四〇〇〇円で、これまでの調査結果に基づき、次の調査を実施して総とりまとめを行う予定としている。

㈠総合経済調査――将来における日本経済の立場から運河計画を検討し、経済調査の総とりまとめを行う。

㈡運河沿線開発計画調査――運河建設計画に伴なう沿線の開発計画を検討し、マスタープランを作成する。
㈢運河使用水調査――木曽川、九頭竜川水系等からの導水計画を技術的、経済的な比較調査を行なって再検討し、運河使用水調査をとりまとめる。さらに船舶航行による運河の水質汚濁についてもその対策を検討する。
㈣運河の維持・管理調査――運河維持・管理上の問題点を明らかにし、運河維持・管理費の概算を行なう。又船舶の運河航行上の諸問題についても調査し、その対策を検討する。
㈤生活環境影響調査――運河開削に伴なう行政区域の分断による影響等運河建設の沿線地域住民へ与える影響調査を行なう。
㈥概算事業費の算定等――運河建設の概算工事費算定を行なうとともに、その他の諸問題について解明する。

ただ日本横断運河建設計画の調査は、未だ経験したことのない幾多の技術上の不確定要素を含んでいるため、結論に達するまでにはなお時間を要するかもしれない、と付言している。

同じく、運輸省港湾局計画課でも「日本横断運河建設計画調査」[31]をまとめている。建設省の調査方針と同様、六六年度は、これまでの調査結果に基づくとともに、調査の不十分な点を補うべく次の調査を実施するとしている。㈠経済調査――ＯＲの手法を用いて、運河通過貨物の試算を行なうほか、運河沿線の開発について調査する。㈡横断運河を建設した場合の揖斐川における潮位計算および波浪観測を続ける。調査費は三〇〇〇万円である。

一九六六（昭和四一）年一〇月に日本横断運河建設促進期成同盟会は、パナマ運河建設などに実績のある米国のビサイラスコンサルタント社に技術調査の全面依頼を正式に要請した。同社は四年前に合弁で小松ビサイラスを設立しており、「小松製作所も一役買う」といわれた。ビ社はこれまで建設・運輸両省が調査してきた各種調査とは別の角度から技術調査を進め、政府および関係筋へ助言することになっていた。[32]

六六年一一月四、五日の二日間、ビ社の技術顧問G・Y・アンダーソン技師を招いて現地調査（福井・滋賀・岐阜・三重の四県）が行われた。日本横断運河計画路線調査団はアンダーソン技師と衆院建設委員会専門調査員・長倉史郎、パシフィックコンサルタント社取締役・津田理、小松製作所常務取締役・上野辰夫、期成同盟会事務局・菅野俊夫、地方議員連盟事務局・松川誠次の六名、地元の北福井県知事、関係市町長、地方議員連盟会員、県市当局の関係官等が多数参加、同行した。建設・運輸両省が六三年度から実施してきた予備調査は本年度までに八四〇〇万円の調査費が投入されており、来年度も一〇〇〇万円で予備調査を行う予定としているが、一応この調査は来年度までで打ち切り、運河建設の可否を含めた調査結果をまとめることになっていた(33)。

現地視察は㈠工事の可能性、㈡通過予定地点の地形と地質、とくに岩盤の分布、㈢どのような土木機械を使用すれば能率的な工事ができるか、などに絞って行われた。アンダーソン技師は一日目敦賀市を振り出しに福井・滋賀・岐阜三県下の運河建設予定地の視察を行った。畑守敦賀市長は「できれば横断運河のコースを西へはずし敦賀半島の西、つまり若狭湾に入れてもらいたいのです。気比の松原一帯は国の名勝指定地で、敦賀半島の東側にはこのとおり運河を設けるだけのスペースがないのです」と説明した。だが「これはあくまで希望的条件で、福井県側としては運河をつくってもらえさえすれば、そのルートについては全面的に協力します」と北県知事が熱弁をふるう。アンダーソン技師は、初日の視察について、「経済効果の点は専門外なので、なんともいえない」と断ったうえで、大要次のように語った。㈠技術的には運河建設の可能性は十分にある。㈡運河の建設は閘門式（パナマ運河形式）にするのが適当だ。ただ大型船舶の通行はできるが、通行量は制限される。また山岳部をトンネルで通過させる形式は、大型船舶が通せないため押し船、引き船で運搬しなければならず、貨物の輸送量に制限される。㈢濃尾平野に内陸港、つまり岐阜港を築くことは可能性も大きく、けっこう。洪水対策などを十分にしなければならない。㈣滋賀県は琵琶湖の水位低下や水の汚濁についてはさほど心配はいらない。それより地下水の変化を調査すべきだ。㈤土木機械については通過地や工法などが決まらなければ決定できない。㈥土砂をすてる場所、大型土木機械を移動させる道路に、より問題がある。これの解決も合せて考えなければならない、とした。(34)

二日目は養老郡養老町の岐阜港建設予定地や揖斐川流域、四日市港などを視察し、二日間にわたる調査を終えた。アンダーソン技師は「運河は技術的に可能」なことを確信した。地元関係者との懇談会の席上で、運河に付随する岐阜港の建設について「経済的にみた岐阜港の必要度についてはわからない。しかし技術的には日本横断運河をつくるより楽にできる。揖斐川の底を掘り下げれば新たに運河を掘る必要もないし、一万トン級の船舶が出入りできる内陸港が実現できる」「岐阜港をつくることは、運河の利用度をふやすことになりけっこう」と新しい見解が語られた。(35)

アンダーソン技師はテキパキとした行動で写真を撮り続け、予定外のところでも車を止め、質問を連発したといわれる。ある山岳部で地質の問題に関して、「未だ調査中です」という地元関係者の言葉にがっかりした表情で、「このような大事業は十分すぎるほどの地質調査が必要、いくら調査しても満足ということはない。工事の途中、思わぬところから岩盤が出たりする。そのために建設費が大幅にかさむ」と語った。また「ニッポンは島国のせいで、河川交通を無視しすぎてきた。ハイウエーやレールウエー（鉄道）とともにキャナル（運河）利用をもっと考えてもよい。大量輸送はこれにかぎる」などいろいろな意見が飛び出した。運河計画は実現へ第一歩を踏み出したものの、課題も多く指摘されたのである。アンダーソン技師は「日本横断運河は、まだ一億円足らずしか調査費をかけていない。これからが調査の本格的な段階」と位置づけたのであった。

2　中部圏構想と日本横断運河計画の消長

(1)　中部圏開発整備本部への所管変更と運河計画路線の調査

ワイズマン報告の中部圏構想への提唱は、一九六六（昭和四一）年七月公布の中部圏開発整備法（対象区域は富山・石川・福井・長野・岐阜・静岡・愛知・三重・滋賀の九県に及ぶ）に生かされることになった。法律施行とほぼ同時に、中央には中部圏開発整備本部（以下、開発整備本部と略記することがある）が設置され、地元には民間の中部開発センターの設立をみた。日本横断運河計画の所管は、翌六七年度から開発整備本部へ引き継がれた。首都圏、近畿圏につぐ第三の広域圏として誕生した中部圏は、八五年を目標に開発整備しようとする大計画である。開発整備方式として地元が発案権をもつ中部圏開発整備地方協議会（六六年一一月、会長は愛知県知事・桑原幹根）を設けたことは大きな特徴であろう。

もう一つの特徴は中部開発センターの設立、そして「区域指定——（都市整備区域、都市開発区域、保全区域）」による開発整備の方向であろう。「都市整備区域」とは現在開発の程度が高く、将来経済の発展が予想される地域で、しかも都市の機能が十分に発揮されるよう計画的に基盤整備を行う必要がある区域、「都市開発区域」とは工業などの産業都市その他地域の発展の中核となる都市として今後開発整備を必要とする区域、「保全区域」とは観光資源の保全と開発、緑地の保全、文化財の保存を必要とする区域としている。

日本横断運河計画の調査は開発整備本部の所管となったことにより、従来の単独事業としてではなく、六七年度の場合、五つの大枠（一）人口および産業に関する調査、（二）土地、水その他の資源に関する調査、（三）交通および通信施設に関する調査、㈣都市の開発および整備に関する調査、㈤その他の調査――区域指定、観光施設の整備計画、公害、奥地農山漁村等低開発地に関する調査――）の中の㈢の一つに位置づけられることに変わったのである。そこでは道路・街路整備計画、鉄軌道整備計画、港湾整備計画、日本横断運河建設計画、空港整備計画、東海北陸自動車道、通信施設に関する調査が予定されていた[36]。六七年度以降、重点事業を国へ要望することになる。

一九六七（昭和四二）年七月一二日に期成同盟会緊急幹事会が開かれた（富山県と滋賀県は欠席）[37]。主たる議題は、㈠中部圏開発整備本部からの説明聴取、㈡六七年度総会と今後の期成同盟会の運営方針の二つに集約できる。㈠については、特別参加の開発整備本部の総理府技官・桑島潔が大要次のように説明した。

⑴首都圏と近畿圏に挟まれた中部圏は将来わが国全体の発展に重要な役割を果すべき地域であり、開発整備本部は本地域を豊かで住みよい中部圏につくりあげることを眼目として発足したものである。

⑵太平洋側と日本海側とを結ぶ交通体系整備の一環としての日本横断運河の構想は、東海北陸自動車道、四敦道路、国鉄高山線等の建設整備と共に中部圏として推進すべき重要な事業である。

⑶これは前例のない大運河計画であり、影響範囲も広汎かつ複雑であるため、六七年度は、①総合経済調査、②運河開削による社会経済影響調査、③運河港開発計画調査を行うが、六八年度以降も調査を継続する必要がある。したがって同盟会としても強力な支援をしていただきたい。

㈡の総会については、同盟会事務局（菅野氏）から六八年度予算案の関連などをかんがみて八月中旬を目途としたいと提案があり、全員が了承した。次に留意すべき事項をあげておく。

(1)期成同盟会幹事会の出席者に関して、「本同盟会は発足当初の意気込みからみると、若干尻すぼみの感がする。従って今総会を機に再度当初の気運に盛り上げるためにも、出席者は役員本人とし、できる限り代理出席者を避けてほしい」と要望されたことである。

(2)一九六二年に本会が発足して以来、堀川恭平代議士秘書の菅野俊夫が事務をとってきたが、本人の一身上の都合から「本職」を辞したい旨の申し入れがあったことである。事務引継は愛知県当局と交渉中で、総会までに結論を出す予定とした（愛知県東京事務所が引き継ぐことになる——引用者）。

(3)会費問題について。これは深刻な問題であり、加盟県市で分担金（会費）出資をしぶるところが出てきたことである。期成同盟会会長から各県市への依頼状によると、六五、六六年度の分担金は、愛知・岐阜・三重・福井・滋賀は各五〇万円、石川・富山は各三〇万円、名古屋市・四日市市も同じく各三〇万円、そして桑名市は一〇万円、長浜市は五万円、大垣市は一二万円、敦賀市は七万円となっていた。今年度から中部圏開発整備本部が調査を行うことになったが、現在、滋賀県と名古屋市が議会等の反対から会費予算がつかず未納となっているほか、三重県と四日市市が減額要請をしてきたのである。三重県は割当額五〇万円に対し四〇万円、四日市市は三〇万円のところ二〇万円の各予算しか組んでいない状況だった。一方で「今までのように政治的な背景もなくなったので、同盟会としても、これまでのような大型予算を組む必要もないという意見」はあった。

(4)地方議員連盟の現状について。同盟会の愛知県議会事務局（松川氏）から「今回の改選でメンバーが相当変動したが、引き続き本連盟を存続させることを、七月一一日の世話人会で確認した」との報告があった。さらに六七年度の主要事業計画は、①運輸省第五港湾局からバージラインシステムについての説明会を開く、②中央政府への陳情、③予定ルートの現地視察、等を内定した。

期成同盟会内部での足並みの乱れというか、地元の熱意が冷めてきたところも出てきたことは否めないだろう。六七年度の中部圏開発整備調査費二五四七万円のうち一〇〇〇万円が日本横断運河開発等調査費であり、具体的には、次の調査を行うとしていた(38)。

(1)日本大学国土総合開発研究所に委託し、既往の調査結果等を整理分析し運河の経済性、投資効率等を検討する。
(2)中部開発センターに委託し、地域別の物資の流動実態を調査し、将来の物資流動等流通構造の予測を行う。
(3)建設省（中部地建、近畿地建）に支出委任し、これまでの補完調査として、敦賀地区および南濃地区（運河沿線）の地下水調査を行うとともに、運河開削により地域に与える社会的、経済的影響について調査する。
(4)運輸省（第5港湾建設局）に支出委任し、運河口港計画のための波浪調査およびバージストップによる沿岸開発調査を行う。

開発整備本部の一九六八（昭和四三）年度の事業計画は、前年度に引き続いて物資流動と南北交通について検討するとともに、地域経済分析の手法により、横断運河等大規模事業の地域産業に及ぼす影響について調査を行うものとし、調査費一〇四六万円を得た。

六八年六月の期成同盟会総会では、同年度の事業計画に、㈠独自の現地調査をする、㈡六九年度予算獲得に向けて国会議員連盟との連絡を密にして強力に運動することなどを決めた。席上、開発整備本部の国宗次長は「現在、国土総合開発研究所で運河建設に必要な調査を進めているが、土木だけでなく総合的な調査が必要である。同盟会が独自で調査することはよいことで大いに協力したい」と述べた(39)。地方議員連盟では、同年八月二二日午前一〇時から名古屋市で開かれた総会終了後、期成同盟会と共催で、参加者全員が貸切バスに乗り、四日市港をはじめ、揖斐川沿いに

図1　日本横断運河計画平面図

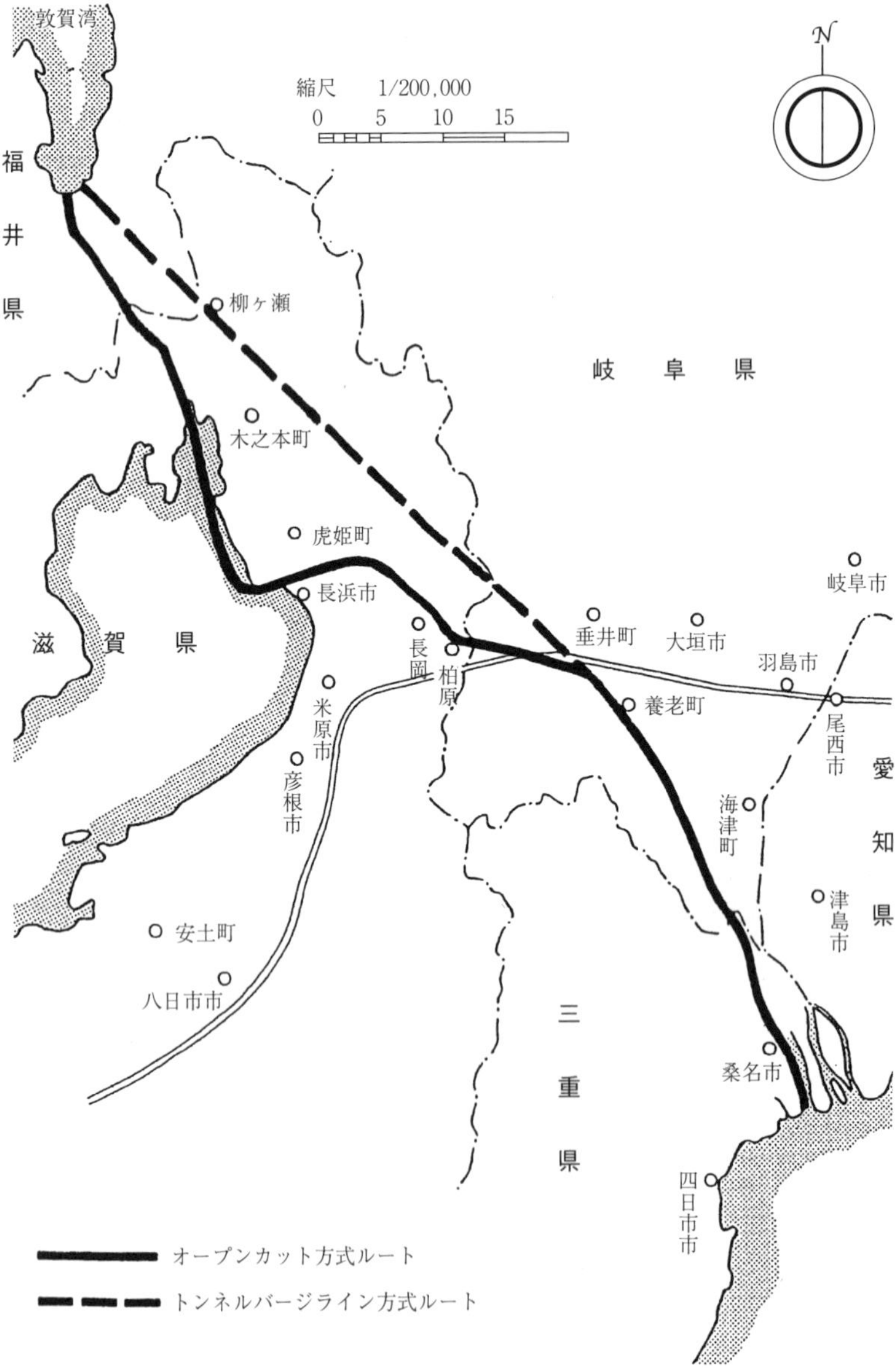

出典：建設省中部地方建設局監修・25年誌編さん委員会編『中部地建のあゆみ――25年誌――』708頁。一部地名を追加した。

北上して岐阜港建設予定地などを視察（岐阜で一泊）、一三日は引き続き伊吹山、琵琶湖をへて敦賀まで計画路線を視察した。

日本横断運河の計画路線は、最終的に、図１に示すとおり、オープンカット方式（建設省案）と山岳地帯をトンネルで貫くトンネルバージライン方式（運輸省案）の二案について検討されていた。視察時に、これらを含めた計画の概要の説明を受けた[40]。

オープンカット方式による運河計画は、揖斐川河口から揖斐川沿いに北上して駒野付近で揖斐川から分かれて養老山脈の東裾部の水田地帯を開削して今須川渓谷に進み、さらに伊吹山麓、長浜市街北方を西進して琵琶湖に達する。そして琵琶湖を利用して北上し、塩津浜西方から敦賀湾にいたる開削式運河である。運河計画の調査が進む過程で、道路、鉄道と運河の立体交差や掘削土砂の処理など施工上の問題点などが指摘された[41]。

トンネルバージライン方式による運河計画は、揖斐川を利用できる部分は河川を浚渫して利用し、養老町付近から延長約六〇キロの山岳地帯をトンネルで貫き敦賀湾と結ぼうとするものである。運河計画の中間のバージストップと周辺の内陸工業団地開発を兼ねて養老町周辺に港湾（仮称岐阜港）を建設する計画も検討していた。岐阜港については慎重に検討する必要がある、とされた[42]。

(2) 難航する運河建設計画と財界などからの新提案

一九六七年七月一二日、中部圏の施設を示す、いわゆる骨子案が発表された。総じて各県のプランを羅列した感は否めないが、中部圏にとって東海北陸自動車道が最も重要であると位置づけている。計画年次については、①速やかに着手、整備しなければならないもの、②計画期間の中間年度（七五年度）までに着手するもの、③計画期間内（八五年度）に整備しなければならないもの――の三つに区分すると考えている。三つの区域指定（中部圏特別措置法）

については七月二一日に成立した。六八（昭和四三）年六月二六日、基本計画は地元案をもとに開発整備本部が国の施策として策定作業を進め、中部圏開発整備審議会の審議をへて、首相に答申、佐藤栄作首相が決済した。二八日の閣議に報告したのち、中部圏開発整備法の施行二周年にあたる七月一日に公示された。基本計画では「道路、鉄道、港湾を中心とする交通体系の確立、整備は中部圏開発整備の根幹施策である」としていた(43)。

基本計画が正式に決定された一方で、六八年夏から年末にかけて、日本横断運河建設計画については懐疑的な新聞報道が目立ち始めた。六一年に提唱されて以来、一億円近い調査費を使いながら一向に結論が出ず、同盟会から脱退意向の都市の動きも取り沙汰された(44)。加えて交通環境もかなり変わり、「運河なんて時代遅れ」「道路や鉄道のほうが効果的」「いったい何を運ぶ気か」などの批判も出はじめた。中部圏開発整備本部の事務当局では来年度で調査を打ち切り、建設か計画中止かの最終的な結論を出すことにしていた。新任の坪川建設相（中部開発整備本部長官）は、「地元の福井県出身だけに、『このまま見捨てるにはもったいないプランなので、四十四年度いっぱいかけてじっくり最終的な判断をしたい。四十五年以降も続けるとすれば、実施段階の調査だ』と未練げだ」と伝えられる。これに対し国会議員連盟の早稲田柳右衛門副会長は、「これまでの調査結果から運河の必要性は明らかだ。沿岸貿易が進めばますます重要性が高まるので、来年度の調査で〝ぜんぜん問題にならぬ〟という結果が出ない限り、従来通り建設促進運動を進めていく」と反論していた(45)。

さらに関係自治体の動きを瞥見しておくと、ついには促進運動を進めてきたはずの桑原愛知県知事までが、六八年一二月一六日の県議会答弁で、「〝ダメダ〟とはいい切ってはいないが、（中略）経済的、技術的にみて経済効果を考えたとき、おそらく中止となるだろう。私自身もやめたほうがよいと思う」と述べるほどであった(46)。岐阜県の平野知事も、近く「岐阜県の正式態度を決定するが、いまのところ運河中止を不満とする市町村の意見はでていない。（中略）岐阜県としては、投資効果の高い道路づくりを先にしたほうが正しいと思っている。したがって、運河計画のほぼ沿線を行く四敦道路を早く整備改良することが望ましい」と語る。九鬼喜久男四日市市長は、「もう調査打ち切り、四敦道路などの整備計画に切り替えるべきだ。（中略）すでに中部圏開発整備本部の小林次長にも、運河構想をやめて道路に切り替えてもらいたいと申し入れている」[47]と述べる。田川三重県副知事も同様の考え方で、「日本横断運河はスピード、経済効果の面であまり期待はもてない。（中略）中部圏全体のなかの価値判断として鉄道、道路のほうが急務だ」と語る。

日本横断運河の建設は「お流れの公算」が大きくなったが、一部冷え切った地元の意見とは別に、期成同盟会本部としては、小冊子『日本横断運河』の作成・配布と現地視察を続けていた。地方議員連盟（蟹江事務局長談）では、「地元関係者としては長年の夢でもあり、来年度の調査結果が出るまでは、これまでどおり建設促進運動を強力に働きかけてゆくつもりであり、国も国家的見地から判断を下してほしい」としていた。

後述するが、国宗次長の後任の小林忠雄次長は「計画中止説を否定」し、来年度も調査は続行するとしたものの、「近い将来、実現するとは考えられない」と悲観的な表情だったという[48]。

他方、この間に難航している日本横断運河に代わるものとして、四日市〜名古屋〜敦賀間を地下の高速パイプラインで直結する「中部圏南北連絡地下交通路線計画」が財界から提案された（図2）。運河計画は琵琶湖をかかえる滋賀県が水資源保護を理由にルート編入を強く拒否していることに加えて、中部諸県でも事実上実現できないとの見方が強くなっ

図2　中部圏地下高速路線計画

出典：『毎日新聞』1968年7月15日付より筆者作成。

てきたからである。その構想は、四日市～名古屋～大垣～長浜から琵琶湖底を経て敦賀への百余キロのコースで、地下一〇〇メートルくらいに大きなトンネルを掘る。ここにエアシューターを高速大型にしたエアコースター装置を運転、平均時速二〇〇キロ近いハイスピードで中部圏南北を一時間以内で連絡しようというアイディアである(49)。

この新構想に対し、開発整備本部調査官補佐・桑島潔は「技術的にむずかしい点もあるが、将来の計画として財界が熱心で地元の各県も乗気なので調査したいと考えている。日本横断運河もハッキリダメと決まったわけでないので、あくまでもだき合わせでやりたい」とコメントした。愛知県・山口和夫参事（地域開発担当）は「当初の案では大垣市までを陸で結び、そこから敦賀までをトンネルでつなぐというもので、大勢としては、この方向に進みつつあったようだ。しかし、トンネルにエアコースターを走らせる、といった具体的な話はまだ知らない。（中略）具体的に決まれば、愛知県も十分検討してみなければならない」と語る。

技術的には問題もあり、将来の研究開発が必要とされるが、同本部によると、工費は日本横断運河の三五〇〇億円の三分の一から二分の一で済むという。また四日市～敦賀間の〝四敦道路〟を吸収し、東海北陸自動車道と並んで中部圏南北の幹線ラインとなり、中部圏基本開発整備計画が目的とする南北交通促進効果はきわめて大きいと考えたのであろう。一方、開発整備本部（長官・保利建設相）は「日本横断運河等調査費」として、来年度もほぼ本年度と同額の要求をすることにしていた。

同時期の七月一二日、国宗中部圏開発整備本部次長（一六日付退職予定）が「中部横断共同溝」構想を発表した。後任は建設省都市局参事官の小林忠雄が内定、まだ前任者と正式の事務引き継ぎをしていないので、本部関係については、いまのところまったくの白紙状態だと前置きしながら、共同溝構想について「鉄道、道路、運河などと比べてメリットがあるかどうか、また技術的に可能かどうか――の研究は、じゅうぶんに検討してみる必要があると思う。そのあとに結論を出したい」と語った。期成同盟会の蟹江事務局長（愛知県東京事務所長）は、一定の理解を示したが、「運河にかわるものとは解釈していない」と述べた[50]。

とくに論議された形跡は見当たらず、一つのアイディアが示されたということであろうか。後任の小林は一六日発令の予定で、地元と政府の間に立って、当面の三区域の指定については「総花的にならないよう、地元との調整に努力したい」と語った。

一九六九（昭和四四）年二月三日に第六回中部圏開発整備地方協議会が一年二か月ぶりに開催され、〝中部圏づくり〟は具体化の段階へ動き出す。

協議会では、例えば笠岡福井県議が四敦道路や中部横断運河の見通し、鈴村岐阜県議会副議長は東海北陸自動車道、高山線複線電化問題、国鉄赤字路線の廃止問題、そして中部横断運河について大垣まで建設される計画はないか、など施設に関する協議会、開発整備本部の考え方を質す意見、質問が活発に出された。竹山静岡県知事は保全区域に対する特別措置を問うている。さらに酒井中部都市学会会長から「基本的方向は、今後修正されていくものと考えられるが、各地域内の定義が明確にされている半面、各地域間相互の有機的な発展をもっと明らかにするのがよいのではないか」といった意見が出された[51]。

これに対し、桑原会長、小林次長は「四敦道路の建設は現実的な問題で、四十四年度予算でも配慮されている。中部横断運河の建設については、個人的な見解になるが、長期にわたる技術、経済両面の調査もほぼ終わり、率直にいえば、巨費、大規模であればあるほど経済効果、成果に疑問をもっている。東海北陸自動車道は国土開発幹線道路法のあとにもちあがったものであるが、道路整備五カ年計画に入っており、四十四年度予算に調査費が組み入れてある。国鉄の赤字路線の問題は四十四年度の予算編成のおり、地方六団体で協議され、意見調整された。それは、廃止の場合、それに見合う措置を考えたうえで行なうべきだ、と国に要請した」（桑原会長）と回答。

横断運河については「四十四年度には中間報告を行ない方向づけをしたい。それには中部横断運河は伊勢湾と敦賀湾を結び産業構造の変化と輸送体系はどうあるべきかの点について調査したい。その場合、横断運河着工の妥当性、代替輸送路、将来の対岸貿易の活況下で客観情勢下での決定——という三つが考えられる。保全区域は首都圏、近畿圏で指定、財政援助がされているが、この両圏の指定は都市近郊の乱雑な開発を未然に防止、緑地保存という建て前で、強い制限を付けている。中部圏でも都市近郊については緑地保全が必要であろうが、若干事情を異にしている。中部山岳地帯というスケールの大きなもので、権利制限によって開発をストップさせる必要がある半面、労働条件の変化、モータリゼーションの進展があり、単なる制限でないものがいる。この点については、四十四年度に調査費を計上、保全方式、考えを決め、立法措置を考えていきたい。区域内の施設建設は区域分担を明らかにしようとするものので、建設、運輸など各省はそれぞれ長期的な計画をもっているので、区域間の相互的、有機的なつながりをもたせるために十分活用していきたい。個々の施設の点では内々に明らかにされている」（小林次長）と、それぞれの問題について回答がなされ、出席者、各委員とも了承した。地方協議会終了後、中部九県知事および小林次長らは記者会見をした。一言でいえば「地元援助が大切」であることを強調している。

(3) 運河計画の断念——横断運河から高速道路へ——

日本横断運河の建設計画はしだいに支持を失い、厳しい状況となったが、六九年度も一〇〇〇万円近くの調査費がついた。開発整備本部は、次のような「日本横断運河等南北交通計画調査案」をたてている[52]。

(一)南北交通主要ルート比較調査

(1)六八年度に実施した主要品目（八品目）別南北物資流動量推定を基礎とし、これに建設計画策定の基礎となる主要経済指標を加味して、八五年に於ける運河通行貨物量及び輸送機関別南北流動貨物量を推定する。

(2)八五年に於ける南北主要ルートの所要輸送能力をマクロ的に推定し、これに必要な施設の整備に要する経費をマクロ的に概算する。

(二)沿線地域開発計画調査

南北交通ルートの一方のターミナルである北陸地方の物資流動状況及び港湾整備の方向を明らかにする為に、福井・坂井地区、金沢・小松地区、富山・高岡地区の主要企業にアンケート調査を行い、主要原材料・製品の流動の実態及び将来に対する意向を調査する。

(三)総合経済調査

以上の調査結果及びこれまでの調査結果をもとにして、横断運河の経済効果について総合的な考察を試み、一応の結論を取りまとめ公表する予定である。

ところで、期成同盟会の六七年度分担金については、さきに少しふれたが、六八年度は「七県六市のうち五県三市が納入済み、残りは未納」であった。同盟会として今後どのような運動を続けていくか、また運河に代わるべき事業を考えたらどうか、という意見も出てきた。そこで、六九年度の同盟会加盟県市の分担金徴収について、三案を示し、その意向を照会したところ、第一案（分担金を従来どおり収める）を可とするもの——二県、第二案（分担金を半額とする）を可とするもの——一市、第三案（六九年度は分担金を徴収せず繰越金で運営する）——四県三市、回答なし——一県一市という結果であった。過半数が第三案であり、六九年度は分担金を徴収せず、繰越金で運営されることになる。なお同盟会は、代替事業として四敦道路、東海北陸自動車道、鉄道等は考えられるが、前述の地下高速路線計画はまだ何もわからないので代替事業となり得ないとした(53)。

六九年五月、閣議決定された新全国総合開発計画において、「伊勢湾と若狭湾を結ぶ運河建設の問題についても、慎重に検討を行なうものとする」とされた。九月に中部圏開発整備本部は「調査の打切り方針」を固めた。[54]

七〇年一一月一二日、中部圏開発整備本部は、日本横断運河開発計画について「現時点で具体化することは適当でない。中部圏の重要課題である南北交通は道路を中心とした、より効率的な輸送体系の整備を推進していくことが必要である」と〝運河より道路〟の結論を調査報告書とともに発表した。[55] その計画中止は、概ね次のように結論づけられた。[56]

一、外航船が運河を航行する可能性は少なく、また、それによって得られる便益は投下費用に比較して微々たるものであるので、外航船運河として計画することは適当でない。

二、内航船に対しては、昭和六〇年における運河通行貨物量が約六四〇万トンと推定され、南北交通において運河の占める比重は大きくない。また費用便益的に見てもその有用性が乏しいことから、現時的において早期に着工する必要性は少ない。

三、オープンカット方式による場合は、費用便益比率が低く、その有用性に疑問がある。また土木技術、治水利水上の問題、沿線への影響など技術的、社会的にも多くの問題があり、十分検討する必要がある。バージライン方式では、費用便益比率のみからみれば、一応有用性が認められるが、前提となる沿岸バージライン方式の普及の可能性がわが国では少ない。

同じ一一月一二日名古屋で開かれた第九回中部圏開発整備地方協議会で、佐土侠夫・中部圏開発整備本部次長が調査打切りの方針を明らかにしたところ、岐阜、三重、石川、福井など関係各県から「単なる打切りでは長年の調査がムダになる。太平洋と日本海を結ぶ運河構想の原点に帰って、陸路案をつくり、日本横断道路計画へ引継ぐようにすべきだ」との意見が出された。

平野岐阜県知事は、さきに横断運河の代案として発表した陸路による三重、岐阜、富山、福井四県を半環状でつなぐハイウエー構想を強調し[57]、中部圏の南北を縦断する「東海北陸自動車道」を「日本横断道」という名称に変えることを提案した。田中三重県知事も「調査打切りで終止符を打たず、ぜひ陸路案に発展的解消さすべきだ。代案としては、中部圏の重点事案になっている四敦道路（四日市～敦賀）をまず第一にあげるべきだが、四日市から東海北陸自動車道の関市につなぐ案も現実的案だ」と岐阜県に同調。石川、福井県からも「運河の調査結果を南北道路体系の整備に生かしてほしい」と強い要望が出された。このため、地方協は運河に代わる自動車道路のルートを関係各県でまとめ、中部圏の重点事業として国に働きかけることを決めた[58]。

日本横断運河計画の調査期間は、六三年度から六九年度までの七年、調査費は約一億六〇〇〇万円に達した。その調査状況を小括しておくと、表2のとおり、所管が建設省・運輸省の四年間の調査費は七五五八万円、次の中部圏開発整備本部の三年間は三〇一三万円であった。前者は年平均一八九〇万円、後者は一〇〇四万円となり、一・九倍の格差を確認できる。調査が進んだことや調査内容を勘案すべきだが、この点は運河計画調査の推移を如実に反映しているともいえよう。

建設省・運輸省時代の四年間の調査費は、建設省が五八五八万円、運輸省は一七〇〇万円、年平均では建設省一四六五万円、運輸省四二五万円となり、三・四倍の格差を見て取れる。建設省は経済調査も行っているが、事業の性格から、主に地質調査など土木工学的な技術調査を実施したため相当の調査費を必要としたのであろう。逆に運輸省も技術調査を行っているが、経済調査を中心としていた。

表2の出典と同じ文献に収録されている「附調査資料目録[59]」によると、建設省関係の調査報告は土木工学的関係一八件（総括関係四件、各論一四件、年度別では六三年度一件、六四年度一一件、六五年度五件、六六年度一件）、経

表２　日本横断運河の調査の経緯

年度	所　管	調査費	調査項目	調査の概要
1963	建　設　省	1,000万円	気象調査	運河沿線の気温、降水量、風、台風、高潮等の気象条件
	運　輸　省	600	地形、地質調査 物資流動調査	開発目標、輸送分担率調査 輸送機関の運賃体系、沿線地域の輸送構造
64	建　設　省	2,000	地質調査 治水、利水影響調査	河川測量、流砂量、流量、地下水、不等流計算
	運　輸　省	400	経済調査 物資流動調査 経済調査	全国および中部地域の将来経済指標の予測 運河通行貨物量の予測（1） 大垣港計画
65	建　設　省	2,000	地質調査 治水、利水影響調査 経済調査	使用水、ダム、流末処理、用排水系統、事業費積算 運河関係地域 OD 表、運河通行貨物量の予測
	運　輸　省	400	経済調査 潮位計算	運河通行貨物量の予測（2）、事業費積算 揖斐川における潮位計算
66	建　設　省	858	総合経済調査 維持、管理調査 生活環境調査	運河の維持管理費の積算
	運　輸　省	300	総合経済調査 技術調査	揖斐川における波の朔上計算、波浪調査
67	中部圏本部	1,000	物資流動調査 社会的、経済的影響調査 波浪調査 地下水調査 総合調査	南北交通体からみた物資流動モデルの検討 揖斐川河口に於ける波浪観測 既往調査の整理および今後の調査方針の検討 バージストップによる沿岸開発
68	中部圏本部	1,046	物資流動調査 沿線開発調査 総合経済調査	南北交通体系からみた物資流動モデルの確立 南濃地区開発計画調査
69	中部圏本部	967	物資流動調査 南北ルート比較調査 沿線開発調査 総合経済調査	輸送機関別物資流動量の予測 運河計画の南北物資流動および交通体系に及ぼす影響の検討 北陸地方開発計画調査
合計	建　設　省	5,858		
	運　輸　省	1,700		
	中部圏本部	3,013		
	計	10,571万円		

出典：中部圏開発整備本部『日本横断運河開発計画調査報告書』２頁。

済調査関係六件（その他二件を除く）である。運輸省関係は一二件（六三年度四件、六四年度四件、六五年度三件、六七年度一件）、中部圏開発整備本部関係は一〇件（六七年度四件、六八年度三件、六九年度三件）であった。それぞれ部局主体の報告もあるが、外部委託では、パシフィックコンサルタントがいずれも各一件基本調査に関わっているほか、建設省では日建コンサルタントが多く、運輸省では日本産業構造研究所、次いで日本港湾コンサルタントが続いている。中部圏開発整備本部では中部開発センターが多かった。六九年三月〜七〇年三月には、南北交通に関する三点の調査報告書も刊行された。

最後となる第八回期成同盟会総会は、七〇（昭和四五）年一二月三日に開催された。来賓挨拶で国会議員連盟代表の早稲田柳右衛門は、㈠調査そのものの意義は認め、将来に希望をたくしたい。㈡横断運河に変わる新規事業の推進をはかるべきである、と述べた。議題㈠の調査報告は、中部圏開発整備本部が総括的にまとめた『日本横断運河開発計画調査報告概要』（報告書要旨、一九七〇年一一月）を配布して行われた。

議題の㈡は協議事項で、今後の同盟会のあり方（存廃）について、①解散する、②発展的に解消し、新規事業の推進を計る、の二案が提案された。審議の結果、②案と決まり、新規事業を推進させるための準備委員会（各県知事、市長）を発足させることを決めた。同盟会の残務整理は事務局が行い、後日文書を以て各会員に諮る旨が報告された(60)。

横断運河計画中止の理由は、さきに開発整備本部の結論を引用したところであるが、少し視点を変えて、この間の経緯を顧みた場合、何よりも、その推進者であった大野自民党副総裁、推進者・協力者の河野元建設相、そして平田四日市市長の死去は大きな痛手だった。とくにリーダー大野亡きあと、「運河実現を期待するパワーは、次第に弱まっていった」とされる(61)。

第二に、この運河建設計画は各種の調査によって建設上の問題点はほぼ明らかになったが、問題点の解決のための検証が不十分と言わざるを得ないだろう。調査期間も当初予定よりも相当長く、ハイウエー時代を前に、当初目安の経済効果が希薄となり、投資効果の点で大きく後退したことである。期成同盟会などの有力メンバーがしだいに運河建設に否定的となったのは、まさにこの点に起因しているといえよう。

第三に、日本横断計画より少し遅れて、東海と北陸の両経済圏を結ぶ東海北陸自動車道の建設計画が具体化してきたのであり、この点も、運河構想の後退につながったことは明らかであろう。

さらに、日本横断運河の断念は新全国総合開発計画との関連や中部圏開発整備計画内で検討されることになった影響も小さくないであろう。どこに重点を置くかの問題だが、単に南北交通の点で論ずべき課題ではなくなった面を見落とせないと思われる。

おわりに

本稿は、一言でいえば運河計画の失敗の歴史を振り返ってきたにすぎないが、日本横断運河構想の顚末は、大型公共プロジェクトのあり方に何らかの教訓を示唆する一面もあろうか。その構想は、前例のない国家的事業として進められたが、いわば期成同盟会、二つの議員連盟などを中心とする建設運動であり、一般県民、国民全体の意識とは少しズレがあったのではないか。また必ずしも財界の支援を得たとはいえず、モータリゼーション、〝中部圏づくり〟の進展の中で埋没してしまった。当初の「中部横断運河」を「日本横断運河」と名称変更したが、見通しが難しくなった段階以降、中部横断運河と報道されることが少なくなかったことは象徴的であろう。大まかに言えば、運河構想の推進主体の限界は大正期の国鉄線「勢江鉄道」の敷設運動と軌を一にする面があったといえまいか。

日本横断運河計画の命運は、一九六七（昭和四二）年度以降、所管が中部圏開発整備本部に移ったことと無関係ではなく、中部圏構想の影響を受けたことは否めないだろう。投資効率等を考えると、後退せざるを得なかったのである。六六年七月一日に発足した中部圏開発整備本部は、七四（昭和四九）年六月二六日に廃止され、同日に設置された国土庁が事務を引き継いだ(62)。中部開発センターも、国土庁が主管となる。

中部圏の南北交通問題の整備方針は、横断運河から高速道路へ変わることになるが、いずれの輸送手段を希求するにせよ太平洋岸と日本海岸とを結ぶ南北交通網の形成は古くて新しい課題であったことを再確認できる(63)。一方で、環境にやさしい運河・河川舟運の復活を呼びかける動きが完全に消えたわけではなかった(64)。

注

（1）阪上彌「日本横断運河建設計画の歴史」（日本海地誌調査研究会『紀要』創刊号、二〇〇二年七月）一〇〇頁。同「日本横断運河」（同研究会『高燈籠』一九九九年一月）もある。

（2）三木理史『地域交通体系と局地鉄道』（日本経済評論社、二〇〇〇年）一四二頁。

（3）日本横断運河建設促進期成同盟会事務局『日本横断運河』（一九六二年）三頁。

（4）この運河計画は、福井県の北知事が積極的に関係府県との調整を図っており、「当初は、敦賀から琵琶湖を通じて淀川を下る阪敦運河構想であったが」、当時の平田四日市市長が熱心であったこともあって、伊勢湾～琵琶湖～敦賀湾ルートに変わったという（福井県『福井県史』通史編6近現代二、二〇〇六年、七〇四～七〇五頁）。

かねて具体的な運河の建設設計案の作成を依頼していたパシフィック・コンサルタント社の計画案がまとまったことにより、一九六二年一月一八日に関係の愛知・岐阜・三重・滋賀・福井の五県と名古屋・敦賀の両市関係者を招き、計画説明会が名古屋のホテルで開かれた。基本コースは全長一八〇キロ、伊勢湾から揖斐川をさかのぼり、琵琶湖、敦賀平野をへて敦賀湾に至るコースで、通行船舶は三〇〇〇トンから一万トン、一日九隻を想定している。コンサル会社の津田取締役から説明を聞いたあと、(1)計画があまりにも大きいのでそれぞれ県市に持ちより同計画案を検討する、(2)各県市は今月末までに同計画案に対する要望事項をまとめる、(3)二月上旬、関係五県知事、三市市長の合同会議を開き、同計画案の取り扱い方針を協議するなどを決めた。「ただこの運河は採算の合わないのが難点であるので、建設費の四分の三を国費に仰ぎ、残りを借り入れでまかなうべきである」とされていた（『岐阜日日新聞』一九六二年一月一九日付）。

（5）この辺の記述は、前掲（3）四、六、一九頁。
（6）同前。菅野俊夫「最初の半年」（日本横断運河建設促進期成同盟会『横断運河』13号、一九六四年四月）三〜四頁。
（7）前掲（3）、一、八頁。
（8）前掲『横断運河』1号、一九六三年四月、一三〜一七頁。
前掲13号には、座談会「日本の国土と横断運河」（運輸大臣綾部健太郎、通商産業大臣福田一、郵政大臣古池信三、経済企画庁長官宮沢喜一、官房長官黒金泰美）が載っている（一〇〜一五頁）。

福井県出身の福田通産大臣は「いまから三年ほど前、大野伴睦先生と一緒に四日市へ行きましたが、その帰りにその話（日本横断運河の構想――引用者）が出ました。そして、これはもうぜひやろうじゃないかということに端を発したわけで、私は実はその提案の第一の主唱者です」と語っている。基本的には出席者は、前向きな発言をしているが、宮沢経企庁長官は慎重に「太平洋側と日本海側とを直接結ぶ交通路を開くということは、両地域の開発、発展をはかる上において、非常に大きなきめ手になるでしょう。そればかりでなく、（中略）今後の日本経済全体の発展をはかる上において、きわめて大切な意味を持っておるというふうに考えます」と言うものの、「問題がいろいろあります。技術的な問題も解明しなければならないし、輸送量などについての経済的な調査、建設のコスト、これらはこれからもう少し詳細に話を詰めていかなきゃならない」と述べ、六三年度調査の予算措置にもふれている。

中央の横断運河づくりへの活発な動きと熱意に比べて、地元は見劣りしそうといわれた。岐阜県出身の古池郵政大臣は「道路の問題は、大いに結構だけれども、（中略）この横断運河の実現のために熱を上げてもらいたい」と発言している。
（9）この辺の記述は、同前1号、三〜七頁による。
（10）同前、一二〜一三頁。同前4号、一九六三年七月、一七頁。
（11）同前、10号、一九六四年一月、三二〜三四、三九〜四〇頁。
（12）同前、四〇頁。同前16号、一九六四年七月、二一〜二三頁。
（13）同前7号、一九六三年一〇月、二七頁。
（14）同前6号、一九六三年九月、二一頁。同前8号、一九六三年一一月、二五〜二七頁。
（15）新加盟問題について、富山・石川両県は福井県に対して中部横断道路期成同盟会に正式加入を呼びかけたのに対し、福井県は「横断運河の期成同盟会に両県の参加を条件に横断道路期成同盟会に参加したいきさつがあり、今回正式に両県に本同盟会に加盟を呼びかけたい旨」の説明があったという（前掲7号、二五～二六頁）。
(16) 同前、12号、一九六四年三月、一〇～一五頁。前掲13号（橋本会長の就任挨拶）三〇頁。以下同じ。
(17) 同前15号、一九六四年六月、三〇～三一頁。
(18) 同前21号、一九六四年一二月、三〇～三一頁。
(19) 同前23号、一九六五年二月、八～一二頁、同前24号、一九六五年三月、五～一二頁。
建設省委託の学術調査団に参加した元岐阜大学学長の加藤晃氏は「面白い構想だったが、日本横断というより『分断』してしまうことを心配した」「コース間の高低差が予想以上にあることがわかり、船を押し上げるには大量の水が必要になるから、二〇～三〇年で琵琶湖が干上がってしまう。構想実現は難しいと考えた」ことを振り返っている（岐阜新聞ｗｅｂ）。
(20) 前掲15号、二～一一頁。
道路知事ともいわれた松野幸泰元岐阜県知事は、『遥かなる道――松野幸泰とその時代』（岐阜新聞社）の中で運河構想の姿勢について、「お付き合いでやってはいましたが、最初から疑問に思っていました。（中略）そうこうしているうちに東海北陸自動車道のプランが出てきたんです。（中略）伴睦さんにこれを言ったら、運河構想をやめるとは言わなかったが、風向きが変わったんです」と述べている（岐阜新聞ｗｅｂ）。なお松野知事は、中部横断高速自動車道路（東海北陸自動車道）の建設促進同盟会会長として建設法成立に尽力した。

山本大垣市長は「（前略）日本の将来の発展に大きな意味を持つ大野先生念願の日本横断運河も調査費がつき、いよいよ実現へスタートしたところだけに惜しい。県民としては故人の意志をついで実現に努力したい」と語っている（『岐阜日日新聞』一九六四年五月三〇日付）。
(21) 菅野俊夫「今年の動き」（前掲21号）二頁。
(22) 前掲16号、二頁。18号（一九六四年九月、一二～一三頁）で「初代会長と私」を書いている。
(23) 同前（16号）三一頁。
(24) 「日本横断運河建設促進財界期成同盟会発起人会（復命書）」（一九六五年四月一七日）。
(25) 中京圏国連調査運営委員会『日本の大都市問題及び地域計画に関する国連調査団の報告』（中間報告、一九六四年四月）

一四頁。

道路交通の歩みを総合的に扱った成果として、道路交通問題研究会編『道路交通政策史概観』論述編、資料編（同研究会、二〇〇二年）をあげておく。

(26) 同前、一七頁。

(27) 同前14号、一九六四年五月、一六～一九頁。月報刊行と同時期、滋賀・福井県境開発促進協議会（会長・滋賀県議会議長岸本久一郎）から、日本横断運河の早期着工についての陳情書が建設省・運輸省に提出された（同号、三六頁）。

(28) 同前25号臨時号、一九六五年一〇月、三〇～三二、三六頁。

(29) 同前22号、一九六五年一月、三三頁。

(30) 以下、建設省計画局地域計画課「日本横断運河建設計画調査の概要」（一九六六年五月）三～六頁による。建設省計画局地域計画課長・秀島敏彦「日本横断運河建設計画調査」（同前26号臨時号、一九六六年五月、一五～一七頁）参照。

(31) 以下、運輸省港湾局計画課「日本横断運河建設計画調査」（一九六六年五月一一日）による。運輸省第五港湾建設局企画課・松並仁茂・村山保男「日本横断運河建設計画調査の概要」（同前、一一～一四頁）参照。

(32)『日本工業新聞』一九六六年一〇月五日付。

(33)『岐阜日日新聞』一九六六年一一月二日付。「日本横断運河計画路線調査団が調査団を執行することについて」（依頼）。

(34) 以上、同前、一九六六年一一月五、七日付による。以下、とくに断らない限り同じ。

(35) 同前、一九六六年一一月六、七日付。以下同じ。G. Y. Anderson 顧問エンジニヤ作、一一月一四日（一九六六）「日本横断計画の掘削問題の検討」（前掲『横断運河』27号臨時号、一九六六年一二月、六～一〇頁）、菅野俊夫「日本横断運河予定路線視察報告――アンダーソン技師に同行して――」（同前、一九～二二頁）参照。

(36) 中部圏開発整備法のねらいや中部圏の今後の運営方法などについては、中部圏開発整備本部・喜田健一郎「中部圏の紹介」（同前、二一～五頁）がコンパクトにまとめている。

(37) 以下、「日本横断運河建設促進期成同盟会緊急幹事会について（報告）」（一九六七年七月一三日）による。

(38) 以下、中部圏開発整備本部「日本横断運河計画等調査について」（一九六七年八月一七日）による。

(39)『日本経済新聞』一九六八年六月六日付。

(40)　この辺の記述は、『岐阜日日新聞』一九六八年八月二三日付、「日本横断運河建設計画路線視察について（復命）」（一九六八年八月二六日）による。
　本文で述べる二案のほか、建設・運輸両省案として海津町から揖斐川沿いに大垣市の横を通って敦賀市に達するトンネルバージ方式もある（和木康光『中部財界戦後三十年史』中部経済新聞社、一九七四年、七二頁）。『中部経済新聞』一九六八年一二月三〇日付参照。

(41)　中部圏開発整備本部『日本横断運河開発計画調査報告概要』（一九七〇年一一月）三、三八〜三九頁。同『日本横断運河開発計画調査報告書』（一九七〇年一二月）九一〜九七頁。建設省中部地方建設局監修・25年誌編さん委員会編『中部地建のあゆみ――25年誌――』（中部建設協会、一九七五年）七〇六〜七一一頁参照。

(42)　同前、二二、三九〜四〇頁。同前、九七〜一〇〇頁参照。

(43)　中部圏構想と高速自動車道の展開については、別稿を予定している。

(44)　一九六八年八月に敦賀市が着工にメドがついていない事情などから、「運河は国の事業として建設されるものであり、地元が働きかけをする必要はない」と判断し、期成同盟会から脱退かと報じられた。近く文書で、同盟会事務局へ連絡するとし、会費七万円もこの年度の同市予算には組み込まれていなかった。二三日に同盟会の関係者などが敦賀港を視察する予定であるが、これにも出席しない考えを示していた。
　蟹江同盟会事務局長（愛知県東京事務所長）は「敦賀市が期成同盟会から脱退する話は何も聞いていない。正式に申し出があれば、益谷会長に報告し関係県市の幹事会で相談しなければならない。いまの段階では何とも言えない」と語った（『北陸中日新聞』一九六八年八月九日付）。

(45)　『朝日新聞』一九六八年一二月二二日付。一九六七年五月、中部圏知事会議の交通に関する一八項目の要望の中で、「日本横断運河の調査促進」は最後にあげられていたことを付記しておく。

(46)　『中部経済新聞』一九六八年一二月三〇日付。
　桑原知事は、一九四六年七月官選の愛知県知事として着任。以後六選を果たし、七七年二月引退。「道路知事」といわれるほど道づくりにも力を入れていた。

(47)　『中部経済新聞』一九六八年一二月二四日付。

地元では「四敦道路の整備」を願っているが、古くは、一九三七年二月、四日市・敦賀両商工会議所が連名で、内務大臣ほか関係方面へ、四日市〜敦賀間国道開設を陳情していた（四日市市『四日市市史』第十二巻史料編近代Ⅱ、一九九三年、九二二〜九二三頁）。その後、六五年三月末、四敦国道期成同盟会（会長・平田四日市市長）は、岐阜・三重・滋賀・福井の関係四県の道路課長を招いて、長浜〜敦賀間は整備されているが、整備の遅れている長浜〜四日市間の現地視察を行った。各県の道路計画がまちまちであり、滋賀・岐阜の一部と三重の大部分が幅員狭小で屈曲も多く、ほとんど未改修の状態だった。こんご四日市〜敦賀ルートを最短で結ぶ幹線動脈にするため、整備の遅れている前掲区間を国道部分の整備と同じ二車線の道路として早急に改修する必要がある、としていた（同前、一九六五年四月一日付）。

(48) 『中日新聞』一九六八年一二月二四日付。
(49) この辺の記述は、『毎日新聞』一九六八年七月一五日付による。
(50) 『中部経済新聞』一九六八年七月一四日付。以下同じ。
(51) この辺の記述は、同前、一九六九年二月四日付による。以下同じ。
(52) 中部圏開発整備本部「日本横断運河等南北交通計画調査、昭和四四年度実施計画（案）」（一九六九年五月二六日）。
(53) 日本横断運河建設促進期成同盟会「幹事会議事録」（一九六九年五月二六日）。
(54) 同前「昭和四四年度事業報告」（一九七〇年一二月）。
(55) 同前「昭和四五年度事業経過報告」（一九七〇年一二月）。
(56) 前掲『日本横断運河開発計画調査報告概要』四一〜四二頁。
(57) 一〇月七日に名古屋商工会議所で開かれた「一日運輸省」で同知事が提言、橋本運輸相も強い関心を示したという（『毎日新聞』一九七〇年一〇月二一日付）。
(58) 以上、同前、一九七〇年一一月一三日付。『中日新聞』、『朝日新聞』同日付参照。
(59) 前掲『日本横断運河開発計画調査報告書』一〇三〜一〇六頁に詳しい文献リストが収録されている。
(60) 「第八回日本横断運河建設促進期成同盟会（報告）」（一九七〇年一二月五日）による。
(61) 北陸地方では、北福井県知事、畑守敦賀市長も落選するなど推進の中心人物を失い、急速に下火になった（前掲（4）、七〇五頁）。

なお大野伴睦は、日本横断運河構想について「ワシの目の黒いうちに着工に持ち込みたい。まかせておけ！」と胸をたたいたが、アンダーソン技師らの現地調査に同行した道下淳氏は、のちにオフレコで「途方もないでっかい計画なので、簡単に実現するのは難しいが、内陸部の西濃に港を設けるという、この辺りまでなら実現の可能性があり、賛成した」と聞いたことがあるそうだ（道下淳『ふるさと岐阜の20世紀』岐阜新聞社、二〇〇〇年、一〇六～一〇七頁）。

(62)「官報」一九七四年六月二六日。

(63) 四敦道路については、注（47）で少し述べたが、他方、戦後の一九五二年八月頃に勢江道路改修期成同盟会を結成して、勢江道路（指定県道四日市～八日市線）の改修運動に乗り出していた（四日市市『四日市市史』第十四巻史料編現代Ⅰ、一九九六年、七八二～七八四頁）。

(64) 一九九四年に運輸省港湾技術研究所の元研究員長野正孝は、日本（本州）横断運河（大阪湾～琵琶湖～敦賀湾）など全国一六か所に運河を設ける構想を発表。大気汚染や交通渋滞の元凶といわれる自動車交通（とくにトラック輸送）から海運、鉄道へ輸送比率を移す取り組みの一つで、運河整備は国土環境改善の特効薬であるとして運河建設を呼びかけていた（『京都新聞』一九九四年三月一六日付）。長野正孝「話題提供、日本横断運河（琵琶湖～敦賀運河）構想について」（レジュメ、一九九四年一一月一九日）を参照。

長野正孝氏は、その後、武蔵工業大学客員教授をへて、新湊みなとまちづくり戦略会議メンバー、特定非営利活動法人「水の旅人」の専務理事としてボランティア活動をされている。また須崎市津波防災アドバイザーなども務める（NPO法人データベースなどを参照）。

二〇〇八年二月一～一七日まで、若狭図書学習センター主催で、日本横断運河の建設計画など七つの「幻のプロジェクト」を紹介する企画展が開かれた。簡単なパンフレットには、嶺南地域を舞台に計画され、幻となった未来図は、もうひとつの「歴史」の記録です、と記されている。

第9章　戦前における電鉄企業の電力供給事業——阪神電鉄を中心に——

渡　哲郎

はじめに

戦前（一九四二年三月まで）においては、多くの民間電気鉄道がそれぞれの沿線地域に電力供給事業を展開していた。また逆に電力企業が副業として電鉄を経営している場合もあった。本稿が対象としているのは前者、すなわち電鉄が主体で電力供給を兼営している企業である。関西においてそのような兼営電鉄企業であったのは、阪神電気鉄道（以下、阪神）・京阪電気鉄道（以下、京阪）・箕面有馬電気軌道（以下、箕有のち阪急）・大阪電気軌道（以下、大軌のち関西急行、その後近鉄）・大阪高野鉄道（以下、高野のち南海）・南海鉄道（以下、南海）・宇治川電気電鉄部（のちの山陽電鉄）の各社である。

大都市圏とくに関西では、意外に多くの電鉄企業が電力供給を兼営していたと言えるだろう。しかし、現在までこの電鉄企業による電力供給をとりあげた業績は少ない。電力各社が出した地域事業史と各電鉄企業の社史で簡単にふれられている程度である。[1] 本稿の目的はそのような研究上の欠落状況をできるだけ補うことにある。具体的には、戦前電力供給事業に熱心であったとの評価を受けている阪神を対象としたい。そのために『電気事業要覧』などの公刊史料を再度見直すとともに、同社の社史や営業報告書などの刊行史料や同社が所蔵している内部資料（総務部所蔵の電力購入契約書など）を検討する。その作業によって、阪神の電力供給事業の実態に少しでも迫ることが可能となろう。

本稿での記述は、阪神の電力供給事業開始からその終末まで、ほぼ時系列的に行うこととしたい。それによって電力供給事業が阪神内において持っていた意義を明らかにし得よう。また、最後に他電鉄企業の電力供給事業を簡単にとりまとめ、関西の電気事業全体のなかでの電鉄企業の位置づけを試みることにしたい。以上、本稿の主目的は電鉄企業による電力供給事業の実態を検討することであり、副次的には関西電力業界内における電鉄企業の位置にもふれることである。

1　阪神の電力供給区域獲得と供給開始当時の状況

阪神の電力供給事業開始の具体的記述に入る前に、電鉄企業が電力供給を兼営した理由に少しふれてみたい。その理由はいくつか考えられるが、第一は当時（明治時代後半）の一般的社会常識であろう。阪神の創立以後鉄道の開業までの時期に、沿線の住民らから電力供給を行うよう同社に要請があった事実は、そのことを如実に示している。[2] 第二は電気事業を規制していた法律上の理由である。阪神創立の時期に電気事業を規制していた法律は、一八九六年に制定され、一九〇二年に改定された電気事業取締法であった。同法は改定後においては電鉄事業を電力業の一種として規定しており、電力企業が電鉄事業を兼営すること、また逆に電鉄企業が電力供給事業を兼営すること、そのいずれの場合をも認めている。同法に代わって電気事業を規制することになった一九一一年制定の電気事業法も、そのような規定を引き継いでいるのである。同法の一九三二年の改定後も兼営を可能にする規定に変わりはなかった(3)。第三の理由は当時の電力供給区域の状態である。一九〇〇年直前の時期において、電力企業が存在し電力供給区域を保持していたのは大都市と若干の県庁所在都市などに限定されていた。すなわち阪神沿線で電力企業が電力供給を行っていたのは沿線両端の一部に限られていた。それは大阪市内と神戸市内であり、その地域では前者は大阪電燈が後者は神戸電燈が供給にあたっていた。しかし、両端を除く大部分の沿線地域は未電化地域であり、電力企業も全く存在していなかったのである。その結果、明治末期から大正初期に開業した電鉄企業の多くが、空白地域であったその沿線を電力供給区域とすることを逓信省に申請し、その許可を得たのである。各社が得た電力供給権は、家庭用から小口工場用、大口工場用にわたっており、とくに家庭用では最後まで独占的供給権を確保していたのである。ただし、第一次大戦後に開業した電鉄企業は電力供給権を得ていない。したがって電力供給事業を兼営していないのである。それは一九二〇年代になると電鉄沿線に未電化地域が存在しなくなり、逓信省が重複供給を認めなかったからである。関西におけるそのような電鉄企業の例として、大阪鉄道や阪和電鉄をあげることができる(4)。

以上を前提として、阪神初期の状況を具体的に見ていこう(5)。阪神の設立までの過程は、神戸側からの動きや大阪側からの設立運動が絡まって、複雑なものであったようである。その動きは鉄道国有化以前の一八九〇年代の初頭にさかのぼる。各派の動向がまとまり、鉄道院による鉄道敷設許可を得て、阪神が創立されたのは九八年であった。その後株金の払い込みや社債発行で資金を調達しながら建設工事を継続し、鉄道事業の開始にいたったのは七年後の一九〇五年であった。同年、上記のような沿線からの要請に応えて、取締役会が電力供給事業の兼営を決定した。そして定時株主総会で定款を一部変更して、同社の業務として電力供給事業を規定したのである。翌一九〇六年に、電力供給事業の兼営許可と阪神間の大部分を同社の電力供給区域とすることの許可申請を逓信省に対して行っている。同省は問題なくその許可を同年内に与えたのである。

阪神は鉄道用電力を得るために、尼崎と灘の二カ所に火力発電所を建設中であった（合計出力三六〇〇kW）。当時の電力需要は後で見るようにほとんどが電燈用であったので、昼間は電力を鉄道用に使用し、鉄道の運転が減少する夜間に余剰電力を販売するというのが、阪神の思惑であった。これは当時電鉄と電力供給を兼営した企業の大部分が採用した営業形態であった。

表１　初期阪神の電力供給

年	電燈個数	需要戸数	kw
1909	6,221	2,022	189
1910	11,772	4,887	338
1911	16,285	7,526	918
1912	27,227	11,990	509
1913	44,221	22,672	384

注：『電気事業要覧』1909、1910、1911、1912年・第７回より作成。

阪神が電力販売を開始したのは、逓信省からの許可を得た二年後の一九〇八年である。同社は前述のように当時二基の火力発電所を運転しており、それらから配電線を用いて、各需要家に配電を行っていたようである。ただしこの時点では高圧送電線と供給用変電所はなく、発電された電気（おそらく電圧は数千ｖ程度）をそのまま配電線に送り込み、その電気を適宜柱上変圧器で一〇〇ｖに変圧して顧客に渡したものと思われる。配電線の電圧がせいぜい数千ｖと低かったため、送電可能距離はごく限定されていた。尼崎・灘両火力発電所から約五km程度が送電の限界であったと思われる。したがって、阪神が獲得していた供給区域全体をカバーする状況ではなかったであろう。販売用の電気は発電したままの交流電気であった。サイクルは他の電鉄企業の場合と同様に二五Hzが使用されていた(6)。関西の電力企業が交流六〇Hzを試用していたのに対し、電鉄企業が二五Hzを使用していた理由は明らかではない。おそらく、鉄道用の直流に整流しやすいという技術的な理由が存在したものと思われる。ただ大阪市電が二五Hzであったので、乗り入れの便を考慮して大阪市周辺の私鉄が二五Hzを採用したこともあり得る。

阪神の販売電力は開始から五年間程はすべて電燈用であった。その状況は表1が示している。販売開始時の数量は、需要戸数・電燈個数のいずれもごくわずかであったが、一九一三年までに大幅な増加傾向を示した。ただ当時の電球は標準的なものが一六燭光、現在の二〇w白熱球程度の光度の低いものであり、需要家一戸当たりの電球個数も約二個と少ないものであった。阪神の販売電気のサイクルは前述のように特殊なものであったが、使用目的が電燈用に限られ、しかもその電球が白熱電燈であったため、サイクルの特殊性はとりあえず問題にならなかったのである。

一九一三年においても需要容量は四〇〇kW足らずで、阪神の発電能力の一割強程度であった。したがって同社にとって電力販売はまったく副業に過ぎず、経営上大きな意味を持つものではなかった。この阪神にとっての電力販売事業の意義は、工場用電力の販売が始まる第一次大戦期以後大きく変化することになる。以上が阪神の電力販売の初期の状況である。

2　第一次大戦を契機とした電力需要の急増と阪神電力供給体制の混乱

前節で述べた初期の状態は一九一四年以降大きな変化を見せることになる。その要因となったのは第一に工場用電力供給の開始であり、第二に第一次大戦の勃発であった。阪神が工場用電力の販売を開始して以降の電力販売状況は表2に示したとおりである。表2で「電力」としているのが工場電力であり、その販売量は大戦後半から急激に増加している。その結果一九一八年には工場用が二三八六kWで、電燈用の一四四三kWを大幅に上回ることとなった。この工場用電力の大部分は動力用であり、電動機の運転に用いられている。したがって、この時点になると電気のサイクルが重要な問題となってくる。サイクルが電動機の回転数を決める要因となるからである。しかし当時の阪神の使用サイクルは依然二五Hzだったようである。同社がサイクルを六〇Hzに変更した時期は不明であるが、後述するように一九二〇年代の初頭だったと考えられる。サイクルを変更する場合は供給区域内の工場で使用されている電動機の変更ないし改修が必要であるが、その実施に関する記述はいずれの文献にも見られない。

表2　阪神の電力供給推移

年	電燈（kw）	電力需要戸数	電力（kw）	合計（kw）
1914	454	82	143	597
1916	878	221	506	1,384
1918	1,443	491	2,386	3,829
1921	2,293	882	2,538	4,831
1923	3,417	1,430	4,670	8,087
1925	4,636	1,806	6,922	11,558
1927	5,931	1,930	14,230	20,161

注：『電気事業要覧』第8回・第10回・第12回・第14回・第16回・第18回・第20回より作成。

それはともかく、工場用電力急増の裏には第一次大戦を契機とする工業化の進展があった。阪神沿線で工場の増加が著しく目立ったのは尼崎とその周辺である。同方面の各工場は中小規模のものが多く、動力源には電力が採用された。このように工場数自体の増加と工場電化の進展、これら二点が阪神の工場用電力販売の急増の原因だったのである。ただし阪神の顧客は一工場当たり六馬力弱と零細なものが大部分であった。(7) このことがのちに宇治川電気（以下、宇治電）との競争をもたらしたと言えよう。

この結果、電力の消費容量が大戦末期には阪神の発電力を上回ることになってきた。とくに工場用の電力使用は昼間に集中しており、鉄道用電力使用のピークと重なるので、同社の供給力が不足に直面する事態も予想された。そのため同社は大阪電燈（以下、大電）から電力を購入することとした。購入契約の締結は一九一六年のことである。契約容量は最大一万kWとなっていた。購入開始は翌一九一七年からであった。(8) 受電の状況は表3が示している。受電は阪神水電興業からも行われたが、その大部分は大電からのものとみなしてよい。受電量が最大になったのは一九一九年で、約四八〇〇万kWhである。この年で受電の負荷率は五五％弱である。通常電力企業間で電力売買が行われる場合、その負荷率は七〇％前後であるから、(9) 最大の受電量を記録した年でも阪神は大電から十分な電力供給を受けられなかったと見てよい。その結果、阪神は第一次大戦後半から二〇年代初頭にかけて深刻な電力不足に見舞われた。停電は日常的なものとなり、電車の運転停止や工場の操業停止が頻発したと言われる。同社の電力販売事業は大混乱に陥ったと言ってよいであろう。

大電の阪神への電力販売が十分なものとならなかったのは、大電なりの理由があったと言われる。(10) 当時のわが国には、発電機などの大規模電力用機器を国産する能力はなかった。大戦以前はすべて輸入品に依存していたのである。しかし、大戦が勃発したため輸入が途絶してしまった。大電は自社の供給区域でも電力不足に陥った。大電の電源はすべて火力発電所によるものであり、供給力を強化するためには新たな大容量火力発電所の建設を行う必要があった。しかも輸入は不可能である。このような事態に直面した大電は大容量火力発電機器の国産化を図った。出力数万kWの火力発電機の製作を長崎の三菱造船所に依頼したのである。三菱も種々の困難を乗り越えて発電機を完成はさせたが、その発電能力は十分なものではなかった。公称の発電出力は数万kWであったが、実際の出力はその半分程度であったと言われる。そのため大電は自社の供給区域内の電力不足も解消しえず、まして他社への電力販売はまったく不十分なものに終わったのである。

大電から受電を行っていた当時の阪神の電力供給体制は下記のようなものであったと考えられる。阪神が使用していた電力の電源は二つであった。一つは大電からの購入電力であり、これは交流六〇Hzである。阪神はその一部を直流に整流し、鉄道用電力として使用していた。残りを二五Hzに整流して、これを販売用電力に当てていた。二つめは阪神がみずから発電した電力である。これは交流二五Hzであり、一部は直流に整流されて、鉄道用に当てられ、残りはそのまま販売用にまわされていた。阪神は一時的ではあれ、このように直流、交流六〇Hz、交流二五Hzの三種の電気を取り扱うという非常に複雑な電力流通を行っていたのである。

以上が第一次大戦期の阪神の状況であったが、ここで同業他社の動きも一瞥しておきたい[(11)]。各社とも電力不足に見舞われた

表3　阪神の電源構成

（単位：千kwh）

年	水力	火力	受電	合計
1914	—	2,809	—	2,809
1915	—	3,597	—	3,597
1916	—	7,754	—	7,754
1917	—	21,112	10,874	39,856
1918	—	5,309	32,575	37,884
1919	—	2,070	48,118	50,118
1921	—	7,676	33,049	40,725
1923	335	46,850	7,130	54,405
1924	624	49,349	10,986	60,959
1925	492	52,206	13,776	66,485
1926	692	54,859	19,181	74,732
1927	650	49,492	36,620	86,762

注：『電気事業要覧』第8回・第9回・第10回・第11回・第12回・第13回・第14回・第16回・第17回・第18回・第19回・第20回より作成。

ことは、阪神と同様であった。その中で南海・京阪・大軌・箕有の四社は共同で出力数万kWの火力発電所建設を計画した。共同して高能率の大規模火力発電所を運転し、できるだけ安価な電力を各社で分配しようとしたのである。ただしこの四社がそれまで発電していた電気は、阪神と同様交流二五Hzであった。逓信省は当時電気のサイクルを五〇Hzまたは六〇Hzに統一するという電力政策を採っていたので、二五Hzの電力が増大することに反対していた。また、大電も電鉄各社への電力販売を目論んでいたので、電鉄企業みずからが発電所建設を行うことに反対していた。このような事情のもとで、四社は火力発電所建設をあきらめ、第一次大戦後半期から直後の電力供給混乱を経たのち、一九二〇年代初めに当時大阪方面への送電を開始した卸売電力企業からの電力購入を開始したのである。

阪神は上記の火力発電所建設計画には参加していない。その理由として、当時の経済ジャーナリズムは同社が大電と深い利害関係、とくに人的関係を持っていたことをあげている。「然し大電の社長永田仁助翁と、阪神の社長片岡翁とは兄弟以上親交の間柄であるのみならず、双方共に初めて就任した新社長である」[12]。後述するように阪神は一九二〇年代に入っても卸売電力企業から電力購入を行わず電力の自給体制を維持していくのである。

3　電力自給体制の確立と電力供給事業の安定化

表3に見られるように、阪神は大戦中の購入電力中心から電力の自給中心に移行している。表では一九二三年からこの傾向がはっきりと読み取れる。これは阪神が大戦直後に着工した東浜火力発電所（尼崎港口に建設）が完成して、本格的な操業を開始したためである[13]。同発電所の出力はのちに一万一二〇〇kWとなった。その操業開始は資料の関係で一九二二年か二三年か特定できないが、後述の電力料金値下げが一九二二年に行われているので、二二年だと思われる。同発電所は当時世界最先進の電力技術を持っていたスウェーデンから各種機器を輸入して建設された。そのた

め大電の火力発電所とは違い非常に高い発電能率を持つものであった。それに加えて、戦後恐慌で石炭価格が下落したこともあって阪神の発電費用は大幅に低下したといわれる。その結果阪神は電力の販売価格を値下げしているのである。このように阪神は電力自給を中心とする体制に一九二〇年代の初めに復帰した。発電所の運転状況もフル回転に近く、その負荷率は常に一〇〇％に近いものであった。発電所のフル回転はその後一九三〇年代まで継続していくのである。

ここで阪神の使用サイクルのことにふれておきたい。前述のように電力販売開始当初の使用サイクルは二五Hzであった。それが一九二〇年代末には六〇Hzに変更されている。問題はその変更の時期であるが、いずれの文献にもそれに関する記述が見られないし、現在阪神に問い合わせても不明とのことである。したがってこの点に関しては筆者の推測を述べるほかない。筆者の推測は、東浜火力発電所ははじめから六〇Hz用の発電所として建設され、それが本格操業に入ったときにサイクルが六〇Hzに変更されたのではないかというものである。前後の歴史的推移からみてこの推測が一番自然であるように思われる。

以上明らかにしたように、阪神は第一次大戦後電力自給中心体制にもどった。このような同社の動きは、当時の配電企業ではかなり特殊な動向であった。阪神と全く対照的な動きを見せたのが大阪市電気局（以下、大阪市）である。大阪市の電気事業は以前の大電の一部を引き継いだものである。大電と大阪市は一九〇六年に報償契約を締結した。その条項の中に大阪市による大電事業の買収規定があった(14)。先に述べたように大戦中電力不足に見舞われた大電は独自に国産で大容量火力発電所の建設を試みたが失敗に終わった。その結果同社は電力不足の中経営危機に陥ってしまった。そのような大電の状況は大阪市当局や市議会に大電に対する不信感を抱かせることとなった。報償契約にもとづいて大電を市が買収しようという動きは大戦中から始まり、その後紆余曲折はあったが、一九二三年に市は大電を買収した(15)。大阪市は直接市内における電気供給を開始したわけであるが、その際市が採った方針は以下のようなものであった。すなわち市の電気事業は、顧客への直接的な電力販売過程である配電を中心とし、発電と送電は原則として行わない。つまり発電所と送電線はほとんどもたず二次変電所と配電線を主な使用設備とする。市が販売する電力は、当時中部地方から大阪方面への送電を開始していた卸売電力企業（とくに大同電力）から購入する。市のこのような方針のため、旧大電の所有していた火力発電所の処理が問題となった。この点もさまざまな経過をたどったが、結局市へ大量の電力を販売することを条件に大同電力が引き取ったのである。[16] つまり大阪市は、一九二〇年代のはじめから大阪への送電を始めていた卸売電力企業の発電・送電能力を利用し、自らは発電・送電設備をほとんど持たず配電に特化して配電専門の事業体として存続することとなったのである。この配電専門の電力事業体は、当時では最も高い利益をあげうる電力企業の形態であった。大阪市も大電の買収後、このような経営形態を採ってかなりの利益をあげているのである。[17]

このような配電に特化した電気企業は、関西方面ではほかにも見られた。たとえば堺市を主な供給区域としていた大阪電力は大同電力の子会社であり、大同電力から電力を購入していた。また、電鉄企業でも以下のような例がある。大同電力と提携して同社から電力を購入した京阪。[18] 宇治電などから電力を購入した南海。[19] さらに宇治電からの電力購入を前提に開業した大阪鉄道などである。[20] したがって、卸売電力企業から電力を購入せず、電力を自給した阪神は関西の電力企業の中では特殊な経営方針を採ったものといえよう。阪神の経営方針の背景には、卸売電力企業の送電範囲が当時は大阪市までに限定されており、大阪市より西に所在していた阪神の沿線が卸売電力企業の送電範囲に入るかいまだ未確定であったことが考えられる。

また阪神は第一次大戦中に供給用変電設備と高圧送電線を建設して、配電能力を強化する対策を実行していた。[21] しかしそれらの設備は一応完成を見たものの、大戦中は電力不足による混乱が激しく、その能力を発揮するにはいたらなかった。大戦中に建設された新設備がその機能を十分に発揮するようになるのは、電力自給体制が整った一九二〇年代にはいってのことである。

こうして一九二〇年代、とくにその半ばにいたって阪神の電力供給体制は一応の安定を見せることとなった。この安定の基礎となったのは東浜火力発電所の本格的操業によって、同社が必要な電力を自給する体制をつくり、電力不足を解消したことにある。それに加えて、同火力発電所の運針能率が非常に高く、発電費用が低く抑えられていたことがあげられよう。一九二三年から二七年にかけての阪神の電力販売状況は表2が示している。二三年以降電燈用電力の販売は鈍化しているが、それでも二七年は二三年に比べて約八〇％の増加を見せている。工場用電力をみるとその販売量の増加は大戦後も衰えてはいない。これは戦後恐慌以来の不況状況にもかかわらず、いやむしろそのために工場電化が進展したことによる。工場電化の進展は全国的傾向であったが、阪神工業地帯の中核であった阪神供給区域ではその傾向がより顕著に現れたものと思われる。阪神の電力自給体制ができた二三年以後工場用電力の販売増加は再度著しいものとなっている。その結果二七年の販売は二三年の約三倍に達しているのである。

表4　阪神各年度収入内訳

（単位：千円）

年	鉄道	電力	その他兼業	合計
1915	1,297	335	—	1,632
1917	2,051	739	—	2,790
1919	3,715	3,198	—	6,913
1921	5,138	2,971	—	8,109
1923	5,741	2,592	—	8,333
1925	6,171	2,912	—	9,083
1927	6,082	3,653	—	9,735
1929	6,717	3,893	95	10,705
1931	7,043	4,749	1,393	13,185
1933	7,622	5,504	1,372	14,498
1935	8,236	6,450	1,180	15,866

注：阪神電鉄各期『営業報告書』より作成。

以上のような阪神の電力供給体制の安定化と電力販売の激増が、同社の事業収入にどのような変化をもたらしたのかを表4により確認しておこう。一九二〇年代における阪神の電力供給収入は一九一九年には及ばないものの、その額は年間三〇〇〇万円前後で、全収入額の四〇％弱に達している。このように阪神電気事業の安定化は、同社に高い電力供給収入をもたらしたのである。阪神の電力販売収入は以後も高い水準を維持しており、電力供給は同社の最大の副業になっている。ただし他の副業収入は微々たるものであった。この時期における他の副業としては、住宅地開発・その賃貸・甲子園球場の運営などがある。しかしそれがごく限定された範囲の事業であったことは表4からも読み取れよう。

一九二〇年代の阪神電気事業に関してはさらにいくつかふれておくべき点がある。その一つは阪急（旧箕有）の阪神間電気市場への参入である。同社は神戸方面への路線開拓を試みていたが、その結果一九一九年に神戸線を開通させた。それと同時に社名を阪神急行電鉄と改めている。同社は神戸線沿線にも電力供給区域を獲得すべく逓信省に申請を行ったが、一九二一年に逓信省が供給区域として認可したのは沿線の二〇町村であり、供給電力の種類も二〇馬力以上五〇馬力未満の工場用電力であった(22)。現在でもその傾向が見られるが、当時の阪急神戸線沿線には工場がほとんどなく、阪神間における阪急の電力供給は微々たるものに終わった。そのため阪急の電力市場参入は阪神の電気事業にとって大きな影響を与えなかったのである。

二つめは一九二七〜二八年にかけて発生した電力料金値下げ運動である。この運動は米騒動と同じく最初に富山県に起こり、全国に波及したものである。その背後には大正デモクラシー以来の民衆運動、とくに無産政党による指導が存在したといわれている。阪神間では運動の背後に社会民衆党の存在があったようである(23)。同運動は阪神の電力料金の高さと配当率の高さを主な攻撃目標としていた。この運動に対して阪神は二七年に電燈料金を若干引き下げることで対応した。当時の標準的な電球であった一六燭光電球一個につき月料金を七四銭から六八銭に引き下げたのである。また翌々年の二九年には配当率を年一三%から一〇%へ引き下げている。こうした阪神の対応が功を奏したのか、同年までに阪神供給区域内での料金値下げ運動は収束している。ただし配当率の引き下げには、運動への対応だけでなく、次節で述べる恐慌による同社の経営悪化がもたらした側面もあったのである。

4　金融恐慌・昭和恐慌期とその後の電力供給

一九二七年に発生した金融恐慌と一九三〇年の昭和恐慌によってわが国の経済活動は大きな打撃を受けたのは衆知の事実である。二七年から昭和恐慌を脱する三三年ごろまで日本経済は深刻な不況を経験した。経済指標などからみれば一九九〇年代から現在に至るまでのいわゆる平成不況とは比較にならない深刻な経済不振を経験したのである。このなかで農業や工業を問わずわが国のあらゆる業種が大きな打撃を受けたのであるが、それは電鉄業についてもいえることであった。

同時期阪神の経営も深刻な状況にあった。表4が示しているように同社の総収入は一九二五年から二九年まで横ばい状態であった。とくに本業である鉄道収入は二五年から二七年にかけてわずかながらも減少を見せたのである。前節で述べた配当率の一三％から一〇％への引き下げ、さらに三一年の九％への引き下げはこのような阪神の経営の反映でもあったわけである。

阪神という企業全体の業績をみれば以上述べた経営不振を指摘しなければならないが、同社の電力販売状況だけを取り上げれば、またそれとは異なった側面が現れてくる。電力収入は恐慌期も増加を継続している。そして一九二七年には三六五万円だったものが三三年には五五〇万円と六年間で約五〇％強の増加となっている。電力収入が減少せずむしろ増加した理由を少し考えてみたい。ただし資料上の制約から一九二七年と三二年の比較を中心とする(24)。

まず電燈用電力であるが、この間需要家戸数は大幅な増加を示していない。需要家戸数は二七年八万八一二五戸、三二年一〇万五六七五戸である。しかし、電球の個数は大きく増加している。それは二七年三二万九六八個、三二年五〇万五五三八個となっており、六割強の増加率を示している。その結果電燈用電力の販売容量は二六年の五九三〇

表5　阪神の電源構成（続）

（単位：千 kwh）

年	水力	火　力	受　電	合　計	自社発電計
1928	662	52,865	47,836	101,363	53,527
1929	551	52,221	59,301	112,073	52,772
1930	747	33,991	79,736	114,475	34,738
1931	600	30,881	89,267	121,168	31,481
1932	718	26,416	93,390	120,524	27,134
1933	682	33,837	97,454	131,973	34,519
1934	593	49,525	94,688	144,806	50,118
1935	597	54,086	105,130	159,813	54,683
1936	649	56,945	122,057	179,651	57,594

注：『電気事業要覧』第21～29回より作成。

kWから三二年の八九二六kWへとこれも大幅な増加となっている。つまり需要家一戸当たりの使用電球個数が約三個から約五個に増えたことが、電燈用電力販売の継続的増加の原因だったのである。

次に工場用電力供給について見たい。この時期阪神間でも工場数全体は停滞的に推移したと思われるが、工場の電化は進展を見せている。二七年の電動機使用戸数は二一八七戸であり、三二年のそれは三一一四戸となっている。つまりこの間で五割近い増加を示しているのである。その結果電動機用の電力販売容量は二七年の六〇一九kWから三二年の九七九三kWにかなり大きく増加している。電動機の状況は以上のようであるが、それに加えてこの時期「その他装置需要家」が大きく増加している点を見落としてはならない。その大部分は電気炉を中心とする電熱としての使用であった。その需要戸数は二七年三一五八戸、三二年七六七六戸となっている。その電力販売容量は二七年八二一二kW、三二年一万六四五四kWであり、いずれもこの間二倍以上の増加となっている。

また以上に付け加えておきたいのは、同業他社（電力企業も含む）への電力供給（卸売）量の拡大である。これは二七年の四七七七kWから三二年の六〇四五kWへ増加している。この増加の主な原因としては二九年から日本電力と阪急への電力融通が開始されたことが考えられる。恐慌期にもかかわらず阪神の電力販売が増加した理由をまとめておこう。第一は電燈用電力供給の増加であり、この点では需要家一戸当たりの使用電球個数の増加が重要である。第二は工場電化の進展である。この点では次の二点を強調しておく必要がある。一つは電動機使用数のかなりの増加であり、他の一つは電熱を中心とする「その他装置」の大幅な増加である。第三は同業他社への電力販売の増加であり、それは各社間の電力融通が盛んになったことの反映と見られる。

以上阪神の電力販売が恐慌期にも拡大した原因を検討してきたが、この拡大は電力料収入の増大をもたらし、同社の経営悪化をある程度阻止する役割を果たした。電力料収入の増加が継続したことにより、阪神は鉄道事業収入の一時的減少にもかかわらず、総収入の減少という深刻な事態を回避し得たのである。その結果同社の配当率はその後も九%を維持している。このように電力供給事業が鉄道収入の減少を補った事例は阪神だけではない。電気事業を兼営していた他の電鉄企業にも多かれ少なかれ見られた現象であった。それと対照的なのが大戦後に開業して電気事業を兼営していなかった電鉄企業であろう。そのような企業である大阪鉄道や阪和電鉄は、鉄道業収入の減少がそのまま総収入の減少につながり、恐慌期に経営が赤字となって、無配に転落していったのである。(25)

恐慌期の阪神で指摘しておかなければならないのは、同社が電力自給から電力購入へ再転換したことである。一九二〇年代末から三〇年代にかけての阪神の電源構成を示した表5を見てみよう。それによると一九二八年には受電がかなりの量となっており、翌年には阪神の自社発電を上回るにいたっている。それ以後も自社発電が減少ないし停滞傾向を示しているのに対し、受電は着実に増加して、三六年には阪神の調達電力の三分の二以上を占めるにいたっている。この時期に阪神が主な電力購入先としていたのは宇治電であった。宇治電からの電力購入は一九二六年に容量九〇〇〇kWで開始されていた。宇治電は純粋の卸売電力企業ではなかったが、かなりの量の電力卸売業

表6　阪神の発電費・電力購入費推移

年	発電費（千円）	購入費（千円）	発電単価（銭）	購入単価（銭）
1928	697	931	1.3	1.9
1929	537	1,258	1.0	2.1
1930	414	1,562	1.2	2.0
1931	292	1,685	0.9	1.9
1932	231	1,721	0.9	1.8
1933	429	1,735	1.2	1.8
1934	555	1,840	1.1	1.9
1935	715	1,992	0.6	1.9
1936	590	2,520	1.0	2.1

注：1）各単価は1kwh当たりのもの。
　　2）『電気事業要覧』第21～29回と阪神電鉄内部資料より作成。

務を手がけていた企業であった。

阪神が電力購入を開始したのは、同社供給区域内の電力需要が増大して、同社の発電力のみで対応しきれなくなったことを根本的な原因としている。しかし、電力不足の解消には自社発電力の強化という方法もある。表6に示すように阪神の火力発電所は高性能で発電費用も安価なものであった。だから同様の火力発電所を新設するという方法は可能性としては十分あり得たのである。しかし阪神は電力購入という道を選択した。その理由として考えられるのは、恐慌期に向かいあまり経営状況の良くない時期に新たな巨額の設備投資を行って、経営をさらに圧迫することを避けたことであろう。表6に示すように電力一kWh当たりの発電単価と購入単価を比較すると前者の方がはるかに安価である。しかし、一九三〇年当時の阪神の電力販売単価を推計すると、それは一kWh当たり約五・三銭となっており[26]、自社発電より高価な購入電力を販売しても十分な利益が期待された。したがって当時の阪神には電力購入を妨げる要因は存在していなかったと見るのが妥当であろう。

それではなぜ購入先を宇治電にしたのであろうか。この点に関しても確かな資料が残っていないので推測を行うほかない。当時大阪市より西の地域に電力を送る能力を持った大電力企業は二社あった。一つは宇治電であり、もう一つは日本電力であった。そして両社とも阪神の供給区域内の尼崎と西宮に工場用電力の供給権を保有していた。阪神は購入先を決定するに際して、この両社を念頭に置いていたはずである。ここで同じく工場用電力供給権を持っていた宇治電・日本電力両社の供給権の条件に相違があったことに注目しなければならない。宇治電の場合供給条件は無制限であった。つまり小口の工場用から大口のそれまですべての工場用の供給権を保有していたのである。これに対して、日本電力の条件は一工場で一〇〇馬力以上の電力を使用する大工場に供給条件が限定されていた。したがって、阪神にとっては両社のうちでより広い供給条件を持つ宇治電がより強い競争相手であったのである。当時の雑誌には、阪神が宇治電に市場を脅かされていたという記述もある[27]。戦前の卸売電力企業と小売電力企業で電力受給契約が締結される場合、多くは卸売電力企業の電力小売権を小売電力企業の供給区域内では行使しないという条件がつけられていた。[28] 阪神と宇治電の契約書が現存していないのであくまで推測であるが、両社の場合も同様の条件が付けられていたのではないだろうか。阪神が宇治電から多少価格は高くても電力購入を行い、そのかわり宇治電は阪神の供給区域である尼崎や西宮で既存の顧客以外に小売先を拡大しないといったような条件が付けられていたと考えてよいであろう。

それはともかく、一九二六年に容量九〇〇〇kWで開始された宇治電からの電力購入は年を追って拡大した。三六年には三万四〇〇〇kWに達しているのである。つまり、電源の面からみた阪神は大阪市などと同様の性格の配電企業に転化しているのである。一〇年程のずれがあったが、阪神も大都市圏の配電企業に共通した性格の電力企業となったといっていいだろう。

以上が恐慌期の阪神の電力供給事業の状況である。恐慌期においても同社の供給事業は順調な経過をたどったと言えよう。したがって昭和恐慌期を乗り越えた一九三〇年代の半ばにおける阪神の電力供給事業は一層の拡大傾向を見せた。需要は工場用を中心に拡大を続けていた。これは恐慌を脱して工場数が増加しただけでなく、工場動力の電化が進んだためである。宇治電からの受電は継続し、それが増大する傾向にあったが、自社の発電も継続して行っていて、同社の火力発電所の負荷率は一〇〇%近いものであった。同社の電力業収入はさらに増加して、年間四〇〇万円近くになっている。つまり一九三〇年代半ばにおける阪神の電力事業はある意味でその頂点に達していたといえよう。

一九三〇年代半ばの阪神電力供給事業について以下の点を付け加えておこう。それは神戸市に新たに編入された灘区への供給である。[29] 灘は神戸の市外地域であったが、合併により一九三〇年代半ばに神戸市に編入された。この地域の電力供給については種々の曲折があったが、結局神戸市電気局の供給区域となることとなり、阪神は一九三六年に同区の電力供給権を神戸市に譲渡した。その結果阪神の電力供給量は若干減少したとされており、統計上でも三六年

に若干の減少が見られるが、翌年には回復している。(30)

一九三〇年代の半ばは上記のように電力供給企業にとり非常に経営が順調に進んだ時期であった。しかしこの時期は電力業にとって大きな変化を迎える時期でもあった。それは電力の国家管理が現実化していく時期でもあったからである。(31) 三〇年代は工業の軍事化が進んだ時代であり、とくに電力業はその中心的な位置にあった。航空機が戦力の主体となり、その生産に安価で豊富な電力の供給が必要となったことが、その主な原因であったといえよう。電力国家管理案は一九三七年の頼母木案から翌年の永井案へと展開していき、結局三八年三月に電力国家管理法として成立した。その成立の阪神に対する影響は一九三九年に現れてくるのである。

結果的には電力の国家管理は二段階にわけて実施された。第一次の国家管理が実施されたのは一九三九年四月である。このとき日本発送電株式会社（以下、日発）が設立されて、主要な火力発電所と長距離高圧送電線が同社に移管された。配電は従来の企業が引き続き行うことになっていた。このとき阪神は東浜火力発電所を日発へ現物出資した。その評価額は約五二七万円で、阪神の簿価より二〇万円程高いものであった。(32) つまり阪神はこの出資で約二〇万円の評価益を得たわけである。また発電所の要員も日発へ移籍している。その結果阪神の自社発電はごく小規模の水力発電所によるものとなり、事実上消滅したといえる。同社は使用電力のほとんどを購入によって得ることとなったが、その購入先は従来の宇治電から新たに日発に変更された。ただし、電力の顧客への直接販売（配電）は従来どおり阪神が行っている。日発からの購入電力料は宇治電のそれをほぼ踏襲しており、阪神の小売料金にも大きな変更がなかったので、電力供給事業の収益面での変化は小さかったのである。以上のような状態は三年間継続したが、第二次の国家管理が一九四二年四月に実施された。第二次による変化は第一次より大きなものであった。まずほとんどの水力発電所が日発に移管されることとなった。第二次では配電にも手がつけられ、全国に九社の大規模配電企業が設立された。すべての配電企業は配電設備を当該地域に設立された新配電企業に移管することとなったのである。関西では関西配電株式会社が設立され、阪神はその配電設備をすべて関西配電に現物出資した。従来配電部門に従事していた人員も関西配電に移籍された。そして阪神は鉄道用電力一万二八〇〇kWを関西配電から購入することとなった。こうしてこの時点で一九〇八年から三四年におよぶ阪神電鉄本体による電力供給事業は終焉を迎えたのである。(33)

おわりに

最後にこれまで述べてきたことをまとめて、阪神の電力供給事業検討上重要だと思われた諸点をあげておきたい。まず事業開始当時は電燈用電力の供給が主体であり、工場向け供給を開始した第一次大戦中に深刻な電力不足を迎えた。その後供給力の強化に努め電力不足を一九二〇年代半ばに解消して事業が安定した。阪神の電力供給事業はおおざっぱに言って以上のような経過をたどっているが、この点は電鉄企業のみでなく多くの電力企業にも共通するものである。

また電力供給事業は、戦前において阪神にとって最大の兼営部門であった。電力供給は規模が大きかっただけでなく、収益性の高い部門であり、時にはその収入額が本業の鉄道収入にも匹敵する額に達することもあった。その収益性の高さはとくに不況期に威力を発揮し、阪神の経営全体を支える柱の役割を果たしている。電力供給事業を失った一九四二年以後、とくに戦後において阪神は電力供給にかわる有利な兼業部門を探ってきたが、いまだその獲得には成功していないように思われる。同社と対照的なのが阪急だといっていいだろうか。

表7　関西における電鉄企業

（単位：kW）

	電　燈	電　力	合　計
関西6電鉄	28,570	112,236	140,806
うち阪神	8,926	32,291	41,217
京都電燈	49,676	107,510	157,186

注：1）電鉄6社は阪神・京阪・南海・阪急・大軌・宇治電電鉄部の各社。
　2）第34回『電気事業要覧』より算出。

能率の高い東浜火力発電所を所有していた阪神は、一九二〇年代に入っても自社発電主体の体制を採ってきた。大戦中の購入電力依存から自給へ回帰したのである。これと対照的であったのは発電・送電を放棄し配電に特化した大阪市である。電鉄企業の一部も大阪市と同様の経営方針を採用している。しかし、阪神も一九二〇年代末には購入電力量を大幅に増やしており、三〇年頃には大阪市などと同様の配電企業的性格を持つ企業となった。

阪神は電鉄企業独自のサイクル二五Hzで出発しているが、一九二〇年代末までのどこかの時点で六〇Hzに変更している。現在ではその時期を特定することはできない。筆者の推測では、東浜火力発電所操業開始時の一九二〇年代初めの時期の可能性が高いと思われる。

最後に関西において電鉄企業の電力供給が電力業全体の中でいかなる位置を占めていたかを示しておこう。資料の関係で、一九三〇年代初めの数字を表7であげておく。

つまりこの時点では六電鉄を合わせると、関西では最大の民間配電企業であった京都電燈にほぼ匹敵する電力を供給していたのである。この傾向は戦前一般に継続している。つまり関西では電力供給において電鉄企業の比重が比較的高かったのである。これは電鉄による電力供給事業の少なかった関東とは対照的な現象である。これらの点から考えて、関西地方の電力事業、とくに配電事業を検討する際に電鉄企業の果たした役割を軽視することはできないであろう。

注

(1) 関西地方電気事業百年史編纂委員会『関西地方電気事業百年史』一九八七年、京阪電気鉄道株式会社史料編纂委員会『鉄路五十年』一九六〇年、南海電気鉄道株式会社『南海電気　鉄道百年史』一九八五年、などを参照。
(2) 阪神電気鉄道株式会社『阪神電気鉄道八十年史』一九八五年、一〇〇頁。
(3) 電力政策研究会編『電気事業法制史』一九六五年、五三頁、八一頁、一四五頁。

(4) 大阪鉄道については、佐竹三吾『大鉄全史』一九五二年、一〇九〜一一〇頁。
(5) 前掲『阪神電気鉄道八十年史』第一章参照。
(6) 佐田生「大阪煤煙下より　電力問題解決か」『ダイヤモンド』第7巻第17号、一九一九年。
(7) 第一三回『電気事業要覧』によれば、一九一九年度における阪神の電動機用電力の総供給高は二二二七馬力、工場数は三七五戸であった。
(8) 前掲『阪神電気鉄道八十年史』一〇七〜一〇八頁。
(9) 大同電力と小売電力企業との契約を見ると、責任負荷率七〇％のものが多い。たとえば宮崎林造編『大同電力株式会社沿革史』一九四一年、二一〇頁、二一五頁など参照。
(10) 萩原古壽編『大阪電燈株式会社沿革史』一九二五年、八六〜一〇二頁。
(11) 佐田富三郎『煤煙下の大阪』一九一八年、一五六〜一五七頁。
(12) 佐田生「大阪煤煙下より　炭価暴騰で突発した新現象」『ダイヤモンド』第6巻第5号、一九一八年。
(13) 前掲『阪神電気鉄道八十年史』一七四頁。
(14) 梅本哲世『戦前日本資本主義と電力』二〇〇〇年、六四頁。
(15) 中川倫『大電買収裏面史』一九二三年、参照。
(16) 「大同電力の決算と次期」『ダイヤモンド』第11巻第20号、一九二三年、「大同電力の前途」『東洋経済新報』第一〇八三号、一九二四年。
(17) 大阪市電気局編『電燈市営の十年』一九三五年、一三二〜一三四頁によれば同局の利益金は八八六万二一七六円で年度首・年度末平均投資額の一〇・七％であった。一九二三年度から三二年度まで「利益率」は一〇％強を維持していた。
(18) 前掲『大同電力株式会社沿革史』二三二頁。
(19) 第二〇回『電気事業要覧』。
(20) 前掲『大鉄全史』九六頁。
(21) 第一一回『電気事業要覧』。
(22) 前掲『関西地方電気事業百年史』二〇二頁。

(23) 前掲『阪神電気鉄道八十年史』二二〇頁。
(24) 以下の数字は『電気事業要覧』第二〇回と第二五回より算出。
(25) 大阪鉄道の場合については、前掲『大鉄全史』第4章参照。
(26) 阪神電気鉄道『営業報告書』一九三〇年度前半期・一九三〇年度後半期並びに第二三回『電気事業要覧』より推計。
(27) 「阪神電鉄の遺繰決算」『ダイヤモンド』第15巻第15号、一九二七年。
(28) その例として、宇治電と大同電力の契約がある。その内容は前掲『大同電力株式会社沿革史』二二〇~二二三頁参照。
(29) 前掲『阪神電気鉄道八十年史』二二〇~二二三頁。
(30) 『電気事業要覧』第二九回と第三〇回より。
(31) 通商産業省編『商工政策史 第24巻 電気・ガス事業』一九七九年、第三編第一章と第二章参照。
(32) 前掲『阪神電気鉄道八十年史』二二四頁。
(33) 同前、二二六頁。

第10章　近代化日本における鉄道の歴史的役割と民俗文化試考

——私の『鉄道・遠野物語』断章——

宇田　正

はじめに

この一篇は、本論文集に収録された他の九篇の鉄道史関係の諸論考とは、いささか趣きを異にするものであることを、はじめにおことわりして置く。

本稿以外の諸論考は、すべて明治大正期から昭和戦中に至るわが国の近代国家建設と国勢の発展のための強力な「文明の利器」として大きな役割を果たした、鉄道という輸送サーヴィスの組織や機能に関わる個別的な史実や問題点に照準して分析・検証し、それぞれ鉄道史という範疇において完結した研究成果にほかならない。

いうまでもなく、このように「文明の利器」すなわち公共的輸送を目的とする物質的構造体としての鉄道そのものを直接の考察対象に採り上げてこれまでの鉄道史研究は進められて来たし、かくいう筆者もそれらの先行業績に学び導かれつつ同じような研究路線を歩んで来たのである。

その筆者が、本稿においてあえて既成の路線とは異なる視点からの鉄道史への新たな接近を試みるという「着想の転換」について以下で釈明し、その作業を導く史料の多様な存在態様について紹介したい。

1 鉄道史における既成概念の限界

欧米諸国とくらべて半世紀余も鉄道後発国であったわが国の、近代国家建設の最重点化施策としての鉄道の導入移植から建設拡充に至る歴史記述の流れを概観すると、まずはじめは柳田国男がいち早く指摘したとおり、「鉄道の歴史はいつも専門家の手に成り、その専門家は皆営業人であった故に、外側から其影響を考えて見ることが出来なかった」（傍点引用者）[1]。その代表的な記述として南海鉄道会社の『阪堺鉄道経歴史』（一八九九年）が挙げられる。やがて明治後期の有力大私鉄中心の鉄道国有化による全国的な国有鉄道網の整備拡充と、大正期に入っての大都市交通圏における私有電気鉄道の発達とを背景にして、国有鉄道を所有経営し私有鉄道を監督する鉄道省当局が編さん・刊行した『日本鉄道史　上・中・下篇』（一九二一年）もまた、その次の代表的な記述と云えよう。

その後ようやく大正期～昭和戦前期にかけて社会科学的史観に立って勃興、開花した歴史学が、戦時中の中断を経て戦後の学界に大展開し、とくに社会経済史・交通政策史・企業経営史・地域社会史などの各分野において鉄道の歴史が本格的に採り上げられ研究実績を積み重ねるようになり、現在に至ってようやくたんなる史的記述から自立した学問へと鉄道史学はその地歩を固めたのである。

その間、近代日本人の間では、つとに鉄道イコール文明の利器という認識が一般的に定着していったと思われるが、「利器」という語句はあきらかに功利主義・効率化志向というニュアンスを帯びており、したがってそうした認識の土台の上に構築された旧来の鉄道史学の研究路線の主流は、おのずから「文明の利器」たる鉄道の組織合理化・機能効率化という、より新しい現実社会の論理の渦に引きずりこまれかねない。

そして、そうした論理の行き着くところは、国内輸送市場に占める鉄道のシェアがモータリゼイションの進展や空路の発達により減少したために、鉄道の社会的有用性のイメージが相対的に低減することであり、ひいてはそうした社会的現実に対応して歴史研究者の関心が鉄道から離れ、ついには鉄道史学の学問的解体をさえ招きかねないというおそれ無しとしない。

2　鉄道の歴史的役割の総合的認識

そうした学界の問題状況にかんがみ、筆者は、国家の政治（権力）や経済界（資本）の運動原理による支配の枠組と機能に関わる問題意識をベースとした既成の鉄道史学、いいかえれば鉄道という物質的構造体そのものを近代科学に基づく技術革新の一所産＝「文明の利器」と認識することだけを大前提とした鉄道史の研究路線にあきたらず、あらたに、鉄道を社会的機能体としてとらえ、それが現実の時空のもとでその役割の実践を通して、人間や社会や自然（環境）に及ぼす影響にまで研究の視覚を拡げることにより、日本という一つの国家社会の近代化過程の歴史的論理を構造的により深く解明できるような、新しい研究路線を拓こうとするものである。

すなわち、近代以後の日本人にとって、鉄道の新規参入とその急速な普及ぶりは、人々の内面的・外面的生活やそこに具現する人間的・社会的事象、さらには自然環境・風土までにわたって広くわが国土・国民に「外部鉄道効果」を及ぼした。当初はそれなりの異文化ショックを味わったものの、鉄道の創業後すぐれて短期間でそのメリットに開眼した日本人は新奇な機械制輸送方式への順応も早く、人々の時空感覚・思考様式および行動類型の上でトータルな近代化への洗礼を受けたのである。それゆえ、近代日本において鉄道建設事業が半世紀ほどの間に全国を幹線網によってカヴァーするまでに進捗したのには、国民一般の鉄道選好への「声無き声」に負うところが大きかった。しかしながら「声無き声」は史料によって確認・検証しにくいために、これまでの鉄道史的記述の文脈の「網の目」からこぼれ落ちていたのであろう。

また、例えば鉄道創業以来、国内各地で推進され続けた鉄道建設工事の実施過程において、線路敷設用の道床を構築するための盛土・砕石材や、レールの枕木に使用される堅牢な木材の厖大な需要が鉄道路線の新設・延長にともない長期的にその供給源たる国土の侵蝕や山林の荒廃を招いて来た。しかしそうした鉄道史の「負」の遺産の検証という視角からの研究もまだ空白のままである。

そうした学問的状況は、ひとえに鉄道という先進的輸送体制を、たんに近代国家としての威信の誇示や政治・経済の運営に欠かせない実効支配の手段として政府や資本が功利的に使用するだけの「道具」としか見ない近代日本人の認識が、みずから描いた鉄道観の然らしめるところであったといえよう。

しかしながら、鉄道とは、たんなる近代国家運営の手段や資本の利益追求の道具としての存在にとどまるものではけっしてなく、むしろ近代国家を主体的に構成する社会的機能体系の重要な一環にほかならない。

いいかえれば、鉄道とは、近代化を推進する国家の公共輸送という政治的・経済的機能を「文明の利器」として革新的に強化しただけではなく、まさにそのことによって利用者として内面的にも外面的にも革新的な影響を受けた国民一般の生き方・考え方や国土環境のあり方を反映し、再帰的にそれに規定される「文化の鏡」としての役割を帯びるに至ったのであった。

かつて近代日本の文豪森鷗外がいみじくも「一九世紀は鉄道とハルトマンの哲学とを齎《もたら》した」(2)とその著作に述べたとおり、まさに近代社会はみずから生み出した鉄道が備える内的・外的両面に亘る革新的機能によって国内統一、労働力・物資の移動、工業化・都市化、文化・情報交流を推進し、おのずから再編・強化をとげた。鷗外の口調を借りてあえていえば、近代は鉄道の世紀にほかならない。そのように、人類の歴史における近代という時代を画期し、特色付けた鉄道というアイテムについて歴史的な役割をより詳しく考察することは、近代社会史の総合的な理解のために有効な一接近となるであろう。

そうした巨視的な展望に立って、あらたに総合的・文化的な視点から近代社会に固有な交通文化としての鉄道の歴史的軌跡を探って近代社会の特質の一面を明らかにするという学問的なミッションを推進するには、たんに鉄道事業という狭い枠組内での経済的損益や経営効率等の数量的データの計量的解析を経たロジックを以てするだけでは不十分である。やはり、一九世紀から二〇世紀にわたる時流の中で、近代国家の人文・社会・自然（環境）の各分野において、鉄道の参入・発達が広く外部社会にもたらした有意な変化や事象の歴史的な動向を実証的に裏付けるよりヴィヴィッドな史料・記録・文献に基づいて考察されるべきであろう。

3　異文化接触としての創業期鉄道利用体験

しかし、ここで問題になるのは、外部鉄道効果という新たな見地から、わが国の鉄道史の追体験を起動させて史的立論の拠りどころとなるべき史料の存在形態である。

そもそも鉄道という新文明が備える複雑・多様にして強力なシステムの外部社会への有形無形の影響は、広域的・多面的・複合的に波及、伝播するため、その史料的表出は多様にして断片的・分散的・一過的であることから、既成の静態的かつ体系的な「史料」概念の枠を越えて蒐集範囲を拡大・多元化しなければならない。すなわち、およそ鉄道とは接点のなさそうな文献・記録・情報のたぐいまでも調査の対象となるのである。そこで筆者は、本稿において筆者独自の歴史嗅覚に頼っての広角的な文献の博捜による、わが国の鉄道史に直接・間接に関わる史料的記述情報の蒐集の具体的実践作業のいくつかの試行事例を、以下思い付くままに挙げてみよう。

たとえば、わが国の鉄道創業期に、鉄道という輸送機関が、公共的貨客輸送の近代化の推進という本来の問題領域とは別に、疾走中の列車の窓外の山や林が動いているように乗客に錯視させる現象の心理的解明の次元で、乗車の実体験を通じて「地動説」という西欧の学理の理解へと人々を導いたという事実が当時の記録に見える。すなわち、

(史料〇一)

……到品川東蒸気会社、而待須臾、蒸気到、乃駕、々即発、其駛如馳、(略)遠近之山、遠近之樹、挟車而走、不知車之走、近者急走、瞬息瞥過、遠者稍緩、車外如騒動天、雖有溪岳、疾徐大小皆走、而持静者車也、而其実車外皆鎮静、山也者万古不動、樹亦植大地、皆万古不動、今只車動、故似動非動也、因此知地動説之是……(江木鰐水『明治四未日記二、同五年日記添、東京日記』)(傍点引用者)

……品川之東、蒸気車休憩所小待焉、蒸気車乍到着、(略)既入車、須臾発、(略)人車不覚車之馳、只見両側屋宇・林樹・山岳之走、而遠者徐、近者急、々者追、徐者而過、更換変化、車中常静、車外騒動、瞬息変化亦奇哉、常疑地動之説、因此悟覚地動之説有理……(同前『明治六西帰過京攝日記』)(傍点引用者)

上掲史料二点はいずれも幕末期備後国福山藩の儒官であり兵術家でもあった江木鰐水《がくすい》(実名戩《しん》。一八一〇～一八八一年)の旅日記の一節である。鰐水は維新廃藩後は在野の殖産興業指導者として郷土の振興に力を尽した。

明治六(一八七三)年二月、鰐水は所用のため福山から海路により東京に赴き、同年五月九日帰国のため東京から人力車で品川に到り、そこから前年開業したばかりの京浜間の官設鉄道に便乗し横浜に向かった。

上掲二冊の旅日記に、鰐水はそのときの鉄道乗車初体験の車中での所感を二回にわたり縷々記述している。要する

に、汽車の中の座席で静止している自分に、車窓から動くはずのない山々や樹林が動いて見えるのは、自分が走行している汽車とともに動いているからだということをつぶさに実感してようやく、それまでは理論としては受け容れながらも疑念を抱いていた舶来の地動説の正しさを実感を通して認識したというのである。

もとより、鰐水その人が明治維新期のわが国の先駆的知識人の一人であったから、近代化過程のすぐれて早い時期に地動説のような西欧科学の学理を自覚的に理解できたにちがいない。しかし、その鰐水の学問的開眼への外在的契機として彼をインスパイアしたものこそ鉄道という具体的な存在とその機能にほかならなかった。さらに、その後のわが国内の鉄道の発達により国民一般の鉄道乗車機会が増加の一途を辿る間に、人々はおのずから地動説に立つ空間認識を体得・共有することとなった。

このように、鉄道という前代未聞の高速輸送機関の出現は可視的な社会の流動化・活性化を推進したばかりでなく、日本人の内面的な近代化を促進したのである。

かえりみて、近代的国家財政も未確立・民間起業資本も未形成であった明治初期にもっぱら外債に依存して政府が官営事業として創設した鉄道は、当然ながら国家権力側の支配の要具にほかならなかった。国家の修史たる『日本鉄道史』（上篇）の鉄道開業を祝う盛典の記述の中の何処にも、被支配者たる一般国民大衆の具体的な姿は見えない。先述の高名な学者江木鰐水も、すでに士族という虚名をまとった一介の老人として国民大衆の群中に埋没していた。

ところが、その後まもなくわが国に渡航して来た一人の中年イギリス人の女流旅行エッセイスト、イザベラ・バードが、約半年にわたる在日中の見聞・体験を書きしるした『日本奥地紀行』（原題“Unbeaten Tracks in Japan”, 1880）の中で、わが国の鉄道創業の数年後の日本人乗客大衆の生々しい存在感を、すぐれて印象的に捉えていたのである。

（史料〇二）

東京と横浜の間は、汽車で一時間の旅行である。すばらしい鉄道で、砂利をよく敷きつめた複線となっている。（略）横浜駅は、りっぱで格好の石造建築である。玄関は広々としており、切符売場は英国式である。等級別の広い待合室があるが、日本人が下駄をはくことを考慮して、絨氈を敷いていない。（略）一等車は、深々としたクッション付きの赤いモロッコ皮の座席を備えたぜいたくなものだが、ほとんど乗客はいない。二等車の居心地のよい座席も、りっぱなマットが敷いてあるが、腰を下しているのは実にまばらである。しかし三等車は日本人で混雑している。彼らは、人力車《クルマ》と同じように鉄道も好きになったのである。（略）

汽車から見渡す限り、寸尺の土地も鍬を用いて熱心に耕されている。その大部分は米作のため灌漑されており、水流も豊富である。（略）勤勉な国民の国土である。雑草は一本も見えない。（略）

「江戸はどこにあるか」と私が尋ねているとき、汽車は終点の新橋駅に入り、とまると、二百人の日本人乗客を吐き出した。

合わせて四百の下駄の音は、私にとって初めて聞く音であった。(3) この人たちは下駄を履いているから三インチ背丈がのびるのだが、それでも五フィート七インチに達する男性や、五フィート二インチに達する女性は少なかった。しかし、和服を着ているので、ずっと大きく見える。和服はまた、彼らの容姿の欠陥を隠している。（傍点引用者）

その当時、わが国で最初にして唯一の鉄道の旅客輸送の実態として、高運賃の一等車・二等車の乗客は僅小であるのに対して、一般庶民向きの低運賃の三等車の乗客が圧倒的に多く、全乗客の大部分を占めていたことがわかる。この現象をイザベラ・バードがいみじくも一般庶民階層の日本人が「鉄道も好きになった」と述べているのは、そもそも彼らにとって実に何千年来、陸上の移動は「徒歩」が通例であったこと、しかも彼らの大部分を占める農民たちには国内各地を任意に移動する自由そのものが認められていなかったという、わが国民交通の歴史的制約からの解放を意味していることからうなずけよう。

さらに、新橋停車場の舗石の駅廊は西欧から移植した鉄道建築文化の具現であり、到着した列車から下りた日本人乗客がその上を歩いて行くために履いている下駄は日本の伝統的な歩行文化の具現であって、列車が到着するたびに駅舎の広い空間にガラガラと響きわたる下駄の踏み音の大合奏こそ、まさしく東西の異文化のめでたき融和の凱歌にほかならなかった。その湧き立つような下駄の踏み音は、本稿の筆者の心耳には、つい先年同じ場所で挙行された荘重な鉄道開業式典で吹奏された儀礼的なファンファーレよりも意味深く余韻を感じさせたのである。

イザベラ・バードの来日早々の所見をこの史料からうかがうと、明治政府が創設・運営する鉄道のイメージが、国家権力の支配装置の主軸などではなく、むしろ、当時急激な西欧の異文化との接触・融合による一般的な日本人大衆の内面的・外面的な近代化動向の露頭としてヴィヴィッドに描かれていることに注目したい。日本人による鉄道史の記述は、まずその点に言及して進められるべきであろう。

ところで、ここに史料としてその記述の一部を引用した『江木鰐水日記』・『日本奥地紀行』の二冊の文献はそれぞれ近世〜近代日本史研究の上で史料的価値の高いものとして周知されているものの、どちらもこれまでの鉄道史研究において直接採り上げられたことはなかったと見てよい。それをあえて筆者が本稿においていち早く史料源として択んだ理由は、やはり鉄道という近代文明システムの及ぼす大小さまざまな影響が多方面にわたって記述されていたからであった。

鉄道が日常的に推進する輸送サーヴィスにともなう広汎、多様な交通革新の光と陰とを史料によって裏付けるためには、その影響の社会的拡散性にかんがみ、一見、鉄道史とは関係の無さそうな専門外の分野の文献にまでも広く眼配りをする必要がある。以下、本稿ではそうした視点から手近な文献のたぐいを読み込むことで探索できた鉄道史に関わる新しい史料博捜の事例をいくつか紹介したい。

4　日本人への内面的影響と鉄道施設

A　鉄道トンネルと日本人の内的対応

（史料〇三）

甲州の郡内から盆地に出る笹子峠を穿つあゝあの有名な笹子トンネルは、延長にして約一里半位あるとかで、東洋で一番長いトンネルとされて居る。私は学生時代に、甲州の御嶽に行ったとき、一度通ったことがあるが、汽車で恰度十分間もかゝるのであるから、誰しも初めは多少の好奇心を唆られるに相違ない。トンネル内の地層は、時に地質を異にして居ると見え、汽車の立てる地響にもところ〴〵で調子が違って居たことを覚えて居る。

この間、甲州の人が来ての話に、あの峠を歩いて越えるとなると、どうしても三時間はかゝる、乞食でも笹子と初鹿野《はじかの》間だけは汽車に乗るといふ話がある位ださうである。といふのは、向うの里へ行ってから三時間だけお金を貰って歩けば、その期間《ママ》の汽車賃六銭だけは優に貰へるからだといふのである。これは乞食までが、近代社会組織の経済関係に支配される顕著なる一例である。私は非常にそれを興味ふかくきいたので、後日、大正時代の経済史を編む学者があったならば、これを是非一例として書き加へて貰ひたいと思って、茲に書きとめておく次第である。

（一九一九年七月）

鉄道トンネルというものは「文明の利器」たる鉄道が本来的に備えている輸送機能を合目的的に拡充・強化する交

通土木上の施設の一つである。国土の地形上、山岳地帯の多いわが国では、全国的に鉄道網が発達する上でそれがもたらす輸送経済的なメリットは大きく、長期的にはその巨額の建設投資額をカヴァーして余りあるものとなった(4)。

しかも鉄道トンネルが及ぼす影響としては、鉄道本来の役割たる列車運転や輸送事業経営と表裏を成す国民一般の鉄道利用へのモティヴェイションにも変革を促したという、人々の内面への影響をも見過ごしてはなるまい。すなわち、ここに紹介した笹子トンネルで乞食のとった行動はかならずしもレア・ケースではなく、全国的に見ても鉄道トンネルのもたらす交通経済効果は、より広く国民一般の旅行行動様式にひとしく同じような変革をもたらしたのであった。

その結果として、古来一千年近くも旅人たちに利用された全国各地の峠越えの道が、その山間を鉄道トンネルが開通したことによって衰退し国内陸上交通地図が書き改められたことは、つとに柳田国男によって指摘されているとおりである(5)。

ただし、徒行の旅人や荷車の通行のための隧道は、鉄道トンネル以前にすでに山間の行路難を軽減するために切通しと並んで開設されていたが、鉄道トンネルが、在来の隧道の通過感覚とくらべて決定的に異なるのは、暗闇区間の距離がおおむね長いことに加えて、トンネル通過走行中の汽車のすさまじい轟音と車室内に渦巻く煤煙とに生理的にも心理的にも相当な苦難を強いられたことである。

およそ近代以前の幾世紀もの長年間、この国に生を享けた人間として、新奇な乗物に身をゆだねての高速度の地上移動はもとより、その途上で山間に設けられた長大な暗黒空間へ引き込まれ、通り抜けたという体験はまずあり得なかったであろう。

そうした旧時代の日本人の子孫が、近代に入って鉄道による隔地間移動の利便化と引き替えに受忍しなければならぬ要件の一つが鉄道トンネル通過の苦難にほかならなかった。それは、時には機関車の運転士の窒息死を招くまでにシヴィアなものであったし、一般乗客も、たまたま閉め忘れた車窓から流れ込んで客室内に充満する煤煙が呼吸器や眼球を傷めるのに悩まされたのである。

このように、鉄道トンネルにまつわる乗客にとっての心理的・生理的な負の体験は、当時まだ社寺参拝や盆・暮の帰郷といった非日常的な機会にしか鉄道を利用することのなかった大多数の日本人一般に、ほとんど恐怖に近いインパクトを与えたと思われる。さらに加えて、わが国の鉄道土木技術が発達途上であったことから、屢々発生した鉄道トンネル築造工事中の事故災害の負のイメージが、近代科学的教化の遅れた人々の抱く鉄道トンネルへの根強い恐怖心理をいわゆる鉄道怪談に造形していったのである。

あえていうならば、鉄道トンネルという近代の交通施設を、その実際的効用とは別に「闇黒で、息苦しく閉塞され、轟音すさまじい地獄への苦難の道」として素朴に感受した多くの人々の心理は、遠い昔の先祖たる仏道修行者たちによる洞窟くぐり・洞内籠りなどの宗教的な原体験の遺伝子や、幼い頃から仏教の説法で聴かされた地獄への奈落おちの恐怖の刷り込みが近代日本人の現実の長大鉄道トンネル通過の際に、ゆくりなくも甦ってきたものではあるまいか。

（史料〇四）

私（鉄道写真家・南正時）は少年時代を福井県武生市（現・越前市）で過ごしたこともあり、北陸線のＳＬには思い出も多い。そのひとつが、強烈な体験として今もはっきりと記憶に残っている。昭和20年代後半、私がまだ小学生《ママ》低学年だったころ、祖父に連れられて長浜に住んでいた祖父の友人の家に行ったときだ。

当時の北陸線は今庄―敦賀間には山中越え、敦賀―木ノ本間には柳ケ瀬越えという2つの難所があり、D51が補機を従えて峠を往来していた。峠には長いトンネルがあり、D51の引く旅客列車がここを通過するとき、車内には猛烈な煙が入ってきた。列車は急勾配のため止まらんばかりのゆっくりした速度に落とすためトンネルの通過時間は長く、乗客は恐怖心に襲われた。福井県には熱心な仏教信者が多く、このときは京都の本願寺参りの仏教徒が団体で乗っており、煙が充満する車内で一斉に『南無阿弥陀仏』のお念仏を唱えはじめた。お念仏は災難が襲ってこないようにあげるだけに、私の恐怖心はさらに強まり、祖父の腕にしっかりしがみついていた。山中越えを終えて敦賀に到着すると、今度は柳ケ瀬越えが待っており、再び煙の恐怖が待っていた。このふたつの峠越えでは（トンネルの中で）機関士が窒息死することも起こっていたと聞いた。今では山中越えは北陸トンネルができ、柳ケ瀬越えは電化され新線に付け替えられて特急電車が走り、快適な旅ができるようになった。

B　国土のコンパクトな多様構造とトンネルの役割

（史料〇五）

今は山中、今は浜
今は鉄橋渡るぞと
思ふ間もなくトンネルの
闇を通って広野原

日本人なら誰でも幼い頃、小学校で教えられ友達と一緒に元気な声で愛唱した唱歌の一つに「汽車」の一篇がある。そこに謳われた汽車のイメージは、まさに近代日本の国民が共有していた典型的な国土交通の心象風景にほかならない。

この「汽車」の歌詞には、狭少なわが国土の大半を占める山脈が障壁となって立ちはだかるために国内各地が大小にこまかく区分され、古来それぞれの土地に多様な地勢・景観を展開していながらも、全体として狭少な国土の範域内にコンパクトに納まっているため、その相互間を隔てる山脈の行路難を鉄道のスウィッチバックやトンネルによって克服し全国的な統一施政が容易になったという意味がこめられていた。

さらに鉄道はそうした強力な輸送機能を通じて文化・情報・経済の全国的な流通を促進し、国民一般に日本人としてのアイデンティティを自覚させるという国民教化上の効果を実現したのである。

したがってこの「汽車」の歌は、文部省唱歌すなわち小学校の音楽教育の教材として国家が認定したものであり、昭和戦前から戦後にかけて長い年月にわたり児童たちに唱い継がれて来た代表的な小国民歌謡にほかならなかった。すくなくとも、国有鉄道が全国的陸上交通の主役であった時代には、国内の大半の小学校の児童たちにとって、この歌に描かれた汽車を主役とする鉄道ジオラマ風のイメージは、そのまま身近な日常の現実であったといってよい。

それだけに、同じ日本人であっても、特別な事情でその幼少時代を国外（大陸）で過ごした一部の人々たちには、この歌を小学校で教えられ唱わされたとき、その歌詞のイメージに異和感を覚えたというのも、島嶼性国土たる日本本土と住みなれた海外の大陸との地理的環境の大きな差異が然らしめるところであった。たとえば、昭和戦前、南満洲鉄道の技師を父として満洲（現・中華人民共和国東北部）の地で生まれ育った岩波ホール総支配人高野悦子は在満の少女時代、この唱歌を「不思議な歌だ」と思っていたと回想する。

（史料〇六）

この歌詞が本当のことだと知ったのは、初めて日本に行き、下関から特急『つばめ号』に乗って日本の自然を目のあたりにした時だった。窓に頬を押しつけ、目を皿のようにして見つめた風景は、言葉どおり「廻り燈籠の画のように、変わる景色のおもしろさ……」だった。すべての汽車の歌に、山があり、坂があり、トンネルがあり、鉄橋がある。日本の地形がそのようにできているから、こういう歌が生まれるのだと、子供心にも納得した。（略）

私たちが満洲を思う時、いつも目に浮かぶのは大きな真っ赤な太陽、見渡すかぎりのコーリャン畑、地平線のかなたに消えてゆく一直線の鉄道線路、行けどもいけども平坦な平野、といった光景である。

それとは異なって複雑・多様な日本の国土に対応したわが国の鉄道の働きの中でも、とりわけ強調すべきは、元々南北方向に長いわが国土の北半分がひとしく寒冷地であり、しかもその地では一年の半分が積雪季であることからして、国境の山脈克服にはやはり鉄道トンネルの果たした貢献が大きかったことであり、つとに先学柳田国男も次のように指摘していたのであった。

（史料〇七）

雪の障碍では我邦のやうな経験をして居る国は他には無いと思ふ。この柔かな水気の多い温帯の雪が、山と降り積んで鉄路を塞ぐ煩はしさは（略）余分の隧道や年中の雪覆ひ（などの施設のために――引用者）の外に（略）斯ういふ永久の失費は免れぬにしても、一方この（鉄道という――同前）機関が日本の半ば以上の地域に亙って、新たな生活様式を付与した力だけは偉大なものであった。（略）山奥では（住民の――同前）多数は古くからの冬眠を普通として、部落から外への交通は略々絶えて居た。（略）ところが汽車は雪害には自分も散々悩みながらも、兎に角この（雪中生活の――同前）間へ新たなる一道の生気を送り入れたのである。

是だけは可なり大きな変化であった。（略）（鉄道・トンネルの開通によって――同前）雪の底は俄かに活き活きとしてきた。（略）最近何回かの総選挙でもわかったやうに、日本は始めて真冬でも共同し得る国となったのである。これは電信電話などの力もあるが、主としては汽車の大きな効果であった。

5　鉄道と日本の自然との関わり

A　鉄道による沿線自然環境への影響

古来、道路というものが、自然の山野の一部を整備し人や牛馬の歩行に利用されていたのに対して、近代の鉄道は自然の山野を開発・改造し人工の工作物を装置・建築してその後長年月にわたり日常的に車両を走行させることから、沿線の自然環境や動植物の生態系にすくなからぬ影響を及ぼしてきた。具体的には、鉄道線路の盛土そのものが長堤の障壁となって横たわっていることが沿線地域の流水系や植生を変化させ、また列車運転に伴う煤煙の排出・拡散や轟音・震動などが近辺の野生動物の棲息・移動を妨げることもあった。さらに列車の隔地間移動という機能が、積載している穀物や貨物に付着する植物の種子を各地に撒布するといった「車媒」的役割さえ見られたのであった。

（史料〇八）

鉄道が今では中仙道なり、北国街道なりだ。この千曲川の沿岸に及ぼす激烈な影響には、驚かれるものがある。それは静かな農民の生活までも変えつつある。

鉄道は自然界にまで革命を持ちきたした。その一例を言えば、このへんで鉄道草《てつどうぐさ》と呼んでいる雑草の種は鉄道の開設とともに侵入しきたったものであるという。野にも、畑にも、今ではあの猛烈な雑草の蔓延しないところはない。そして土質を荒らしたり、固有の草地を征服したりしつつある。（傍点引用者）

これは、詩人島崎藤村が明治二〇年代に長野県小諸の小諸義塾の青年教師として七年間勤めた時代の思い出多い生活のスケッチであり、そこに登場する小諸を通る鉄道（官設直江津線、のち国鉄信越本線直江津〜軽井沢間）が開通したのは一八八七年一二月という本邦鉄道史上全国的に見ても早い時期であった。

その沿線一帯で、洋種「鉄道草」（ヒメムカシヨモギ。キク科の越年草。北アメリカ原産。別名御維新草）が維新後二〇年も経ってから劇的に繁茂の状を呈したのには、同地の歴史的な事情があると考える。すなわち、元々北信州高原は本州の内陸奥地に位置し、自然史的には外来種の動植物との接触とは無縁の「処女地」のままで明治期に入っていたところ、たまたま政府の国内幹線鉄道網整備計画によって古来この地域に通じている北国街道・中仙道ルートによって鉄道線路が伸びていくなかで、その開通にともない列車の貨物などに付着した強勢な外来種植物の種子の侵入をゆるし、沿線の植物相に急激な変化が具現したのであろう。

島崎藤村と同時代の文学上の親しい友人であった柳田国男が、明治四〇年代に入って美濃・越前地方への踏査旅行中の見聞として、同地方での鉄道の開通による野生動物の生態への影響について次のように誌しているのは興味ふかい。

（史料〇九）

（美濃国山間の根尾村の——引用者）西ノ谷にても大河原にても、熊は今もまだ稀に捕られるが、野猪はまったく捕れぬようになれり。汽車が通じてからの変化で、伊勢の方から冬になると、山づたいに来たりしものが、そのために来られなくなったのであろうとのこと。（傍点引用者）

この事例で、美濃・伊勢両国をつなぐ山地を分断する鉄道とすれば、明治一六〜二〇年にかけて開通した官設中山道鉄道（のち国鉄東海道本線）と考えられる。

こうした交通文明発達の経済的メリットと自然環境・生体系保護の文化的メリットの軽重をめぐっては、その後のモータリゼイションの時代には鉄道よりも道路建設の方がより多く社会問題になっていた。しかし近年のわが国の鉄道工学上の技術革新のなかでハイテク性の高い新幹線建設に際して問題になっていることが、某新聞紙上で「貴重な湿地に新幹線・福井で計画・アセス後にルート変更」という見出しで報道されていた。

（史料一〇）

北陸新幹線の建設ルートが、7月にラムサール条約に登録された「中池見湿地」（福井県敦賀市）を横切ることから、日本自然保護協会は（二〇一二年一一月――引用者）19日、計画変更を求める要望書を環境省と国土交通省に提出した。（建設主体たる独立行政法人「鉄道建設・運輸施設整備支援機構」が当初本件に関する環境アセスメントの結果を国に提出した時点では――引用者補筆）湿地近くの山にトンネルを通す計画だったが、その後ルートを一部修正（略）、建設予定ルートがアセス時より100《メートル》ほど湿地側に移された。日本自然保護協会によると、山に挟まれた谷間の部分では数十《メートル》にわたり線路が露出する。そばには絶滅危惧種の湿性植物ミズトラノオが群生し、全国有数のヘイケボタルの生息地も確認されている。要望書は「計画を実行すると、湿地の保全に重大な影響を及ぼしかねない」と強調している。（略）機構は「湿地の重要性を踏まえ、着工前に水や生態系などを現地調査し、専門家の助言を受ける」とするが、アセスはやり直さない方針だ。（略）

しかしながら、鉄道と自然との関わりは、鉄道史という視点からすれば、当然ながら上記の三事例のように、近代の長い年月にわたって人々に利害・得失いずれかの価値判断を迫るという対立的なものばかりではなかった。

鉄道は元々、より大きな存在意義として、自然との関わりでは、この国土の豊かにして多様な自然についての情報をさまざまな形で人々に送り届ける文化的ネットワークというソフト機能を通じて、自然環境保護のメッセージを全国にあまねく発信していたのであった。とりわけ、人工物に溢れ洋化の進んだ都会と、自然の風物に恵まれた和風の地方農村という二つの隔たった社会の間を便利に結んで、鉄道が異文化の容易な接触や円滑な交流・融合の手段として近代以後にその文化的機能を発揮し、全国の統一的な国民教育の推進に欠かせぬ人的・物的輸送を担うことで、いわゆる日本人としてのアイデンティティの形成に大きな役割を果たしたことは、あらためて説くまでもないであろう。

B　自然情報カプセルとしての鉄道の役割

ところで、わが国の鉄道は、先にも述べた政・官レヴェルの教育情報のハードな伝達システムというだけではなく、一般民間人に向けてその日常的な生活レヴェルで自然・風土・地方事情など広い範囲の情報をすぐれてソフトなかたちでもたらし、その見聞・体験を通じて人々の内面にはたらきかけることでおのずから教化的役割を果たして来た。そうした事例は現在も日常的に多く見られるため、些細な偶発的体験として見過ごされているが、大数的には有意なものとして再考に値しよう。

（史料一二）

毎朝、通勤の電車はいうまでもなく、満員である。（略）僕は吊皮にぶら下り、揉まれながらぼんやりと窓外の町の風景を見ていることが多い。そんなある朝、僕はふと目の前の窓硝子の一隅に一匹の虻を見つけた。こんな混み合った町中の電車の中にどうしてまた虻などがまぎれ込んだのかしらないが、その虻は窓一ぱいの午前の日射しを受けて黄金《きん》いろにかがやき、生気に溢れて羽ばたいていた。私は何かこころたのしい思いであった。

ところがその翌日も、偶然、同じような時間、同じような場所に、同じような虻を見たのである。（略）と、ある朝、僕は、虻のとまっている窓硝子からふと目をあげて、そこの網棚に、薦《こも》でつつんだ大きな生花の束の載せてあることに気がついた。（略）僕は、この私鉄の沿線T駅近くに大きな生花市場のあることに思い当った。ここの花々はおそらく花屋さんがその市場から仕入れて来たものであろう。そして窓硝子の虻は、それらの花々についてこの車内に持ちこまれてしまったものであろうか。虻は、いきなり身に受けた電車の振動におどろいて、花の中から飛び出したものにちがいない。そうした虻を、僕は朝々見たわけである。それにしても、殺風景なラッシュアワーの電車の中に、朝々花屋さんが、花束を持ち込み、虻をもちこむことはたのしいことである。いや虻ばかりではない。今朝僕はまさに一羽の蝶々が網棚の花束から舞い出て車内をひらひらと舞っているのを見た。初蝶である。今年はいつまでも寒い日がつづき、昨日は彼岸を前にして淡雪が降ったりしたものだが、さすがに春は、私たちの身のまわりに訪れて来たもののごとくである。（一九五三年三月）

この事例は昭和戦後の二〇年代に東京近郊に住んでいた俳句作家安住敦の随筆の一節に誌された体験であって、ここでは電車は「暖い南方の花卉産地の春」という自然情報を、まだ冬去りやらぬ関東の地へ運んできたカプセルそのものといえよう。それは、自然情報としての国内隔地間の季節のギャップを生み出す時間距離を、運送手段のスピードアップによって空間距離ゼロに置き換えたものであり、日本人としては鉄道以前に体験し得なかったことであった。序でに付言すれば、そのほかにこの史料からは昭和三〇年代までのわが国はまだモータリゼイション以前であって、大都市近郊の中短距離の貨物輸送は主として鉄道に依存していたことが情報として読みとれる。

鉄道が、とりわけモータリゼイション以前には、国土内の地理的距離の壁を克服して各地方の多彩な「自然からのメッセージ」を遠く隔てた土地の人々に届けるもっとも有効な装置であったという点で、本稿の筆者自身にもかつてそれを身近に実感した経験がある。

昭和三〇年代という筆者の青年時代、よく利用した東海道本線の京阪間の国鉄電車の車窓から眺めた吹田操車場の広大なヤード一面を埋める長編成の貨物列車の大集合は、いつ見ても魅惑的であった。しかし、その景観の記憶ファイルの中でも、とくに鮮明に残っているのは北陸・北越地方の自然・風土についての情報を大阪方面に届ける鉄道のダイナミックな雄姿であった。

毎年、冬に入っても大阪方面ではめったに雪を見ることがないのに、北陸・北越方面から大阪へ入ってくる列車だけは屋根に厚く雪を載せていることが多い。それこそ、平素比較的気候温暖な大阪の地に住み馴れて日本人本来の季節感が鈍くなった筆者のような大阪の住人たちへ、冬の到来を伝える北国からの鉄道に托した「自然のメッセージ」だったのである。

冬の薄ら陽がさす赤茶けた操車場へ進入して来た北国発の「純白の長蛇」のような貨物列車の長い車列は坂峠《ハンプ》の上へ押し上げられ、そこから一両ずつ切り放されて下りのスロープと分岐線ポイントにより山陽・九州・四国・山陰など行先別の路線に仕分けられて、あらためて一本の貨物列車に編成されるのであるが、東海地方のような雪の少ない地方発の貨車と入りまじって混成されるため、結果的に「白黒だんだらの長蛇」に変身してしまうのであった。

（史料一二）

朝の通勤電車でいすに座って一息ついた時、『ジ、ジ、ジ』と何やら耳慣れない音がする。後ろを振り向くと、1匹の大きなトンボが車内に閉じこめられ、もがいていた。

私はとっさに、トンボを外に逃がしてやろうと、窓を開けるためつまみの片方を持った。すると隣に座っていた学生らしい男性が黙ってもう一方のつまみを持ってくれた。2人で力を合わせて窓を押し上げた。その時、前に立

っていた若い女性が、トンボの羽をそっと持ち、開いた窓から逃がしてやった。トンボは元気に外の世界へ飛び立った。（略）

近年は電車の窓はロックされることが多く、鉄道乗客と自然との触れ合いも難しくなっている。

6　鉄道線路の日本人への心象投影

A　鋼鉄軌条《レール》の鉄道線路への信頼と効果

鉄道という陸上交通機関の主要な構成要素の一つは、地表に蜒々と盛土された築堤上に鋼鉄レールを敷設し固定した線路である。

わが国の陸上交通路といえば、古来久しく歩行者により踏み固められ、おのずから形成された地道が一般であったが、構造上、重量車両の通行に適せず、また降雨により泥濘化した場合は歩行に不便を極めた。

それに対し、鉄道は、近代工学技術の所産たる巨大な鉄製車両と堅固な鋼鉄レールとが組み合わされた文明開化の新しい「道」として、その実物や運転の実況に初めて接した人々に大きなカルチュア・ショックを与え、とくに沿線社会の諸事情から過渡的にはその導入を忌避し反対する動きもあったが、長期的にはそのメリットに開眼した日本人一般に受け容れられ信頼される存在となったのである。まさに柳田国男が述べたとおり「汽車はまことに縮地の術」(6)であって、鉄道は国内隔地間の時間的距離を短縮したのみならず、鋼・鉄という硬い金属から成る物的存在そのものが、隔地間に張りめぐらされた頼もしい「絆」として認識されるに至った。

近代社会に入って、さまざまな動機から、国内の地方農村部と中央都市部との間で人々の流動性が一挙に高まったことが、まさに鉄道の発達の結果であると同時に、この国の人々をして鉄道が農村と都市を鋼のレールでしっかり繋いでいるというイメージを強く抱かせる原因にもなったのである。

例えば、明治の青年歌人石川啄木にとって故郷岩手県渋民村の鉄道停車場は成功と名声の「約束の地」東京と、また東京の上野停車場は理想と現実とのギャップでなかなか錦を飾りに帰れない故郷の村とが、私設日本鉄道（のち国鉄東北本線）という一本の鋼鉄のレールではるかに繋がっていた。それゆえ、啄木は

（史料一三）

ふるさとの訛なつかし
停車場の人ごみの中に
そを聴きにゆく

汽車の窓はるかに北にふるさとの山見え来れば襟を正すも

と詠っている。明治中期以後の日本文学の世界で、鉄道をこのように国内隔地間を結ぶ心情的交流という面で描いている作品は多く見られる。

例えば、文芸評論家の古谷綱武は、かつて一九四一年の冬、初めて雪深い北海道へ旅行したとき、たまたま鉄道の沿線から二里も奥へ入った村落を訪ねて一軒の農家で出会った一人の若い女性からの聞書を、紀行文の中で次のように記述している。

（史料一四）

その娘は、十五、六のとき、停車場の近くに子守奉公をしてゐたこともあった。一日に幾回か汽車のくる停車場の風景は、子守時代のいちばんなつかしいもののやうであった。

春さきになると、その停車場のあたたかい日だまりが、いちばん早く雪が消えるのである。そこで日向ぼっこをしながら、子供を遊ばしたものだった。（略）

娘は、停車場の話ばかりするのである。それほどさびしく、雪国のひとなつかしがりで、光るまっすぐな線路によって、大都会である札幌にも、更にちちははの生れ故郷である内地にまでも結ばれてゐる。停車場は、なにか神秘で幼い胸の夢を美しくはぐくむのである。（傍点引用者）

また、鉄道にからめて人々の内面に刻まれた「隔てられたものとの強いつながり」のイメージが現実に動機付けとなって特定の行動に現われたという事例が、次のように報告されている。

（史料一五）

（太平洋戦争末期——引用者）食料が配給制になっていた（19——同）44年、東京ではその確保が大変でした。（略）日々ほとんど何も食べていない母は結核にかかり、まず私だけ国民学校5年の夏に母の実家の長野県竜丘村（現・飯田市）に疎開することになりました。

私を置いて両親と妹弟が東京に戻る日のことです。飯田線時又駅で家族を見送った後、私は「この線路を走れば、東京に帰れる」と思いました。見えない家族の後を追って、電車が去った線路を夢中で走りました。一駅先の駄科駅まで行った時、駅員に見つかり保護されました。母の実家に戻る道中、東京が空襲に遭ったらいま別れた家族にもう二度と会えない。そう思うと、涙が止まりませんでした。

　翌年春、母と妹弟が合流。私は生まれ変わったように山野を走り回りました。

B　鉄道乗車体験による国土認識の拡大

大半が農民であった旧時代の一般日本人は封建的身分制に縛られて生涯一村内の狭い土地に定住すべきものとされ、その日常生活上の移動範囲もおのずから限られていた。人々が生来もっている自由行動の欲望は抑圧され原則として個人の勝手気侭な他行《たぎょう》は許されるべくもなかった。多くは内陸の山間・盆地に住んでいた昔の人々は、広い大海原や平野の展望を体験できなかったのである。

　それが明治維新の政治改革により一転、一般の日本人の移動・旅行が自由化されたため多くの人々がこれまでの欲求不満を解消すべく、競って地勢・風土・民情の異なる地方に赴き、初めて見る海陸・街区の大展望を体験してわが国土の空間的認識を拡大した。そして、そういうかたちで近代日本人としての視界を開かせたものこそ、鉄道線路という装置であり、その視界の中央を「近代化」への軌道のシンボルとして白金色に輝く鋼鉄のレールがまっすぐ貫いていたのであった。

　先にも触れたように、明治の一般日本人にとって「新交通」としての鉄道（汽車）がもたらした効用の大きさを強調した柳田国男は、やはり同じ文献の中で、鉄道が人々をそうしたパノラミックな視界へと解放したことの意義を高く評価している。


（史料一六）

所謂、鉄の文化の宏大なる業績を、ただ無差別に殺風景と評し去ることは、多数民衆の感覚を無視した話である。例へば鉄道のごとき平板でまた低調な、あらゆる地物を突き退けて進まうとしているものでも、遠く之を望んで特殊の壮快が味はひ得るのみならず、土地の人たちの無邪気なる者も、共々にこの平和の撹乱者、煤と騒音の放散者に対して、感歎の声を惜しまなかったのである。（略）兎に角にこの島国では処々の大川を除くの外、斯ういふ見霞むやうな一線の光を以て、果ても無く人の想像を導いて行くものは無かったのである。（傍点引用者）

鉄道の開通によって初めて、一般の人々が誰でも容易に体験できるようになった汽車の車窓や駅頭からの広大な海陸山野の大展望の名所の一つとして、長野県の元国鉄篠ノ井線姨捨山駅がある。

（史料一七）

松本と長野間の一番列車を（略）明科（あかしな）の六時四十九分に乗る事と定む。（略）明科駅に達し、直に長野行の列車に乗る。山又山、トンネル、雪除け、その間の谷合や山腹に人家が散見する。既にして前方に低く平野を望む所は姨捨山の中腹なる田毎で、東の犀川と西の筑摩川《（ママ）》と直角に会流する所は則ち川中島なり、（略）山間の小学校長が生徒を連れて見学の為め此の線路を通りたる際、生徒等感嘆して日本はこんなに広い国ですかと驚いたと云ふ、（略）我らの列車は螺線《ママ》状をなして平野に降り、長野に着たは八時十分である。（傍点引用者）

7　鉄道と日本人の民俗的心象の近代化

鉄道は、いうまでもなく、近代的機械工学等の科学技術の一大集成システムとして、合理主義を根底とする存在である。それに対し、その鉄道を作り、動かし、役立て、またそれを利用する人間はもともと不合理な要素を多く備えた存在である。鉄道がそうした人間との世俗的な関わりのなかで、明治時代多くはまだ近代化途上に在る日本人にその超人的なパワーを実感させ、その人々の内面に秘めた不合理をよびさまして「民俗神」的イメージを構築させたという民俗心理への影響を、民間伝承の中からうかがって見よう。

A　民俗信仰の神々の乗物としての鉄道

〈史料一八〉

東北の田舎ではいちこに対する信仰が篤く（略）このあひだ岩手県の田舎をあるいて、ところどころ村外れの畑のやうな所に、半紙を二三枚つぎ合せて作ったやうな白紙の旗に、あまり聴いたこともない神様の名前を書き、それを四五本かためて、幟《のぼり》のやうに立ててあるのが眼についたので、あれはどうしたのかと訊いてみたら、あれは村の神様を送って行った時の幟だといふことであった。

村の人が何か変った夢を見ると、すぐいちこのところへ行って占ってもらふのださうである。さうすると、いちこは、どこの神様が今戦地へ向けてお立ちになるから、どこそこまで送って行けといふのださうである。それで村の人は、かういふ幟を幾本もつくって、それにその神様の名を書き、大勢でそれを持って、指定された場所までその神様を送って、そこに幟をさして帰って来るのださうである。ある村では、いちこの占ひに従って、最寄《もより》のステーションまでその土地の不動様を送って行き、入場券を買ってプラットフォームにはひり、はひって来た汽車に不動様が御乗りになったつもりにして、汽車の出る時、不動様の万歳を唱へたのだといふ。（略、傍点引用者）

東北などの地方農村の人々の信仰の対象は土地の神々であり、人々は元々国家神道など支配権力側の宗教とは無縁で、ただ昔から日常生活面や家族間の災厄や不幸に際して助けや救いを求めて土地の神々を祀る習わしであった。しかし、近代に入って国家が対外戦争を始めたことにともないさまざまな負担や犠牲が地方の人々に課せられるようになると、人々は平生信仰して祀っている土地の神々にその肩代《かたがわり》を期待して、かねてその威力を認めている鉄道に托して神々を戦地へ送り出す。こうした地方の土俗的な神人関係は、その後わが国が明治・大正期にかけて日露など対外戦争に勝利を重ね、国民経済が大いに進展する間に地方農村部でも世俗化が進んで、しだいに国の地方支配網たる鉄道が、国内各地農村の人々にとって新しい神となっていく。しかし東北地方の村々では、昭和戦時初期にはまだこの「御神立」が盛んに見られたという。(7)

B 「偽汽車」民話に見る日本人の共同幻覚

全国各地の山間部の鉄道線路（単線区間）を、深夜、汽車の通るはずのない時間に、あるいはその日の最終列車が進行中に前方から蒸気機関車を先頭に列車が轟々たる響を立てて走行して来るが、やがてすぐにその姿が消え失せてしまうので、狸の仕業とする民話が全国的に多く聞かれている。戦後わが国の民話研究の第一人者松谷みよ子が、その種の民話を狸の「偽汽車」と分類して採集・整理し報告している。(8) 民俗学の分野では、戦前すでに柳田国男がこの問題をとり上げ、それを古代の人々が信仰していた「道の神」が零落したことに結びつけて論じている。

すなわち、狸の「偽汽車」を幻視（聴）した明治期の純朴な村の人々はみな昔の「道の神」への思いや、鉄道建設・運営にともなう沿線地域の自然破壊や野生疎外への負のコンプレックスをそれぞれの胸の奥に重く抱えていた。そうした人々の胸にずしりとこたえる鉄道の「新しく珍しい音響の印象は、これを多数の幻に再現するまで、深く濃《こまや》かなるものがあったらしい」(9)（傍点引用者）と、柳田は述べる。

（史料一九）

平和なる山の麓の村などに於て、山神楽或は天狗倒しと称する共同の幻覚を聴いたのは昔のことであったが、のちには全国一様に深夜狸が汽車の音を真似て、鉄道の上を走るといふ話があった。それは必ず開通の後間も無くの事であった。

（史料二〇）

東海道の鉄道沿線には狸が能く汽車の真似をする。先づ遠くに赤い燈光が見えると思ふと次第にガー〳〵と凄じい音響が加はるので何であらう、貨物列車も通る時間ぢやないと思うて間近くなるや、燈光は車輪の響と共にバッタリ跡方もなく消え失せる、是は狸の仕業だといふ話もある。

（史料二一）

明治三十幾年であった。豊川鉄道が初めて長篠へ通じた時[10]である。川路の正楽寺森の狸が、線路工事のために穴を荒された仕返しに、或晩汽鑵車（ママ）に化けて走って来て、此方から行く汽車を驚かした。初めの時は汽鑵手もうっかりして、慌て、汽車を止めたが、次の晩には、向ふも同じやうに警笛を鳴したが、構はず走らせると、その汽鑵車はフッと消えて、何やらコトリと轢いたと思ったが、唯それだけでもう何事も無かった。翌る朝見ると線路に古狸が一匹轢かれて死んで居た。それを線路工夫が拾って煮て喰ったげな、あの川路の停車場から少し長篠寄りの、山をえらく掘割った処だなどと、尤もらしい話であった。それ以来正楽寺の森へは、ちっとも狸が出ぬと言ふ。

要するに、社会が発達するにつれて昔は危険、多難だった山野の交通路もしだいに改良整備され、古来旅人ら道行く人々が無事安全を祈った「道の神」への信仰もうすれ、その霊的権威は、いつしか山野の道中で人間と接触することが多く、しかも人間を化かすと信じられてきたより低級な動物霊的存在としての狸に転嫁されていく。こうして人々は狸という野生の存在に対し半ば親しみつつ、半ば怖れていた。

近代に入って鉄道という新しい「道の神」がわが国内の農山村地帯に降臨し、地元の人々の交通生活に大きなメリットを授けた一方で、その実際の建設工事の進行が狸たちの棲む山野の自然環境を破壊し野生の存在をおびやかしていることへの後めたさと、日常身近に体感する鉄道の運行にともなう危険や騒音への畏怖とが人々の心理において複合された結果、狸からのリベンジともいうべき「偽汽車」のイメージを共同幻覚しやすかったと考えられる。

明治の大文豪もそれを俳句に詠んでいる[11]。

枯野原　汽車に化けたる狸あり　漱石

8　鉄道の人生論的・人格的教化機能

鉄道と言っても種々あるが、かつて一世紀余りの長年月、わが国の本格的な鉄道史で主役を演じて来た「汽車」、とくに長い列車の先頭に立って轟々と疾駆し大きな存在感と迫力を示した蒸気機関車（ＳＬ）の雄姿と動態とが多くの日本人男性を魅了し、人々がＳＬの勤勉力行のイメージに感情移入し生きていく上で励まされたという経験事例は、数多く聞かれるところである。皮肉にも鉄道の斜陽化でＳＬそのものは退場したが、ＳＬに自己投影した企業戦士たちの奮闘によって戦後の日本経済は大きく発展したのであった。

こうして鉄道は、人生に譬えられたり、自らの時代に適応する人間を育てたのである。

A　鉄道利用体験に仮託した日本人の人生観

（史料一二）

汽車が並んで走って行く。二つの汽車の速力にかなりな相違がある場合でも、二つの汽車はしばらくの間は並んで走って行ってゐるやうに見える。それが、しばらくすると、きはめて僅かばかり、片方が片方を抜き始める。抜き出したなと思ふや否や、その速度は急に早くなったやうに感じられ、その抜き方はみるみる幾何級数的に猛烈になって行くやうに思はれる。人間と人間との間にもこれと同じやうな現象があるに違ひないが、不幸にも――むしろ幸福にも我我は、他人の乗ってゐる汽車が、それほど自分の乗ってゐる汽車よりも早いといふことを、具体的に攫《つか》む能力を持ってゐない。それにやっと気がつく時分には、向うの汽車はもうどこかへ行ってしまって影も形も見えなくなってゐるのである。もっとも中には、さういふことにさへ気のつかない、幸福な人間もゐる。

近代に入ってから、人生哲学や文芸の領域で、蒸気機関車を人格化するのと同様に、人の一生を鉄道の旅路に仮託することが多い。「人生行路」という四字熟語もおそらく明治以後の日本製であって、「人生航路」とは表記されない（『広辞苑』）ことからして古来存続した航路ではなく、近代になって実現した鉄道の線路が遠く長く、曲折し、高低あり、沿線の眺めも明暗さまざまなことから人生に譬えられたものであろう。元々、鉄道に関する熟語である「出発進行」「驀進」「脱線」「無軌道」「赤信号・青信号」「片道切符」など、人生のさまざまな局面をイメージするために用いられる例は多い。

さらに、そうした鉄道がらみの片言隻語に拠るだけではなく、それ以上に広い視角で鉄道の旅路で体感したトータルな心境を文章化することによって自らの人生を観照したのが、昭和の国民的作家吉川英治その人であったのである。

(史料二三)

よくいろんな問合せや申込書などに、略歴、本名、生年月日などの記入欄があるが、(略)自分自身にさえ、間違いのない生れ月や日を確める必要などは一生の間でもめったにありはしない。(略)明記すると、ぼくのは〝明治二十五年八月十三日生〟が戸籍面である。

ほんとは、十一日生れだが、届け出が二日遅れたのだそうだ。どうでもいいようなものの、母の亡い今日、そんな事もまた聞いておいてよかったと思っている。(略)

といっても単に生れたんだという漠とした観念のほか、もの心がつく迄の何年かは、誰でも例外なしの空白である。(略)もし人間が、完全なる自己の出現を、自己の官能で知りたいと希《ねが》ったら、これは煩悶に値することである。そんな煩悶はくだらないと諦めていられる人間だからいいが、よく考えてみると、癪《しゃく》にさわることでもあるのだ。なぜなら社会は無知を恥じるようにできているが、人間の口ぐせに云う「おれが」でも、「われわれ」でも、その生命の出発点から、てんで自分でも分っていない「おれ」なのだ。

発車駅の東京駅も覚えがない、丹那トンネルを過ぎた頃に薄目をあき、静岡辺でとつぜん〝乗っていること〟に気づく、そして名古屋の五分間停車ぐらいからガラス越しの社会へきょろきょろし初め「この列車はどこへ行くのか」と慌《あわ》て出す。もしそういうお客さんが一人居たとしたら、辺《あた》りの乗客は吹き出すに極っている。無知を憐れむにちがいない。ところが人生列車は、全部の乗客がそれなのだ。人間が生れ、また、自分も生れているということは、じつに滑稽なしくみである。(傍点引用者)

B　鉄道の日常的利用と近代的人格育成効果

作家志賀直哉の短篇小説に「無邪気な若い法学士」という一篇がある。作者の分身と見られる青年が所用で沼津へ出かけるため午前八時二〇分新橋発の急行列車に乗り込むと、たまたま大学時代の知人で横浜の正金銀行に勤めている滝村という男と久しぶりに再会した。滝村は大銀行勤めの自分と、文学者志望で無職の青年とくらべて内心の優越感を隠して口先では青年の自由な境遇を羨しがるので会話がはずまず、途切れたまま時間だけ過ぎていく状況のもと、

（史料二四）

汽車は新橋を出て二十五分ばかりで横浜のプラットフォームにかかった。（略）滝村の仲間の一人が走ってる内から入口の戸を細く開けて待って居る。滝村はその直ぐ背後《うしろ》に、他の仲間もその又後にずっと詰めて立って居る。（略）

汽車が人の歩く程の早さになった時に一番前の一人が軽く飛び下りた。飛び下りると直ぐ真一文字にプラットフォームを急ぐ。滝村が飛び下りた。飛び下りると直ぐ彼も同じく急ぐ。四五人の仲間は皆、汽車の止らぬ内に降りて仲間をすら顧《かえりみ》ずに真一文字に出口へ向ふ。

西洋人、及び、西洋人のやうな人々は何《いづ》れも同じやうな態度でさっさと急ぐ。それが如何にも新橋から二十五分で来る汽車の乗客らしい。日本でも一分一秒といふ時間に値段が出来たのかしらと思はせるやうな歩き方である。滝村はたうとう別れの挨拶を忘れて往って了った。（略）（傍点引用者）

わが国では古来、道路が未整備であったため交通文化としての「乗合馬車」の伝統がなく、日本人にとって鉄道こそが、近代に入って初めて体験した陸上公共交通機関であった。とくに、鉄道が先進的に発達した大都市圏の住民（乗客）どうしがたまたま同じ列車に乗り合わせ、目的地までの一定時間同じ車室で一緒に過ごすという新しい社交の場

が成立し、それが通学の形で日常化するなかで、まず国内社会でもエリート階層の青年男女の間に、近代的な対等意識が芽生えているのは興味深い。

（史料二五）

今から十七八年……彼是二た昔……前、大学生の間に「トレノロジー」、美術学校生徒の間に鉄道学と云ふ語が流行して居った。（略）語原は列車の「トレイン」に学問の「ロジー」を付けたので列車学である。（略）

明治三十五六年頃は山の手には是と云ふ交通機関なく、新宿から飯田町に通ずる甲武線の一部が唯一の役目を勤めて居った。従って学校へ通ふ男女の学生は毎日時を定めて信濃町や四谷、市ヶ谷から此線を利用して牛込や飯田町駅に下車した。青春の気の燃ゆる男女の学生、夫れが毎日毎日同じ時間に同じ汽車に乗って同じ方向に運ばれるとすれば相互の間に何等かの出来事の起るのは当然であって、夫れ自体が彼等の所謂「トレノロジー」を形成したのだ。

当時「トレノロジー」の役割を勤めた役者連の多くは其後不思議に社会的に成功したものが多く、役人では知事、内務部長を筆頭に参事官、領事、技師等が少なくなく学者方面では大学教授或は助教授、実業界では銀行、会社の重役、陸海軍方面では、大佐、中佐級がある。美術学校方面の人でも今日其方面で錚々たる人が少なくない。反対に婦人連の方でも今日は何のたれがし夫人として押しも押されぬ人が多い。（略）

当時の汽車は今房総や成田線に運転してゐるマッチ箱式の車体《はこ》で、中が沢山に区画されて、其区画毎に扉が付いてゐた。だから其一区画に乗って居る一群の乗客は他の区画の連中とは自から別群を形成する訳だ。トレノロジーの連中は目星しい花形《スター》の居る区画に……多くは故意に……乗車するので此事を彼等の一部は「デペンド」すると称へて居った。（略）

此「デペンド」の効力はなか〳〵馬鹿にならぬ者で、二三度「デペンド」すると反対側でも記憶して居て、前の停車場から来る連中は故ら窓から頚を出したり、或は特別に目立つ赤色で大形の髪飾りをして認識を容易にして呉れた。

斯様に「デペンド」したからと云って、別に相互に話をする訳でもなく、唯夫れなりけりで、何とも云はれぬ愉快を感じつゝ、飯田町駅へ着いたのである。尤も汽車の中で距離が離れて居て、向き合うと必ず向ふで笑顔を作って迎えてくれたものだ。（略）

又時には同じ席に居る場合、我々の方で「今度何時何日に運動会があるね」などと夫となく云ふと、向ふでも其連中だけで「運動会には是非行きませうよ」などと夫となく返答をした。而して是等の女達は必ず其運動会や美術学校の展覧会のある度に出没して居た。（傍点引用者）

要するに、鉄道は、たんに乗客や貨物の輸送という動的施設としてのみならず、乗客を搭載・収容する車室という静的施設としても、上述のように近代以前の社会では許さるべくもなかった青年男女乗客集団の公然たる合同対面観察の場として（ただし、すでに現代では考えられないほどストイックに、節度を持して）トレノロジー（列車内合同自主学習）に客車のコンパートメントが活用されたという事実からも、日本人の内面的な近代化の一苗床としての役割を果たしたといえよう。

おわりに

この一篇には「むすび」という部分はありえない。その理由は、筆者が本稿の執筆意図として「はじめに」以下1、

2節にわたって縷々述べたとおり、本稿がある特定の個別的主題についての論考ではないため、一篇が論理的に完結するという構造をもたないからである。筆者としては引き続き、今後とも同じような意図で史料蒐集、分類・整理とコメントという作業を積み重ねることにより、鉄道史関連分野の研究の空白を埋めて斯学の進展にいささかなりとも寄与するところがあれば幸である。

また、本稿の副題の一部に「遠野物語」という周知の古典的文献の題名を使用したことについて、筆者としての存念を申し述べたい。

実は、本稿執筆に就いて筆者は、かつて若き日の自分がその精神形成に当たって深い影響を受けた先学柳田国男の『遠野物語』の制作動機やその方法のひそみに倣ったものと自覚している。すなわち、アカデミックな学界の主流派にはまともに相手にされないマイナーな課題にあえて取り組み、学界の公認する正統的なメジャーな文献を出典とする史料は用いず、むしろ在野の遺文や世俗無告の人々の口碑伝承レヴェルの記録をもっぱら活用しているからである。したがって本稿のコンテンツはもとより『遠野物語』とは無関係であるが、ただ自己の精神史の遍歴のリールを捲き戻すキー・ワードとして銘記したものと理解していただきたい。

〔史料注〕

○一　江木鰐水（幕末維新期備後福山藩儒官・兵術家）『江木鰐水日記・下』（東京大学史料編纂所編『大日本古記録』所収、岩波書店、一九五六年）一一八頁、一五九頁。

○二　イザベラ・バード（19世紀末イギリス女流旅行作家）『日本奥地紀行』（高梨健吉訳・平凡社〈東洋文庫240〉一九七三年）一一五頁。

○三　半田良平（近代歌人）『短歌新考』（紅玉堂書店、一九二四年）二四三～二四四頁。

○四　南正時（鉄道写真家）『「郷愁と哀愁」の鉄道博物館』（講談社、二〇〇九年）八二～八三頁。

〇五　文部省唱歌、一九一二年。
峯崎淳（鉄道写真家）『「動く大地」の鉄道トンネル』（交通新聞社、二〇一一年）三六頁。
〇六　高野悦子（岩波ホール総支配人）『黒竜江への旅』（新潮社、一九八六年）峯崎前掲書、三七頁。
〇七　柳田国男（日本民俗学者）「明治大正史　世相篇」（『定本柳田国男集　第24巻』所収）二六二～二六三頁。
〇八　島崎藤村（詩人・作家）『千曲川のスケッチ』（岩波書店〈岩波文庫〉、一九四三年三月）一四四～一四五頁。
〇九　柳田国男「美濃越前往復――明治44年――」（ちくま文庫版『柳田国男全集　3』所収、筑摩書房、一九八九年）二五七頁。
一〇　『朝日新聞』二〇一二年一一月二〇日付。
一一　安住敦（現代俳人）『随筆歳時記』（角川書店、一九五六年）四九～五〇頁。
一二　『朝日新聞』二〇一〇年一〇月二八日付。
一三　石川啄木（近代歌人）歌集「一握の砂」（『石川啄木全集　第一巻』岩波書店、一九七八年）一三三頁、一七六頁。
一四　古谷綱武（文芸評論家）『北海道紀行』（玄文社、一九四八年）二五～二六頁。
一五　『朝日新聞』二〇一二年一一月二〇日付。
一六　柳田国男（前出）「明治大正史　世相篇」（前出）二一四頁。
一七　中村順三（在米キリスト教会牧師）『祖国見学』（著者刊、一九三五年）一四八～一四九頁。
一八　小宮豊隆（伝統芸能研究者）『身辺歳時記』（角川書店、一九五七年）八一～八二頁。
一九　柳田国男（前出）「明治大正史　世相篇」（前出）一五八頁。
二〇　柳田国男（前出）「狸とデモノロジー」（『定本柳田国男集　第22巻』所収）四七二頁。
二一　早川孝太郎（日本民俗学者）『猪 鹿 狸』（文一路社、一九四二年）二二二～二二三頁。
二二　小宮豊隆（前出）『身辺歳時記』（前出）一九～二〇頁。
二三　吉川英治（近代小説家）『忘れ残りの記――四半自叙伝――』（角川書店、一九六二年）一八～一九頁。
二四　志賀直哉（近代小説家）「無邪気な若い法学士」（『志賀直哉全集　第一巻』所収、岩波書店、一九九八年）一三二～一三三頁。
二五　三宅恒方（動物学者）『私の電車及汽車観』（春陽堂、一九二一年）一五三～一五七頁。

注

(1) 柳田国男「明治大正史　世相篇」(前出)二六〇~二六一頁。
(2) 森鷗外「妄想」(『鷗外全集　第8巻』所収、一九七二年)二〇三頁。
(3) エドワード・モース『日本ところどころ』の文中の一節にも同様な記述がある。「我々は東京に着いた。汽車が停ると人々はセメントの道に下りた。木製の下駄や草履が立てる音は、どこかしら馬が沢山橋を渡る時の音に似ている――このカラコロという音には、不思議に響き渡る、どっちかというと音楽的な震動が混っている」(平凡社東洋文庫版一二頁)。
(4) 峯崎淳前掲書、四二頁。
(5) 柳田国男「豆の葉と太陽」(ちくま文庫版『柳田国男全集2』所収、三五七頁)。
(6) 同右「峠に関する二三の考察」(同右、二二七頁)。
(7) 佐々木喜善(石井正己編『遠野奇談』(河出書房新社、二〇〇九年)一九七~二一二頁。
(8) 松谷みよ子『現代民話考3　偽汽車・船・自動車の笑いと怪談』(立風書房、一九八五年)一三~四七頁。
同右『現代民話考11　狸・むじな』(同右、一九九五年)一〇六~一一四頁。
(9) 柳田国男「明治大正史　世相篇」(前出)一五八頁。
(10) 豊川鉄道は、一九〇〇年九月二三日に吉田(現豊橋)~大海間に開業。その後、一九〇三年に大海は長篠と駅名改称。のち同鉄道の姉妹会社鳳来寺鉄道が一九二三年二月一日に大海~三河川合間に開業し、一九二五年七月一四日に豊橋~三河川合間の電化完工して電車の直通運転開始。
さらに一九四三年八月一日に戦時交通統合により両社線の北方に接続する三信鉄道・伊那電鉄とともに国有化され飯田線となり、同時に長篠駅は大海の旧駅名に復し現在に至る。
(11) 夏目漱石『漱石全集　17巻(俳句詩歌)』(岩波書店、一九九六年)一二八頁。ちなみにこの俳句は明治二九年度の作品である。

あとがき

このたび、この共同論文集の刊行に当たり、何よりもまずはじめに、早い時期から玉稿をお寄せ頂いておりました執筆者たる各先生方に対しまして、本書の刊行が遅れに遅れて大変ご迷惑をおかけしましたことへのお詫びと、併せて皆様のご厚情とご支援によりまして本書がようやく刊行できましたことへの感謝の思いを謹んでお伝え申し上げます。

本書の刊行計画が足踏みしておりました間、私個人の身辺にさまざまな事情があったにせよ、その大半は自分の不徳・不行届によるものでありまして、私一人が責を負うべきものでした。それにもかかわりませず、私の非礼・不始末を露わに責められることもなく、どこまでも私をご信頼いただき、万事お任せ下さいました各先生方のご厚情・ご高配は、私の生涯かけて銘記する所存であります。この上は今後とも皆様の変わらぬご交誼・ご教示をよろしくお願い申し上げます。

併せて勝手ながら、この共同論文集を企画・編集するに当たりましての私のコンセプトを申し述べさせて頂きます。それを端的に申しますと、近代日本の鉄道の歴史をあらためて巨視的・多面的にとらえ直し、総合的な視点に立つことによって鉄道史研究の活性化を推進したいとの願いであります。

もちろん、それは個々の研究者が独力で成し遂げられることではありません。そこで不肖私が長年ご学縁を結ばせて頂いておる複数の先生方にご理解とご協力をお願いし、各々のご専門の分野でのご労作をとり揃えてのプレゼンテイションの形で、多面的に鉄道史像の構築をめざした次第であります。

二一世紀に入って、公共輸送機関としての鉄道の役割がモーダルシフトとかエネルギー戦略の角度から全世界的に再評価されつつある時流のなかで、鉄道に関するさまざまな問題を、まず歴史を通して学ぼうとする若い人々にとってこの共同論文集が有益なガイドブックとなることを期待しております。

末筆となり失礼ですが、本書の刊行計画をめぐって実に長い年月ご心配やご迷惑をおかけしながら、このたびようやくその実現に当たりあらためてご理解とご尽力いただいた出版元㈱日本経済評論社の栗原哲也社長と出版部の谷口京延氏に、この場をかりて厚く御礼申し上げます。

ここで一言、申し添えねばならないことがあります。実は、本書「はしがき」でも述べていますように、本書の当初の刊行計画が何年間か足踏みしていました間に、私事にて恐縮ながら私自身の勤務先大学の定年退職の時期が近づいて参りましたことから、その記念出版という方向で当刊行計画促進の一助と致したく、あらためて何人かの先生方にそうした趣意でのお力添えを頂きました次第であります。そうした経緯から、本書の標題への明記はご遠慮させて頂きましたが、本書の刊行はそうした意味合いを帯びておりますことをご理解いただきたく存じます。

二〇一三年七月一〇日

宇田　正

渡　哲郎（わたり・てつろう）

1948年生まれ

京都大学大学院経済学研究科博士後期課程（経済学博士〔京都大学〕）

阪南大学経営情報学部教授

主な業績：『戦前期のわが国電力独占体』（晃洋書房、1996年）

【執筆者紹介】（執筆順）

岩本由輝（いわもと・よしてる）

1937年生まれ
東北大学大学院経済学研究科博士課程修了（経済学博士）
東北学院大学名誉教授
主な業績：『歴史としての東日本大震災――口碑伝承をおろそかにするなかれ――』（編著、刀水書房、2013年）

青木栄一（あおき・えいいち）

1932年生まれ
東京教育大学大学院理学研究科博士課程（地理学専攻）修了（理学博士）
東京学芸大学名誉教授
主な業績：『鉄道忌避伝説の謎――汽車が来た町、来なかった町――』（吉川弘文館、2006年）

小川　功（おがわ・いさお）

1945年生まれ
神戸大学経営学部経営学科卒業（博士〔経済学〕）
跡見学園女子大学マネジメント学部教授
主な業績：『虚構ビジネス・モデル――観光・鉱業・金融の大正バブル史――』（日本経済評論社、2009年）

老川慶喜（おいかわ・よしのぶ）

1950年生まれ
立教大学大学院経済学研究科博士課程修了（経済学博士）
立教大学経済学部教授
主な業績：『埼玉鉄道物語――鉄道・地域・経済――』（日本経済評論社、2011年）

西藤二郎（さいとう・じろう）

1943年生まれ
同志社大学大学院博士課程修了
京都学園大学名誉教授
主な業績：『京都・滋賀　鉄道の歴史』（共著、京都新聞社、1998年）

武知京三（たけち・きょうぞう）

1940年生まれ
大阪府立大学大学院経済学研究科博士課程単位取得（経済学博士）
近畿大学名誉教授
主な業績：『近代日本交通労働史研究――都市交通と国鉄労働問題――』（日本経済評論社、1992年）

【編著者略歴】

宇田　正（うだ・ただし）

1932年生まれ
大阪大学法学部卒業
追手門学院大学名誉教授　経済学博士（大阪大学）
主な業績：『近代日本と鉄道史の展開』（単著、日本経済評論社、1995年）
『民鉄経営の歴史と文化：西日本篇』（共著、古今書院、1995年）
『鉄道日本文化史考』（単著、思文閣出版、2007年）

畠山秀樹（はたけやま　ひでき）

1947年生まれ
大阪大学大学院経済学研究科博士後期課程修了（経済学博士）
追手門学院大学経済学部教授
主な業績：『近代日本の巨大鉱業経営』（多賀出版、2000年）

日本鉄道史像の多面的考察

2013年８月５日　第１刷発行　定価（本体6000円+税）

編著者　宇田　正
畠山　秀樹
発行者　栗原　哲也

発行所　株式会社　日本経済評論社
〒101-0051　東京都千代田区神田神保町3-2
電話　03-3230-1661　FAX　03-3265-2993
info8188@nikkeihyo.co.jp
URL: http://www.nikkeihyo.co.jp

装幀＊渡辺美知子　印刷＊文昇堂・製本＊誠製本

乱丁落丁はお取替えいたします。　Printed in Japan

ISBN978-4-8188-2279-5